物流与供应链管理智慧化发展探索

陈 栋◎著

吉林科学技术出版社

图书在版编目（CIP）数据

物流与供应链管理智慧化发展探索 / 陈栋著. -- 长春：吉林科学技术出版社，2021.6

ISBN 978-7-5578-8122-1

Ⅰ．①物… Ⅱ．①陈… Ⅲ．①智能技术－应用－物流管理－研究②智能技术－应用－供应链管理－研究 Ⅳ．①F252.1-39

中国版本图书馆 CIP 数据核字(2021)第 103036 号

物流与供应链管理智慧化发展探索

著	陈 栋	
出 版 人	宛 霞	
责任编辑	李永百	
封面设计	金熙腾达	
制 版	金熙腾达	
幅面尺寸	185mm×260mm 1/16	
字 数	350 千字	
印 张	19.625	
印 数	1—1500 册	
版 次	2021 年 6 月第 1 版	
印 次	2022 年 5 月第 2 次印刷	

出 版 吉林科学技术出版社
发 行 吉林科学技术出版社
地 址 长春市净月区福祉大路 5788 号
邮 编 130118
发行部电话/传真 0431-81629529 81629530 81629531
　　　　　　　　81629532 81629533 81629534
储运部电话 0431-86059116
编辑部电话 0431-81629518
印 刷 保定市铭泰达印刷有限公司

书 号 ISBN 978-7-5578-8122-1
定 价 78.00 元

前　言

　　新时代下我国正处于改革驱动、创新引领、开放促进的经济发展方式转型调整与质量升级阶段，以"一带一路"建设为契机的对外开放大格局正在形成。《中国制造 2025》提出"创新驱动、质量为先、绿色发展、结构优化、人才为本"的基本方针，以及"市场主导、政府引导，立足当前、着眼长远，整体推进、重点突破，自主发展、开放合作"的基本原则，我国现代物流正在向自动化、智能化、数据化方向发展，从而提高整体产业效率，降低成本。

　　供应链是以客户需求为导向，以提高质量和效率为目标，以整合资源为手段，实现产品设计，采购、生产、销售、服务等全过程高效协同的组织形态。

　　智慧物流（Smart Logistics）是以"互联网+"为核心，以云计算、物联网、移动互联网、大数据、人工智能及区块链等技术为支撑，以物流产业自动化基础设施、智能化业务运营、信息系统辅助决策和关键配套资源为基础，通过物流各环节、各企业的信息系统无缝集成，实现物流全过程可自动感知识别、可跟踪溯源、可实时应对、可智能优化决策的物流业务形态。

　　对物流及供应链行业而言，智慧物流体现出数据价值、连接价值和协同价值。数据价值有助于物流企业掌握用户需求，提升企业效益和品牌形象。连接价值通过运营与物流作业信息实时同步，连接物流企业内外部，实现管理智能化、信息共享化；物流全体要素在线化，可推动供应链整体互联互通，引领智慧物流发展新模式。协同价值促进物流行业与其他产业企业协同、共生，供应链节点企业及企业间的协同合作实现供应链协同管理；物流体系与金融体系、营销体系、数据服务体系等多体系互利共生能够产生巨大的协同作用，助力搭建完整生态体系；基于云、网一体，构建移动网、云储存、云平台等多云协同新生态成为行业发展新动向。

　　根据现代物流产业定位和发展需求，构建包括综合物流服务、大宗商品供应链服务、大宗商品贸易服务和物流园区综合服务在内的业务集群，应用系统集成技术将现代物流与供应链全过程信息系统进行综合集成，通过构建智慧物流信息平台、大宗商品供应链信息服务平台、大宗商品电子交易平台、物流园区信息服务平台，实现降低成本、提高效率、提升管理和服务水平的目标，成为资源整合、技术先进、服务全国各区域的智慧物流与供应链信息平台。

在本书的策划和编写过程中，曾参阅了国内外有关的大量文献和资料，从其中得到启示；同时也得到了有关领导、同事、朋友及学生的大力支持与帮助。在此致以衷心的感谢！由于网络信息安全的技术发展非常快，本书的选材和编写还有一些不尽如人意的地方，加上编者学识水平和时间所限，书中难免存在缺点和谬误，敬请同行专家及读者指正，以便进一步完善提高。

目 录

◆第一章　物流与供应链管理概述 ……………………………………… 1

　第一节　物流与供应链管理产生的背景 ……………………………… 1

　第二节　物流与企业物流 ……………………………………………… 9

　第三节　供应链与供应链管理 ……………………………………… 13

◆第二章　现代物流过程与管理 ……………………………………… 21

　第一节　物流信息与管理 …………………………………………… 21

　第二节　商品采购与管理 …………………………………………… 23

　第三节　仓储与库存管理 …………………………………………… 30

　第四节　运输管理 …………………………………………………… 36

　第五节　包装、装卸搬运、流通加工管理 ………………………… 47

◆第三章　物流配送管理 ……………………………………………… 53

　第一节　物流配送概论 ……………………………………………… 53

　第二节　物流配送业务管理 ………………………………………… 60

　第三节　配送中心管理 ……………………………………………… 63

　第四节　物流配送合理化管理 ……………………………………… 74

◆第四章　物流服务管理 ……………………………………………… 80

　第一节　物流服务的内容与指标 …………………………………… 80

　第二节　物流服务决策 ……………………………………………… 87

　第三节　物流服务的管理与控制 …………………………………… 95

　第四节　物流服务的改善 ………………………………………… 104

◆第五章 物流质量管理 ……………………………………………… 112

第一节 物流质量 ………………………………………………… 112

第二节 物流质量管理的主要内容 …………………………… 116

第三节 物流全面质量管理 …………………………………… 130

◆第六章 物流风险管理 ……………………………………………… 142

第一节 物流风险管理的基本理论与方法 ………………… 142

第二节 物流风险的主要类别 ……………………………… 150

第三节 企业物流与供应链风险管理 ……………………… 158

◆第七章 物流管理人才培养 ……………………………………… 165

第一节 物流管理专业改革试点概要 ……………………… 165

第二节 物流管理专业（双证融通）人才培养方案 ……… 167

第三节 "仓储作业管理"课程标准 ……………………… 169

第四节 物流实训基地的建设 ……………………………… 172

◆第八章 物流智慧化发展 ………………………………………… 178

第一节 智慧物流与供应链 ………………………………… 178

第二节 智慧物流与大数据 ………………………………… 180

第三节 智慧物流与协同创新 ……………………………… 183

第四节 智慧物流与运输组织 ……………………………… 185

第五节 智慧物流与人工智能 ……………………………… 187

第六节 智慧物流与城市"大脑" ………………………… 190

第七节 智慧物流与枢纽经济 ……………………………… 192

◆第九章 新零售时代的智慧物流模式 ………………………… 194

第一节 新物流的概念内涵、特征与架构体系 …………… 194

第二节 新零售时代以消费者为中心的商业变革 ………… 200

第三节 深度揭秘新物流与新零售的逻辑关系 …………… 205

◆第十章 新零售时代供应链变革 ……………………………… 210

第一节 构建新零售时代的智慧供应链模式 ……………… 210

第二节　我国物流企业的供应链转型升级路径 ……………………… 216

第三节　基于数字化的供应链协同管理与优化 ……………………… 219

◆第十一章　供应链管理智慧化发展 ……………………………………… 227

第一节　智能集装箱 ……………………………………………………… 227

第二节　智慧供应链管理 ………………………………………………… 235

第三节　物流公共信息服务平台 ………………………………………… 238

第四节　供应链金融 ……………………………………………………… 240

◆第十二章　供应链物流与云物联 ………………………………………… 244

第一节　云物联供应链物流管理平台 …………………………………… 244

第二节　云物联供应链管理 ……………………………………………… 249

第三节　可视化供应链管理 ……………………………………………… 255

第四节　云物联的发展前景与挑战 ……………………………………… 258

◆第十三章　电子商务物流与供应链管理的发展 ………………………… 260

第一节　互联网+物流 …………………………………………………… 260

第二节　电子商务逆向物流 ……………………………………………… 267

第三节　电子商务物流与供应链金融 …………………………………… 278

◆第十四章　物流与供应链管理的未来发展 ……………………………… 290

第一节　第三方物流 ……………………………………………………… 290

第二节　第四方物流 ……………………………………………………… 298

第三节　绿色物流 ………………………………………………………… 300

◆参考文献 …………………………………………………………………… 304

第一章 物流与供应链管理概述

第一节 物流与供应链管理产生的背景

一、21世纪市场竞争环境的转变

在全球经济、网络经济、信息经济和知识经济联合作用下，企业的经营环境正从过去相对稳定、可预测的静态环境，转向日益复杂多变和充满不确定性的动态环境。市场的竞争环境出现了如下特点。

（一）竞争形态的转变

在传统的静态竞争中，实现可持续性仅仅意味着在目标环境和可用资源既定的情况下，企业为维持竞争优势而针对竞争对手的模仿、异化和替代等行动进行决策和实施一系列行动方案。也就是说，竞争的主要目标是保持既有优势，而不是创造新的竞争优势，但竞争优势并不能通过这种方式长久地保持下去。

而动态竞争是以高强度和高速度的竞争为特点，每一个竞争对手会不断地建立自己的竞争优势以削弱对手的竞争优势。竞争对手之间的战略互动明显加快，竞争优势都是暂时的，不能长期保持。因此，从动态的角度来看，动态环境中企业竞争优势的核心问题是更快地培养或寻找可以持续更新的竞争优势源泉。

任何产品在推出时肯定不是完美的，完美是一种动态的过程，所以要迅速让产品去迎合用户需求，从而一刻不停地升级进化、推陈出新，这才是保持领先的唯一方式。为了在市场上占有一席之地，很多制造商选择不断推出新产品来满足细分市场上的各种不同消费者。往往是一个产品投放市场不久，企业就又推出新的产品，有时一个产品刚进入市场则另一个新产品的宣传就紧随而至。

（二）企业竞争导向的转变

在传统的竞争中，企业的唯一行动就是选择一个产品市场竞争战略，围绕市场份额展开竞争。在这样的战略指导下，企业不会去顾及客户潜在的个性化需求，而是以产品生产为导向组织各项活动，采取产品（product）、价格（price）、渠道（place）、促销（promotion）的 4P 营销策略以及需求推动生产模式，将已生产好的产品推向市场，以求将商品卖给尽可能多的客户。

在新的竞争形势下，社会商品极大地丰富，出现了市场饱和与商品过剩的现象，任何一个企业要想在现有的市场中扩大自己的份额都会招致竞争对手强烈的报复从而付出高昂的代价。另外，客户基本需求完全可以得到满足，进而推动客户需求层次的提升并朝个性化方向不断发展。

因此，企业竞争战略应从扩大市场份额转向提高客户价值。在这种竞争战略指导下，企业注重更快地把握客户不断变化和个性化的需求并加以满足，为客户提供更高质量的产品和服务，发展与客户牢固的伙伴关系，进而寻求客户关系的长期性和客户价值的最大化。

企业应以客户需求为导向组织各项活动，应用消费者的欲望和需求（consumer wants and needs）、消费者的费用（cost）、购买的便利性（convenience to buy）和与客户交流（communication）的 4C 营销策略以及客户需求拉动生产模式，根据客户个性化的需求来组织生产、进行递送和提供服务。

（三）竞争范围的转变

在传统的静态竞争中，企业的竞争最终会归结到单一市场的基于价格的竞争，即降低价格是企业获得更大市场份额的主要手段。随着客户需求的多样化和个性化，仅仅靠降低标准化产品的价格已无法对客户产生吸引力。

另外，市场在不断地细分，每一个单一市场的总额在缩小，企业降低价格不仅无法获得更大的市场份额，反而可能引发价格大战，导致企业和竞争对手两败俱伤。

在这种不断变化和细分市场的环境中，企业必须采用多点竞争和多因素竞争战略，即针对多个细分市场（多点），在产品多样性、时间、价格、质量和服务等因素上达到综合最优，或根据客户需求的具体情况选择基于客户最敏感因素的竞争战略，从而提高市场份额。

例如，面对物流市场激烈的竞争状况，京东物流成为全球唯一拥有中小件、大件、冷链、B2B、跨境和众包六大物流网络的企业。京东物流凭借成熟的标准化操作，悉心保证商品安全和用户体验，即便在双十一等促销高峰期，仍然保持高效、稳定的履约服务。

针对消费品、3C、大件、服装、生鲜等不同行业的特点，京东物流分别推出不同的服务方案。其中，对消费品企业，京东物流提供商品保质期全程监控和管理服务，而对于3C行业，京东物流则采用针对高值、序列号细致管理的体系。在大件的解决方案中，着重提供大家电、家居家装、运动健身等产品仓、配、安一体化的服务。对服装行业，则有多地备货方案和淡旺季的运营策略。而对生鲜企业，则在冷链物流上提供业内领先的全程温控的多温层冷链物流产品，对蔬菜水果、海鲜、冷冻等生鲜食品开通优先配载的单独通道。

京东物流的外部收入取得了高速增长，仓配一体的外单单量成倍增长，双十一外单单量达到日均数百万单，包括李宁、蒙牛、青岛啤酒在内的众多知名品牌商均选择了与京东物流合作。京东物流与良品铺子达成战略合作后，为良品铺子提供一地入库、全国铺货、七地入仓的转运和仓储服务，可以满足全国的销售和配送。良品铺子与京东物流合作半年后，配送时效提升301%，复购率上升28.34%，同时其产品在京东旗舰店的销售额较上年同期增长了113%。

（四）竞争区域的转变

在经济全球化以前，企业的竞争主要发生在一个国家或地区内。随着世界经济的发展以及信息技术的应用，整个世界成为日益紧密的经济体，国家、地区之间的经济壁垒逐步消除，任何一个地区或局部的市场都会面临国际竞争。

信息与网络技术的发展打破了时间和空间对经济活动的限制，这使得各种信息能够很快超越国家和地域的界限，在世界范围内有效地传递和共享，为国家、企业的经济发展提供了新的手段和条件，企业能够在更大的范围内建立跨国、跨地域甚至全球化的市场。不仅国内的企业、产品和服务要走出国门，而且外国的企业、产品和服务也会进入我国境内。

在这种情况下，企业不仅要与国内企业进行竞争，还要与国外企业展开竞争，国际竞争力成为企业生死存亡的关键，经济竞争从国内和区域竞争演变成国际和全球竞争。

全球物流枢纽正由提供单一货运服务向整合供应链和数字服务方面转型，未来，物流枢纽应成为"实体物流+数字服务"中心。物流行业颠覆式变革的浪潮，正将物流行业推向新时代。例如，海航现代物流以西安为全球货运航网中心枢纽点，借助747、777大型全货机，打造全球主要骨干航线，将洲际通路进一步扩张，西至美国迈阿密、洛杉矶，东至德国法兰克福，南至澳大利亚悉尼、墨尔本；借助 737、767、330 中小型全货机，开拓各区域航空货运支线网络，首尔、迪拜、伊斯坦布尔、中国香港、东京、新加坡、曼谷的货运需求，当日可达。

海航集团自成立以来，始终扎根实体经济，坚持实业报国，由业务单一的地方航空运输企业成长为囊括航空、酒店、旅游、物流、金融、商品零售、生态科技等多业态的全球化企业集团。未来，海航集团将继续围绕国家发展主旋律，践行"一带一路"倡议，围绕航空旅游、现代物流、现代金融服务三大核心业务，锐意创新进取，锻造民族品牌形象。而作为三大核心业务之一的现代物流，则专注于构建高价值产业的全球供应链枢纽，打造面向全球、贯穿物流全程的数字物流生态体系，为客户提供全方位、一体化的物流管理和服务。

二、企业经营管理模式的转变

供给者和需求者间的供需关系导致了物流与供应链问题的产生，20 世纪 60 年代人们开始研究供应链。供应链和供应链管理随着研究的深入发生了巨大的变化，供应链管理的应用也取得了惊人的成绩。

例如：HPJBM 等知名企业供应链战略的成功运作，使企业盈利和竞争力增强的同时也吸引了研究人员对供应链管理的广泛而深入的研究。此时，企业若仍采用传统的"纵向一体化"管理模式显然难以适应上述竞争态势和挑战，这就促成了代表"横向一体化"思想的供应链管理模式的产生。

（一）传统的"纵向一体化"管理模式

在"纵向一体化"（Vertical Integration）管理模式下，企业出于对制造资源的占有要求和生产过程直接控制的需要，传统上采用的策略是扩大自身规模或参股供应商，与为其提供原材料、半成品或零部件的企业是一种所有关系。

例如，许多企业拥有从铸造、毛坯准备、零件加工、部件生产和产品装配到包装、运输等一整套设施、设备及组织结构，形成了"大而全"或"小而全"的经营方式，在产品开发、加工制造和市场营销 3 个基本环节呈现出"中间大、两头小"的橄榄型特征。

这种类型的企业投资大、建设和回收期长，既难以对市场变化做出快速响应，又存在较大的投资风险。

另外，"纵向一体化"模式会迫使企业从事不擅长的业务活动，如零部件生产、设备维修、运输等。这样会导致一个结果：不仅这些不擅长的业务没有抓起来，而且还会影响企业的关键业务，导致其无法正常发挥核心作用；企业不仅失去了竞争优势，而且增加了生产成本。

采用"纵向一体化"管理模式的企业面临的另一个问题，是必须在不同业务领域与不同的对手进行竞争。企业在资源、精力、经验都十分有限的情况下四面出击，必然会导致企业核心竞争力的分散。

事实上，即使是 IBM 这样的大公司，也不可能拥有进行所有业务活动所必需的能力。因此，从 20 世纪 80 年代起，IBM 就不再向纵向发展，而是与其他企业建立广泛的合作关系。

（二）代表"横向一体化"思想的供应链管理模式

鉴于"纵向一体化"管理模式的种种弊端，从 20 世纪 80 年代后期开始，国际上越来越多的企业放弃了这种经营模式，随之而来的是"横向一体化"（Horizontal Integration）思想的兴起。"横向一体化"就是利用企业外部资源快速响应市场的需求，只抓企业发展中最核心的东西：产品方向和市场。至于生产，只抓关键零部件的制造，甚至全部委托其他企业加工。

例如，菜鸟网络打造的中国智能物流骨干网通过自建、共建、合作、改造等多种模式，在全国范围内形成一个开放的社会化仓储设施网络。同时利用先进的互联网技术，建立开放、透明、共享的数据应用平台，为电子商务企业、物流公司、仓储企业、第三方物流服务商、供应链服务商等各类企业提供优质服务，支持物流行业向高附加值领域发展和升级。菜鸟通过打造智能物流骨干网，对生产、流通过程的数据进行整合，实现信息的高速流转，而尽量减少生产资料、货物的流动，以提升效率。

信息与网络技术的发展使得企业间开展业务合作变得更加方便，核心竞争力成为企业生存和发展的关键。与其他企业密切合作、集中精力发展自身核心业务的扩张方式逐渐得到企业的认同，"横向一体化"已成为现代企业发展扩张的主要模式。该模式的要点是在核心业务领域做强做大，从而使其成为产品价值链上的一个关键环节，并使企业处于有利的竞争地位。

这就是供应链管理的思想：不需要企业处处都强过其他企业，希望处处都具优势的结果是丧失优势。因此，企业需要一种有别于其他企业的核心优势，然后联合那些在某一方面具有优势的企业，构成具有整体优势的企业联盟，这样就形成了一条供应链。

"横向一体化"形成了一条从供应商到制造商再到分销商的、贯穿所有企业的"链"。由于相邻节点企业表现出一种需求与供应的关系，当把所有相邻企业依次连接起来时，便形成了供应链，这条链上的节点企业必须达到同步、协调运行，才有可能使链上的所有企业都受益，于是便产生了供应链管理这一新型的经营与运作模式。

三、物流与供应链管理的作用

物流早期发展的价值主要体现在军事后勤方面，因为基于时空节约的良好后勤保证是赢得一场战争必不可少的支撑性条件。但是，在现代社会中，物流除了具有传统意义上的军事价值，更重要的是其经济价值。

从世界范围看，供应链管理对经济发展的巨大贡献已被许多国家的实践所证实，特别是近年来，供应链的系统、集约作用受到了社会的广泛关注。物流与供应链管理作为一种社会经济活动，对市场经济、国民经济、区域经济、企业经济及顾客经济都起着不同的作用。

物流与供应链网络由供应商、制造商、分销商、零售商和用户构成。供应链中集成物流网络的目的是通过提供地点效用（place utility）将产品和服务交付给最终用户来满足顾客订单。如今，物流不仅为最小化成本提供可能，而且已经发展成为供应链管理中满足顾客订单的核心要素。

目前，市场竞争越来越激烈，许多公司为了寻求最具成本效益的供应商或更接近目标市场，常通过扩大其全球供应网络来再造他们的供应链。例如，麦当劳利用世界各地的供应商来为其核心产品——汉堡包提供原材料。而在沙特阿拉伯销售的"巨无霸"使用的莴苣来自荷兰，奶酪来自新西兰，牛肉来自西班牙，洋葱和泡菜来自美国，糖和油来自巴西，面包来自沙特阿拉伯，包装来自德国。麦当劳的全球供应链网络，其原材料由全球供应商提供，并运输到配送中心，然后装配为成品供应给顾客。这样一个根据质量控制、交货时间、数量规划和成本分析构成的物流网络是复杂而精细的。

（一）对市场经济的作用

物流是保证商流顺畅进行，实现商品价值和使用价值的基础，同时也是开拓市场的基础。它决定着市场的发展广度、规模和方向。供应链直接决定着社会生产力要素能否合理流动，以及社会资源的利用程度和利用水平，影响着社会资源的配置，因而在很大程度上决定着商品生产的发展和产品的商品化程度。

（二）对国民经济的作用

物流与供应链管理在国民经济中能够发挥带动和支持作用，能够成为国家或地区财政收入的主要来源，能提供大量就业机会，能成为科技进步的主要发源地和现代科技的应用领域。日本以流通立国，物流的支柱作用更是显而易见。

（三）对区域经济的作用

区域经济是一种聚集经济，是人流、商流、资本流等各种生产要素聚集在一起的规模化生产，以生产的批量化和连续性为特征。但是，聚集不是目的，要素的聚集是为了商品的扩散，如果没有发达的商业贸易做保障，生产的大量产品就会堆积在狭小的空间里，商品的价值和使用价值都难以实现，区域经济的基本运转就会中断。因此，在区域经济的发展进程中，合理的物流与供应链管理系统起着基础性的作用。

1. 降低运行成本，改变区域经济增长方式

从市场运行成本的角度分析，物流业的突出作用是其对降低社会交易成本所做的贡献。其贡献可以从对交易过程和交易主体行为的考察中得到进一步的证实。一方面，从交易的全过程看，现代物流业的发展有助于物流合作伙伴之间在交易过程中减少相关交易费用。由于物流合作伙伴之间经常沟通与合作，可使搜寻交易对象信息方面的费用大为降低；提供个性化物流服务建立起来的相互信任和承诺，可以减少各种履约风险；即便在服务过程中产生冲突，也会因为合同时效的长期性而通过协商加以解决，从而避免仲裁、法律诉讼等行为所产生的费用。

另一方面，从交易主体行为看，现代物流业的发展将促使伙伴之间的"组织学习"，从而提高双方对不确定性环境的认知能力，减少因交易主体的"有限理性"而产生的交易费用；物流联盟企业之间的长期合作将在很大程度上抑制交易双方之间的机会主义行为，从而将交易双方机会主义交易费用控制在最低限度。

2. 形成新的产业形态，优化区域产业结构

现代物流的实现方法之一就是通过培育并集中物流企业，使其发挥整体优势和规模效益，促使区域物流业形成并向专业化、合理化的方向发展。现代物流产业的本质是第三产业，是现代经济分工和专业化高度发展的产物。

物流产业的发展将对第三产业的发展起到积极的促进作用。发达国家的实践还表明，现代物流业的发展，推动和促进了当地的经济发展，既解决了当地的就业问题，又增加了税收，促进了其他行业的发展。

现代物流还有利于对分散的物流进行集中处理，数量的集约必然要求利用现代化的物流设施、先进的信息网络进行协调和管理。相对于分散经营、功能单一、技术原始的储运业务，现代物流属于技术密集型和高附加值的高科技产业，具有资产结构高度化、技术结

构高度化、劳动力高度化等特征。从这个角度来说，建立现代物流有利于区域产业结构向高度化方向发展。

3. 促进以城市为中心的区域市场的形成和发展

对于以城市为中心的区域市场的形成和发展，现代物流促进作用表现为：促进以城市为中心的区域经济形成，促进以城市为中心的区域经济结构的合理布局和协调发展，有利于以城市为中心的经济区吸引外资，有利于以城市为中心的网络化的大区域市场体系的建立，有利于解决城市的交通问题，有利于城市的整体规划，有利于减少物流对城市环境的种种不利影响等。

（四）对企业经济的作用

物流与供应链管理的企业经济价值主要体现为降低企业物流成本。物流领域有非常大的降低成本空间，当企业有效地利用物流系统技术和现代物流管理方式之后，可有效地减小原材料、能源、人力成本上扬的压力，从而使人们认识到"物流与供应链管理"还具备非常重要的降低成本的价值。

（五）对顾客经济的作用

物流与供应链管理的顾客经济价值，一方面体现为顾客在其所希望的时间和地点拥有所希望的产品和服务；另一方面体现为顾客所支付的价格低于其所期望的价格，即顾客获得了消费者剩余。简言之，创造顾客价值和满意是顾客经济价值的核心所在。如果产品或服务不能在顾客所希望的时间、地点供给顾客，它就不具有价值。

当企业花费一定的费用将产品运到顾客处，或者保持一定时期的库存时，对顾客而言，就产生了以前不存在的价值。这一过程与提高产品质量或者降低产品价格一样能创造价值。

例如，联邦快递公司的顾客所获得的众多利益中，最显著的一个就是快速和可靠的包裹递送。顾客在决定是否采用联邦快递寄送包裹时，会将这一价值与使用这一服务所付出的金钱、精力进行权衡和比较。而且，他们还会对使用联邦快递公司与使用其他承运公司的价值进行比较，从而选择能给予其最大价值的那家公司。

第二节　物流与企业物流

一、物流概述

（一）物流的定义

物流活动伴随着人类的发展走过了几千年的历程，直到 20 世纪初，人们才将长期以来积累的物流观念进行了总结和升华，提出了物流的概念。在物流概念产生一百多年后，世界各国分别根据自己国家的情况及物流实际，对于物流给出了不同的定义。

1. 美国的物流定义

美国物流管理协会给出的定义是：物流是供应链运作的一部分，是以满足客户要求为目的，对货物、服务和相关信息在产出地和消费地之间实现高效且经济的正向和反向的流动和储存所进行的计划、执行和控制的过程。

2. 我国的物流定义

《中华人民共和国国家标准物流术语》中指出，物流是指物品从供应地向接收地的实体流动过程。根据实际需要，将运输、储存、装卸、搬运、包装、流通加工、配送、信息处理等基本功能进行有机结合。这个定义既参考了美国等其他国家的物流定义，又充分考虑了我国物流发展的现实。

（二）物流的基本内涵

1. 物流是物品实体的流动

物流的对象只能是可以移动的物品，即动产，而不可能是不动产。而商流的对象则包括动产和不动产。

2. 物流是物品由提供地向接收地的流动

物流不仅是物品实体的流动，而且只能是由提供地向接收地的定向流动。例如，汽车零部件由生产地（提供地）向汽车制造厂、修理厂和汽车配件商（接收地）流动，最终向顾客（最终消费者）流动，而绝不可能倒过来流动。即使是废弃物和退货的流动，也是由废弃物的提供者、退货的顾客（在这里他们是物品的提供者）向接收废弃物或退货的地方流动。换言之，物流的方向性是非常明显的，只能是由提供地向接收地流动。

3. 物流是若干活动的有机整体

物流包括包装、装卸、搬运、运输、仓储、保管、流通加工和物流信息处理等基本活动，并且是这些活动的有机构成。对此，可以用一个典型的例子来说明。

汽车是由大大小小的、各种各样的零部件组成的。但是，并不能把生产汽车零部件的厂商，如轮胎厂等说成是汽车厂；而汽车厂可能什么零部件都不生产，但却是汽车厂，因为它生产汽车。

4. 物流具有普遍性

物流具有普遍性是指物流存在于各种产品（包括服务）的生产到消费的全过程，或者说存在于社会经济生活的方方面面。

二、企业物流

物流概念揭示了物流的活动及其服务的实质。物流的产生是社会经济进步的结果，物流的发展同样随着社会经济的发展而不断深化。现代物流是一种重要的经济活动，其作用和影响已经渗透到社会生活的方方面面。

应该说作为物质资料流通活动组成部分的"物流"，其历史与商品经济的历史一样久远，也就是说从商品经济开始以来就有"物流"了。但是，将物流作为现代企业经营的基本职能之一，对物流活动实施系统化的科学管理则是 20 世纪 50 年代后才开始的。

（一）企业物流的作用

1. 可以加速物品周转，缩短流通时间，降低流通费用

社会再生产过程是生产过程与流通过程的统一。生产速度表现为再生产周期的长短，而再生产周期等于生产时间与流通时间之和。因此，物品流转速度的快慢会直接影响再生产的速度，从而影响整个国民经济的发展。

2. 对消除不合理运输有重要作用

物品运输的合理化是加速生产发展、缩短流通时间的一个重要因素。研究物流经济学，有利于利用经济学的观点对运输合理化问题进行解决，从而降低运输成本。

3. 提高对需求的反应速度，提高顾客满意程度

利用物流经济学，可改善生产布局、优化生产流程、合理分配物品、理顺流通渠道、减少周转环节，协调好企业间的供需关系，从而通过协同计划、预测与补货（CPFR）来控制生产规模，提高企业服务的可靠性。

（二）　与传统产业经济学的区别

传统的产业经济学认为，企业的竞争优势可以通过降低资源消耗、提高劳动生产率的成本优势来取得，而如今物流管理已被认为是企业获取竞争优势的"第三利润源"。作为以创造最大利润为终极目标的企业，追求的是产品成本最低。

这时可采用世界最先进的技术和管理理论，由此产生了资本的全球性流动和全球性采购。全球性采购必然是进行全球性大配套，这就意味着企业供应半径拉长、仓储时间增加、流通加工时间增多等。这说明提高企业利润不应只降低产品物耗和提高劳动生产率，也应包括降低物流管理过程产生的费用。

（三）　现代企业物流的经济学价值

一般而言，现代企业物流的经济学价值主要表现在以下 7 个方面：

1. 保值

任何产品从生产出来到最终消费，都必须经过一段时间、一段距离，在这个过程中，要经过运输、仓储、保管、包装、装卸搬运等多环节、多频次的物流活动。在这个过程中，产品可能会淋雨受潮、生锈、破损、丢失等。

物流的功能就是防止上述现象的发生，保证产品从生产者到消费者移动过程中的质量和数量，起到产品的保值作用，即保护产品的存在价值，使该产品在到达消费者手中时使用价值不变。

2. 节约

搞好物流，不仅能节约自然资源、人力资源和能源，同时也能节约费用。例如，集装箱化运输，可以简化商品包装，节省大量包装用纸和木材；实现机械化装卸作业，仓库保管自动化，能节省大量作业人员，大幅度降低人员开支。重视物流可节约费用的事例比比皆是，如海尔通过加强物流管理，一年时间将库存占压资金和采购资金从 15 亿元降至 7 亿元，节省了 8 亿元。

3. 缩短距离

例如，在郑州可以买到世界各地的新鲜水果；邮政部门改善了物流，大大缩短了投递信件的时间，全国快递两天内就可送达。美国联邦快递能做到隔天送达亚洲 15 个城市；日本的配送中心可以做到上午 10 点前订货，当天到达。这种物流速度将人们之间的地理距离和时间距离拉近了。随着物流现代化的不断推进，国际运输能力大大加强，极大地促进了国际贸易的发展，使人们逐渐感到这个地球变小了，各大洲的距离更近了。

城市的居民也享受到了物流进步的成果。例如，南方产的香蕉在全国各大城市一年四季都能买到；新疆的哈密瓜、宁夏的白兰瓜、东北大米、天津小站米等都不分季节地供应市场。近年来，中国的纺织品、玩具、日用品等大量进入美国市场，除了中国的劳动力价格低廉等原因外，也有国际运输业发达、国际运费降低的缘故。

4. 增强企业竞争力

在市场经济环境下，制造企业间的竞争主要表现在价格、质量、功能、款式和售后服务等方面，像彩电、空调、冰箱等这类家电产品在工业科技如此发达的今天，各企业的生产水平已经没有太大的差别，唯一可比的就是价格。

在物资短缺年代，企业可以靠扩大产量、降低制造成本去攫取第一利润。在物资丰富的年代，企业又可以通过扩大销售攫取第二利润。可是在新世纪和新经济社会，"第一利润源"和"第二利润源"已基本到了极限，目前剩下的"第三利润源"就是物流。

国外的制造企业很早就认识到了物流是企业竞争力的法宝，搞好物流可以实现零库存、零距离和零流动资金占用，是提高客户服务水平、构筑企业供应链、增强企业核心竞争力的重要途径。

5. 加快商品流通

以配送中心为例，配送中心的设立为连锁经营提供了广阔的发展空间。利用计算机网络，将超市、配送中心和供应商、生产商连接，能够以配送中心为枢纽形成一个商业、物流业和制造业的有效组合。

有了计算机网络迅速及时的信息传递和分析，通过配送中心的高效率作业、及时配送，并将信息反馈给供应商和生产商，可以形成一个高效率、高可靠性的商品流通网络，为企业管理决策提供重要依据。同时，还可大大加快商品流通的速度，降低商品的零售价格，提高消费者的购买欲望和满意度，从而促进国民经济的发展。

6. 创造社会效益

实现装卸搬运作业机械化、自动化，不仅能提高劳动生产率，而且能解放生产力。例如，日本多年前的"宅急便""宅配便"，国内近年来开展的"宅急送"，都是为消费者服务的新行业，它们的出现使居民生活更舒适、更方便。

例如，当你去滑雪时，对于那些沉重的滑雪用具，不必自己扛、自己搬、自己运，只须给"宅急便"打个电话就有人来取。结果是：人还没到滑雪场，你的滑雪板等用具已经先到了。再如，去超市购物，那里不单商品便宜、环境好，而且可为你提供手推车，使你可以轻松购物。手推车是搬运工具，这一个小小的服务，就能给消费者带来诸多方便，同时也创造了社会效益。

7. 追求附加价值

关于物流创造附加值，主要表现在流通加工方面，如把钢卷剪切成钢板，把原木加工成板材，把粮食加工成食品，把水果加工成罐头。另外，名烟、名酒、名著、名画都可以通过流通中的加工，使装帧更加精美，从而大大提高商品的欣赏性和附加价值。

第三节　供应链与供应链管理

一、供应链

（一）供应链的概念

供应链（Supply Chain，SC）的思想源于物流，原指军方的后勤补给活动。随着商业的发展，逐渐推广到商业活动中。物流系统的最终目的在于满足消费者，将物流所涉及的范围扩大，把企业上下游成员进行整合，就发展成了供应链。

例如，一个顾客去零售店购买果汁，供应链始于顾客对果汁的需求，零售店的果汁存货由成品仓库或者分销商用卡车通过第三方供应。果汁厂为分销商供货，果汁厂从各种供应商那里购进原材料，这些供应商可能由更低层的供应商供货。

供应链的概念经历了一个发展过程。早期的观点认为供应链是制造企业的一个内部过程，是指将采购的原材料和收到的零部件，通过生产的转换与销售等过程传递到企业用户的一个过程。传统的供应链概念局限于企业的内部操作，注重企业的自身利益。

随着企业经营的进一步发展，供应链的概念范围扩大到了与其他企业的联系，扩大到供应链的外部环境，偏向于定义它为一个通过链中不同企业的制造、组装、分销、零售等过程将原材料转换成产品送到最终用户的转换过程，它是更大范围、更为系统的概念。

供应链是围绕核心企业，通过对信息流、物流、资金流的控制，从采购原材料开始，制成中间产品以及最终产品，最后由销售网络把产品送到消费者手中的将供应商、制造商、分销商、零售商直到最终用户连成一个整体的网链结构和模式。它是一个范围更广的企业结构模式，包含所有加盟的节点企业，从原材料的供应开始，经过链中不同企业的制造加工、组装、分销等过程直到最终用户。

这个概念强调了供应链的战略伙伴关系，从形式上看，客户在购买商品，但实际上客户是在购买能带来效益的价值。各种物料在供应链上移动，是一个不断采用高新技术增加其技术含量或附加值的增值过程。

（二）供应链的特征

从供应链的结构模型可以看出，供应链是一个网链结构，由围绕核心企业的供应商、供应商的供应商和用户、用户的用户组成。一个企业是一个节点，节点企业之间是一种需求与供应关系。供应链主要具有以下特征：

1. 复杂性

因为供应链节点企业组成的跨度（层次）不同，供应链往往由多个、多类型甚至多国企业构成，所以供应链结构模式比一般单个企业的结构模式更为复杂。各企业在法律上都是独立的，它们之间形成了基于供应、生产和销售的多级复杂交易关系，在经济利益上不可避免地存在着冲突和矛盾。

2. 动态性

供应链管理因企业战略和适应市场需求变化的需要，其中节点企业需要动态地更新，这就使得供应链具有明显的动态性。同时，供应链节点企业之间的关系是合作与竞争，一旦节点企业经济实力发生改变，其在网络中的地位也会随之变化，从而造成节点企业间关系的动态变化。

例如，当某种物料或产品供应短缺同时价格上涨时，一家公司就会发现与这样的供应商建立联盟比较有利，可以保证短缺物品的持续供应。这种联盟对双方都有利，对供应商来说，他们得到了新的市场并赢得了新的、未来产品的销售机会；对采购方来说，他们得到了长期的供货及稳定的价格。

此后，当新的竞争者生产这种短缺的产品或者需求下降时，供应商对采购方来说就不再有价值。采购方反而会发现与其他潜在的供应商磋商会带来更大的利益，这时他会决定与原有供应商取消联盟关系。由此可以看出，供应链是经常变动的，因此会给有效管理带来很多问题。

3. 面向用户需求

供应链的形成、存在、重构，都是基于一定的市场需求而发生的，并且在供应链的运作过程中，用户的需求拉动是供应链中信息流、产品/服务流、资金流运作的驱动源，因此供应链也称为需求链。

4. 交叉性

节点企业可以是这个供应链的成员，同时又是另一个供应链的成员，众多的供应链形成交叉结构，增加了协调管理的难度。

5. 层次性

各企业在供应链中的地位不同，其作用也不相同。按照企业在供应链中地位的重要性的不同，各节点企业可以分为核心主体企业、非核心主体企业和非主体企业。主体企业一般是行业中实力较强的企业，它拥有决定性资源，在供应链管理中起主导作用，它的进入和退出直接影响供应链的存在状态。

在一个供应链中，居于中心位置的是核心主体企业，它是供应链业务运作的关键，它不仅可推动整个供应链运作，为客户提供最大化的附加值，而且能够帮助供应链上的其他企业参与到新的市场中。

供应链是一个范围更广泛的企业结构模式，它包含所有加盟的节点企业，从原材料的供应开始，经过链中各企业的加工制造、组装、分销等过程直到最终用户。它不仅是一条连接供应商到用户的物料链、信息链、资金链，而且是一条增值链，物料在供应链上因加工、包装、运输等过程而增加了价值，从而给供应链上相关企业带来效益。

二、供应链管理

（一）供应链管理的概念

供应链管理（Supply Chain Management，SCM）是一种全新的管理思想，于20世纪80年代末被提出。供应链管理就是企业对供应链的流程进行计划、组织、协调和控制，以优化整条供应链，目的是将客户需要的产品通过物流送达客户，整个过程要尽量降低供应链的成本。

供应链管理对企业资源管理的影响，可以说是一种资源配置的创新。供应链中的每个节点企业在网络中扮演着不同的角色，它们既相互合作，谋求共同的收益，同时在经济利益上又相互独立，存在一定的冲突。处于同一供应链中的企业在分工基础上相互依赖，通过资源共享、优势互补，结成伙伴关系或战略联盟，谋求整体利益最大化，而在利益分割时又存在矛盾和冲突。

供应链管理体现的是集成的系统管理思想和方法。供应链管理把供应链上的各个节点企业作为一个不可分割的整体，通过对节点企业的相关运营活动进行同步化、集成化管理，整合它们的竞争能力和资源，从而形成较强的竞争力，为客户提供最大价值。

（二）供应链管理的目标

供应链管理的目标是使供应链整体价值最大化。供应链管理所产生的价值是最终产品对顾客的价值与顾客需求满足所付出的供应链成本之间的差额。供应链管理使节点企业在分工基础上密切合作，通过外包非核心业务、资源共享和协调整个供应链，不仅可以降低成本，减少社会库存，使企业竞争力增强，而且通过信息网络、组织网络实现生产与销售的有效连接和物流、信息流、资金流的合理流动，使社会资源得到优化配置。

供应链管理的整体目标是使整个供应链的资源得到最佳配置，为供应链企业赢得竞争优势和提高收益率，为客户创造价值。供应链管理强调以客户为中心，即做到将适当的产品或服务（right product or service）按照合适的状态与包装（right condition and packaging），以准确的数量（right quantity）和合理的成本（right cost），在恰当的时间（right time）送到指定地方（right place）的确定客户（right customer）手中。

因此，最好的供应链管理不是将财务指标作为最重要的考核标准，而是密切注视产品进入市场的时间、库存水平和市场份额这些情况。以客户满意为目标的供应链管理必将带来供应链中各环节的改革和优化，因此，供应链管理的作用就是在提高客户满意度的同时实现销售的增长（市场份额的增加）、成本的降低以及固定资产和流动资产更加有效的运用，从而全面提高企业的市场竞争力。

（三）供应链管理的特征

1. 以满足客户需求为根本出发点

创建任何一个供应链的目的都是为了满足客户的需求，并在满足顾客需求的过程中为自己创造利润。在供应链管理中，以顾客满意为最高目标。供应链管理必须以最终客户需求为中心，把客户服务作为管理的出发点，并贯穿供应链的全过程，把改善客户服务质量、实现客户满意作为实现利润、创造竞争优势的根本手段。

2. 以共同的价值观为战略基础

供应链管理首先解决的是供应链伙伴之间信息的可靠性问题。如何管理和分配信息取决于供应链节点企业之间对业务过程一体化的共识程度。供应链管理是在供应链节点企业间形成一种相互信任、相互依赖、互惠互利和共同发展的价值观和依赖关系。供应链战略需要供应链上的企业从整个供应链系统出发，实现供应链信息的共享，加快供应链信息传递，减少相关操作，简化相关环节，提高供应链的效率，降低供应链成本，在保证合作伙伴合理利润的基础上，提升企业竞争能力和盈利能力，实现合作伙伴间的双赢。

3. 以提升供应链竞争能力为主要竞争方式

在供应链中，企业不能仅仅依靠自己的资源来参与市场竞争，而要通过与供应链参与方进行跨部门、跨职能和跨企业的合作，建立共同利益的合作伙伴关系，实现多赢。供应链管理是跨企业的贸易伙伴之间密切合作、共享利益和共担风险；同时，信息时代的到来使信息资源的获得更具有开放性，这就迫使企业间打破原有界限，寻求建立一种超越企业界限的、新的合作关系。

因此，加强企业间的合作已成必然趋势，供应链管理的出现迎合了这种趋势，顺应了新的竞争环境的需要，改变了企业的竞争方式，将企业之间的竞争转变为供应链之间的竞争。

4. 以广泛应用信息技术为主要手段

信息流的管理对提高供应链的效益与效率可起到一个关键作用。信息技术在供应链管理中的广泛应用，可大大减少供应链运行中的不增值活动，提高供应链的运作绩效。供应链管理应用网络技术和信息技术，重新组织和安排业务流程，进行集成化管理，实现信息共享。只有通过集成化管理，供应链才能实现动态平衡，才能进行协调、同步、和谐运作。

5. 以物流的一体化管理为突破口

供应链管理把从供应商开始到最终消费者的物流活动作为一个整体进行统一管理，始终从整体和全局上把握物流的各项活动，使整个供应链的库存水平最低，从而实现供应链整体物流最优化。

物流一体化管理能最大限度地发挥企业能力，降低库存水平，从而降低供应链的总成本。因此要实现供应链管理的整体目标，为客户创造价值，为供应链企业赢得竞争优势和提高收益率，供应链管理必须以物流的一体化为突破口。

6. 以非核心业务外包为主要经营策略

供应链管理是在自己的"核心业务"基础上，通过协作的方式来整合外部资源以获得最佳的总体运营效益。除了核心业务以外，几乎每项业务都可能是"外源的"，即从公司外部进行资源整合。企业通过将非核心业务外包可以优化各种资源，这样既可提高企业的核心竞争能力，又可参与供应链。同时依靠建立完善的供应链管理体系，充分发挥供应链上合作伙伴的资源优势。

（四）改善体系

制约物流发展的关键是什么？如何改善中国的物流绩效？在当前和今后一个时期，要在创新体制机制、推广应用先进技术和管理手段、完善落实物流管理支持政策上下功夫，构筑起面向未来的物流和供应链服务体系。

1. 单一物流业态向综合物流转变

在经济新常态下，作为供需对接的"最后一棒"，物流在供给侧结构性改革中发挥着双重作用，是实现低端供需平衡向高端供需平衡有序转变的重要力量。近年来，随着物流行业的升级和电商的迅速成长，我国的物流质量和效率逐步提升。但总体来看，我国物流大而不强、成本高、质量效益不佳的粗放特征明显，物流绩效尚待提升。

"十四五"及未来更长时期，我国的工业化、信息化、城镇化、绿色化、农业现代化进程将深入推进，物流业发展的需求、技术供给、制度、资源环境约束以及国际环境等条件会发生重大变化。

工业化全方位、立体式推进，将驱动以往单一方式各自发展的物流业态向各类资源联接、联合、联动、共利、共赢、共享的综合物流和一体化物流转变；新科技革命推动着中国从消费者互联网大国向产业互联网大国迈进，"互联网+"形态下的物流方式将会迎来重大变革，电子商务物流、协同物流、共享物流、数字物流、智能物流、平台型物流、快递、配送、仓配、末端物流将会快速发展。

此外，随着市场体制的逐渐完善与政府职能转变，市场将在更广领域内配置物流资源。同时全面建成小康社会要求加快发展服务于民、方便于民、受益于民的普惠物流；我国正推动东西方互动的全球化，全球物流和供应链服务体系将提上议事日程；市场充分竞争会推动物流产业组织调整，提高产业集中度；人力成本上涨，土地、资源环境、安全约束加强，要求加快发展绿色物流。

2. 物流业与各次产业协同发展

全面改善物流绩效，推动物流业朝着自动化、信息化、数字化、网络化、智能化、精细化、绿色化、全球化等方向发展，对于促进国民经济运行效率和国家竞争力的提高、推动经济结构调整和发展方式的转型、扩大内需等，都具有重大而深远的意义。当前和今后一个时期，我国物流业需要实施"七大战略"。

（1）网络化战略

根据经济社会发展要求，完善和优化物流基础设施网络、组织网络、运营网络和信息网络，构筑统筹国际国内、沿海和内地、城市与农村、省市县乡、社会化与自营的不同层级、不同功能、有效衔接的现代物流服务体系。

（2）精细化战略

满足不断分层化、分散化和细化的市场，针对用户体验、产业升级和消费升级需求，实施物流服务精准定位、精细服务、精细管理。

（3）智能化战略

把握新科技革命和新产业革命的重大机遇，抢占物流业未来发展的制高点。应用信息化、数字化、智能化技术，实现物流资源的连接和安全、高效、灵敏、实时、可控、人性的智能物流服务。

（4）联动战略

着眼于物流业服务生产、流通和消费的内在要求，加强物流资源和供应链整合，提升物流服务和供应链管理能力，推动物流业与各次产业、地区经济协同和互动发展，充分发挥物流业在国民经济中的桥梁、助推器、总调度等作用。

（5）全球化战略

把握全球化和国际格局变化的新特点，深化国际合作，打造全球物流和供应链体系，主动参与国际大分工，提升在全球价值链中的地位，实现我国物流业的全球连接、全球网络、全球服务、全球解决方案。

（6）可持续战略

着眼于生态文明、环境友好、资源节约和安全等，实现土地、能源、资源的集约和节约，减少污染、降低排放，最大限度地减少物流活动的负面影响。

（7）创新战略

通过理念、制度、服务模式、商业模式、组织、流程、管理和技术等创新，推动物流业创造更多价值来满足经济社会发展的需要。

3. 构建国家及全球物流体系

全面改善物流绩效是一项复杂的系统工程，须实施好三大任务。

（1）构建强大、智能、绿色的国家物流系统

国家物流系统是从国家总体、长远和可持续发展角度出发，按照物流活动各环节之间的内在联系和逻辑，合理布局和配置物流资源，形成涵盖交通运输、仓储、包装、装卸搬运、流通加工、配送、邮政、快递、货运代理、信息等在内的跨行业、跨地区、多层次的综合物流系统。

国家物流系统由物流基础设施网络、物流信息网络和物流组织运营调度网络组成。国家物流系统的信息网络收集处理各物流活动主体、各环节及物流资源的信息，所有信息通过云计算平台，进行高效综合、数据挖掘、信息处理，优化物流资源配置和运行控制。国家物流系统的组织运营调度网络由各类物流企业、辅助企业及利益相关主体有机构成，实施优化后的物流服务。强大、智能、绿色的国家物流系统将彻底打破"孤岛"效应，实现互联互通和社会协同，提供"适时、适地、适人、适物、适性"的物流服务，降低社会物

流成本，为客户创造价值，为企业提供盈利机会，为社会节约资源。

（2）打造中国连接世界的全球物流体系

紧紧围绕着中国全球化战略和全球生产、流通、贸易网络，以"一带一路"建设为突破口，逐步建设起一个"连接世界各大洲、各大洋，通达主要目标市场"的全球物流体系。全球物流体系由"四梁八柱"构成，"四梁"即全球物流信息系统、全球物流标准体系、全球物流政策体系和全球物流运营体系；"八柱"即我国的国际铁路运输网络、国际公路运输网络、国际航空货运网络、国际海运网络、国际管道网络、国际快递网络、国际仓储网络和国际配送网络。"四梁八柱"服务于我国的全球生产网络和贸易网络的发展。

（3）推动物流现代化

构建强大、智能、绿色的国家物流系统和打造连接世界的全球物流体系的过程，也是推动物流现代化的过程。物流现代化是从传统物流向现代物流的转变过程，是物流业持续升级的过程。物流现代化包括物流理念和模式现代化、物流基础设施现代化、物流组织运营现代化、物流市场现代化、物流要素与技术装备现代化、物流管理体制机制现代化和物流可持续发展等维度。

总之，我国物流现代化程度还较低，国家物流系统有待构建，全球物流体系才刚起步，全面改善物流绩效的任务具有长期性和艰巨性，中国物流业发展任重而道远。

第二章 现代物流过程与管理

第一节 物流信息与管理

物流信息是指与物流活动有关的一切信息。物流信息贯穿于物流活动的整个过程，决定着物流的方向、规模与结构等，是对物流活动实施有效控制与管理的关键。一般将物流信息称为现代物流的中枢神经。

一、物流信息在现代物流中的地位

现代物流的首要目标就是要向顾客提供满意的服务，即在适当的时间、通过适当的方式把适当的货物运送到顾客指定的地点；第二个目标就是要实现物流总成本的最小化，也就是说，要消除物流活动各个环节的浪费；第三个目标就是要实现物流的高效率。要实现这三个方面的目标，关键的一点就是要实现物流信息的畅通与充分运用，因为物流信息决定着物流的方向、规模与结构，是实现对物流活动进行有效控制与管理的关键。

二、现代物流信息的特点

随着物流需求向多样化、个性化以及高频化方向的转变，物流过程也向着多品种、高频率、小批量的方向发展。物流信息在现代物流过程中的特点主要表现在以下几个方面：

（一）来源更加广泛

在现代物流中，物流信息不仅来自物流活动本身所产生的信息，而且也来自外部其他活动所产生的信息；不仅来自企业经济活动所产生的信息，而且也来自政府、消费者活动所产生的信息；不仅来自国内经济活动所产生的信息，而且也来自国际经济活动所产生的信息；等等。

（二）信息量不断增加

一方面，物流信息来源的广泛性带来了物流信息数量的大幅度增加；另一方面，各方面活动的复杂性，也使物流信息呈现出多样性。

（三）更新速度加快

消费者需求的多样化、个性化，带来了经济活动与物流活动的快速发展，也使得物流信息的更新速度越来越快，更具有动态性。

三、物流信息的作用

大量准确、即时、全面的信息是实现物流有效管理的重要基础。任何信息的遗漏和错误都将直接影响物流系统运转的效率和效果，进而影响企业的经济效益。物流信息的作用主要表现在以下两个方面：

首先，物流信息可以使企业对物流活动的各个环节进行有效的计划、协调与控制，以实现系统整体优化的目标。

其次，物流信息有助于提高物流企业科学管理的决策水平。现代物流管理主要是通过加强供应链中各活动和实体间的信息交流与协调，使物流保持畅通、高效。

四、物流信息系统

（一）物流信息系统的概念

根据国家物流术语标准，物流信息系统（Logistics Information System，LIS）是由人员、计算机硬件、软件、网络通信设备及其他办公设备组成的人机交互系统，其主要功能是进行物流信息的收集、存储、传输、加工整理、维护和输出，为物流管理者及其他组织管理人员提供战略、战术及运作决策的支持，以达到组织的战略最优，提高物流运作的效率与效益。物流信息系统所要解决的问题主要包括以下几方面：①缩短订单收集、传输、处理以及发送等时间，减少订单等工作量；②提高接收订货和发出订货精度，减少发货、配送差错；③为确定合理库存提供支持；④提高运输、搬运、装卸作业效率；⑤调整需求和供给；⑥回答信息咨询；⑦提高成本核算与控制能力。

物流信息系统解决上述问题的目的都是为了提高对顾客的服务水平、降低物流成本、提高物流效率。

（二）物流信息系统的基本功能

物流信息系统是将物流系统的各个层次、各个环节紧密联系在一起的，一般来说物流信息系统需要具备以下基本功能：①数据的收集和录入；②信息的存贮；③信息的传输；④信息的处理；⑤信息的输出。

随着社会以及科学技术特别是 Internet 的不断发展，物流信息系统应向采集的在线化、存储的大型化、传输的网络化、处理的智能化以及输出的图形化方向发展。

（三）物流信息系统的内容及其发展

与物流实体作业方式发展阶段（人工阶段、机械化阶段、自动化阶段、集成化阶段）相对应，物流信息系统也可划分为四个阶段。即：①人工作业阶段；②合理化和计算机应用阶段；③自动化信息整合阶段；④智能化信息整合阶段。在不同的阶段，物流信息系统具有不同的功能，发挥着不同的作用。

第二节　商品采购与管理

一、商品采购的含义与目标

商品采购就是将货币转化为商品的过程，即 G（货币）—W（商品）。商品采购是企业进行生产经营活动的开始，对企业生产经营活动有着重要的保障作用。

一般来说，商品采购主要包括四个方面目标，分别是经济性目标、适用性目标、及时性目标和齐备性目标。经济性目标要求采购商品的价格要尽可能低廉、费用尽可能少；适用性目标要求所采购商品的功能要满足需要；及时性目标要求采购的商品要满足时间上的需要；齐备性目标要求采购商品的品种、规格要齐全。

二、商品采购过程

一般来说，商品采购主要包括以下几个方面的内容：采购什么、采购多少、价格如何、向谁采购、如何采购、怎么进货等。根据商品采购阶段的内容，可划分为不同采购类型的商品采购过程，如表 2-1 所示。

表 2-1　不同采购类型的商品采购过程

阶段	类型	全新采购型	更改重购型	直接采购型
决策阶段	1. 认识需要	需要	可能需要	不需要
	2. 确定需要	需要	可能需要	不需要
	3. 说明需要	需要	需要	需要
	4. 寻找和判断供应商	需要	可能需要	不需要
	5. 接受和分析供应商报价（投标）	需要	可能需要	不需要
	6. 评价报价和选择供应商	需要	可能需要	不需要
实施阶段	7. 选择订货程序	需要	可能需要	不需要
	8. 进货	需要	需要	需要
评价分析阶段	9. 执行情况反馈和评价	需要	需要	需要

三、计划期采购商品品种和采购总量的确定

（一）计划期采购商品品种确定

计划期采购商品品种主要是根据需要来进行确定的。对于生产企业来说，其主要是根据企业的生产需要来确定的；对于流通企业来说，其主要是根据销售需要来确定的。

在确定计划期商品品种时，一个关键的因素就是要确定购买商品的功能价值。如果采购商品的功能价值高了，就会增加企业的采购成本（包括价格与费用）；如果功能价值低了，就会影响所生产产品的质量。一般来说，商品的功能价值主要是通过其品种规格与数量来表现的，作为衡量标准主要可从适应性与经济性上考察。对此，可以采用价值分析（VA）的方法来确定采购商品的品种规格与数量。

所谓采购商品的价值分析，主要是对采购商品的功能成本进行分析，即力图用最低的成本，实现必要的功能，借以提高价值（经济效益）的技术经济方法。其计算公式为：

$$V(价值) = F(功能)/C(成本) \qquad (2-1)$$

式中：V——价值（也可以理解为性价比）；

C——成本，包括采购商品价格及支付的其他费用；

F——功能的最低成本（必需成本），是为获得某一功能最少要付出的货币量，一般用货币量来表示。

在 $V=1$，即 $C=F$ 的情况下，说明实现某项功能的当前成本与最低成本相符合。这是

一种比较理想的状态。

在 $V<1$，即 $F<C$，说明实现功能的当前成本高于最低成本。此时，应设法降低当前成本，以提高功能价值。降低成本所期望达到的目标——改善期望值（$C-F$）。

在 $V>1$，即 $F>C$，说明当前成本低于规定的最低成本。此时有两种情况：第一，功能的最低成本规定得太高，须重新分析最低成本、降低 F 值；第二，目前采购商品的功能不足，须提高采购商品的功能，以适应需要。

一般来说，价值分析主要包括对象选择、信息收集、功能分析、方案制订、分析与评价方案、进行决策等步骤。

（二）计划期商品采购总量的确定

一般来说，计划期采购商品总量的确定既可以按年来进行，也可以按季、月来进行。以年为单位时，主要按大类或类别商品核算；以季、月确定时，主要按具体规格型号核算。其计算由下列公式进行。

$$R = M + C_2 - C_1 - D$$
$$C_1 = E + F_1 - F_2$$

$$(2-2)$$

式中：R——计划期某种商品采购总量；

　　M——计划期该种商品需要总量；

　　C_2——计划期末该种商品储备量；

　　C_1——计划期初该种商品库存量；

　　D——计划期该种商品其他资源量；

　　E——编制计划时一定时点的实际库存量；

　　F_1——预计期的计划收入量；

　　F_2——预计期的计划发出量。

四、供应渠道与供应商的选择

采购商品的品种与总量确定之后，就需要选择供应渠道与供应商。

（一）供应渠道的选择

供应渠道一般有两种基本类型，即直接供应渠道与间接供应渠道。

直接供应渠道就是没有中间环节的供应渠道，即用户直接向生产厂家购买所需要的商品。其基本形式为：需求者（用户）→供应商（生产厂家）。

间接供应渠道就是有中间环节的供应渠道，即用户通过中间商购买所需要的商品。其基本形式为：需求者（用户）→中间商（经营者）→供应商（生产厂家）。

在实际采购过程中，是选择直接渠道还是选择间接渠道，衡量标准是看哪种渠道更有利于企业的利益。如果选择直接渠道获得的利益大于选择间接渠道获得的利益，那么就选择直接渠道进行采购；反之，相反。

（二）供应商的选择标准

科学合理确定供应商的选择标准，对保证供应、降低采购成本有着重要的作用。

确定供应商的选择标准可主要从四个方面来进行考核：第一，是对供应商的基本情况进行考核，形成基本考核指标，主要包括企业的规模、生产经营条件、财务能力等；第二，是对供应商的商务活动、主要供应情况进行考核，形成商务考核指标，主要包括商品质量、价格、费用、交付与服务状况等；第三，是对供应商技术情况进行考核，形成技术考核指标，主要包括产品质量、生产工艺以及技术能力等；第四，是对供应商的运营状况进行考核，主要包括现有合同执行情况以及项目实施能力等。

（三）供应商的选择方法

供应商的选择方法有很多，不同的方法具有不同的特点。在实际过程中，各企业应根据自身的情况来选择供应商。一般来说，选择供应商的方法主要有以下几种：

1. 直观判断法

直观判断法就是采购者根据自己的经验来确定供应商的方法。这种方法的质量取决于掌握资料的正确性、齐全程度和决策者的分析判断能力与经验等。

2. 评分法

评分法是在确定对供应商若干评价标准的基础上，按优劣程度给出不同档次的分数数值（一般来说，优秀程度越高，分值越大），由评分者根据供应商的情况选出各项对应的分值，最后进行综合评分，选择得分最高（低）者。采用该种方法，第一，要确定好评价项目（标准）；第二，要确定好各项目的分值；第三，要确定好评分者。

3. 采购成本比较法

采购成本法主要是根据采购成本来选择供应商的方法。该方法一般是选择成本最低的供应商，采购成本主要包括采购的价格与费用。

4. 加权综合评分法

加权综合评分法是一种多目标的决策方法。其基本思路是综合考虑多方面的因素来选择供应商。具体程序是：第一，确定评价供应商的项目（标准与指标）；第二，确定各项目的重要程度（权重）；第三，根据确定的项目对供应商进行评价；第四，计算各供应商的综合得分；第五，选择供应商。

当采购单位的订购量大、供货单位较多时，可以采用招标法；在可供货单位较多、采购单位难以抉择时或者在时间紧、投标单位少、竞争程度低的情况下可采用协商选择方法，该方法是由采购单位先选出条件较为有利的几个供应商，同他们分别进行协商，再确定合适的供应者。

（四）向一家订购与向多家订购的决策

在实际采购过程中，采购单位经常面临的一个问题是：选择一家供应商还是多家供应商。

选择一家供应商进行订购的优点是：能密切供需双方的关系，采购商品的质量稳定，费用较低，可获得价格折扣。其不足是：无法与其他供应商进行比较，可能失去质量较高、价格更便宜的供应来源；采购的机动性小；当供应商的生产或供货出现问题时，会影响企业的经营活动。选择多家订购，其优缺点与选择一家供应商的优缺点相反。

在实际过程中，究竟是选择一家供应商还是选择多家供应商，企业要根据自身的情况来确定。

五、订购批量与订购时间的确定

供应商确定之后，采购单位就需要确定每次的订购批量与订购时间。一般来说，订购批量与订购时间的确定方法主要有定量订购与定期订购两种方法。

（一）定量订购

定量订购是指每次订购数量相同，订购时间和订购周期不确定的订购方法。定量订购包括订购点法与经济批量法。

在定量订购条件下，有：订购批量＝订购总量/订购次数。

1. 订购点法

订购点法是通过确定订购点而确定订购时间的方法。所谓订购点就是提出订购时的库存量标准（或水平）。其计算公式为：

订购点 ＝ 备运时间需要量 ＋ 保险储备量 ＝ 平均备运天数 × 平均一日需求量 ＋ 保险储备量

$$(2-3)$$

备运时间也称前置时间，是指从提出订购至商品到达所需要的时间。一般包括订购时间、发货时间、运输时间和验收时间等。

2. 经济批量法

经济订购批量（Economic Order Quantity，EOQ）是总费用最小的一次订购量，简称经济批量。经济订购批量法是通过确定经济批量来确定订购批量的一种方法。一般情况下，总费用主要由物资总价、运杂费、订购费用以及储存费用等构成。若满足以下条件：①在需求均衡、稳定，计划期内的采购总量一定；②每次采购数量不受限制，能明确供货日期；③商品单价和运费率不变；④不允许缺货；⑤仓储条件和商品使用储存寿命不受限制；⑥资金条件不受限制；则有：

$$总费用 = 订购费用 + 储存费用$$

即：

$$S = \frac{RG}{Q} + \frac{hQ}{2} \qquad (2-4)$$

式中：S——计划期（一般以年为单位）总费用；

R——年订购总量；

G——次订购费用；

h——单位商品计划期（年）保管费用；

Q——经济订购批量。

要使 S 最小，则：

$$Q = \sqrt{2RG/h} \qquad (2-5)$$

若该类商品的年储存费率为 H，商品的单价为 C，则有：

$$Q = \sqrt{2RG/CH} \qquad (2-6)$$

$$H = （该类商品年总储存费 / 该类商品年平均库存额）\times 100\%$$

上述关系可用图 2-1 来显示。当计划期订购费用与计划期储存费用相等时，其所对应的订购批量即为经济批量，此时总费用最小。

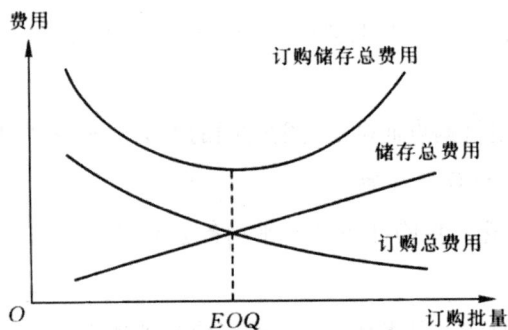

图 2-1　经济批量法关系图

（二）定期订购

定期订购是指订购时间或订购周期固定，而订购批量不确定的一种订购形式。定期订购的订购批量一般按下列方法进行计算。

订购批量 = 定期订购需要量 + 备运时间需要量 + 保险储备量 − 现有库存量 − 已订未交量

$$= （订购周期天数 + 平均备运天数）× 平均一日需要量 + 保险储备量 − 现有库存量 −$$

$$已订未交量 \tag{2-7}$$

（三）订购批量和订购时间的调整

在实际采购中，由于受多种因素的影响与条件的制约，企业需要根据现实情况对订购批量与时间进行调整，并选择相应的订购方法。

如果需求表现为均衡、连续的状态，既可以采取定量订购的方法，也可以采取定期订购的方法；如果需求表现为不均衡的状态，且各周期变动比较大，一般可选用定期订购的方法。

在储存能力和储备资金受到限制的情况下，可按储存能力和储备资金的可能性来调整订购批量，适当减少各类商品的同时进货。

如果供方生产和供货呈现为集中性和季节性的状态，可适当加大订购批量。在有订货、发货限额限制的情况下，如果订购批量低于限额，则以限额为标准来调整订购批量或订购周期。

当市场供求向供给小于需求的方向发展，预期的价格会升高，可适当加大订购批量；反之，相反。

六、订购方式

订购方式有很多分类，如前面所述的定量订购与定期订购等，此外其也可分为网上订购与网下订购。在此我们主要阐述网上订购方式。

网上订购是指通过互联网所进行的采购。协同采购理念的形成、信息化程度的提高以及互联网与供应链的发展，为企业进行网上采购奠定了良好的基础。通过网上的协同化采购，企业不仅可以缩短采购周期、提高供货准确性和存货周转率，增强供货稳定性，而且也可以增强与供应商的长期关系、降低采购成本。

在网上采购中，建立与供应商的协同与信任是非常重要的。这种协同与信任在实施过程中，主要表现在以下三个方面：第一，采购计划协同——采购商（包括制造商和零售商）通过互联网将自己的采购计划定期下达给供应链的上游供应商，供应商可以根据该采购计划安排生产计划和备货，以提高交货的准确性和及时性；第二，采购订单的执行协同——采购商通过互联网将采购订单下达给供应商，供应商将采购订单的执行情况及时转达给采购商，使采购商能够对采购订单的执行情况有明确的了解，安排自身的生产经营计划；第三，异常情况的协同——在实际过程中，由于其他因素特别是非正常因素的影响，采购商与供应商的生产经营计划可能会发生变化与调整，在此情况下双方应及时进行沟通协调，对自己的生产经营计划进行适当的调整。

采购商进行采购时，既可以直接向供应商订购，也可以通过委托第三方来进行采购。究竟采取哪种方式，既取决于采购商自身的情况，也取决于外部环境。

七、进货

进货是商品采购的最后一个环节，一般包括商品的接收、装卸搬运、检验、入库等过程。

在实际过程中，对于采购商来说，进货环节既可以由自己来完成，也可以采取委托方式由第三方来完成。

第三节　仓储与库存管理

一、仓库与仓储设施

（一）仓库的含义及种类

仓库是保管、储存物品的建筑物和场所的总称。在现代物流中，人们认为仓库还是从事包装、分拣、流通加工等物流作业活动的节点以及调节供求的设施。

从不同方面来划分，仓库有不同的种类。表 2-2 是选择不同标志划分的仓库种类。

表 2-2　仓库的种类

划分标准	类别	说明
使用范围	自用仓库	企业为自身生产经营活动需要而建立的仓库
	营业仓库	企业为经营储运业务而建立的仓库
	公用仓库	国家或主管部门建立的为社会服务的仓库
	出口监管仓库	经海关批准，在海关监管下，存放已按规定领取了出口货物许可证或批件，已对外买断结汇并向海关办完全部出口海关手续的货物专用仓库
	保税仓库	经海关批准，在海关监管下，专供存放未办理关税手续而入境或过境货物的场所
保管物品的种类	综合库	可存放多种不同货物的仓库
	专业库	存放一种或某一大类货物的仓库

除以上分类外，按保管条件划分，仓库可分为：普通仓库，保温、冷藏、恒湿恒温仓库，特种仓库（一般存放危险品）；按建筑形式划分，仓库可分为封闭式仓库、半封闭式仓库和露天仓库：按库房建筑结构划分，仓库可分为平房仓库、高层货架仓库、罐式仓库、简易仓库等；按照建筑材料划分，仓库可分为钢筋混凝土、砖石和木结构仓库、特殊仓库等；按库内形态划分，仓库可分为地面型仓库、货架型仓库、自动化仓库等；按仓库功能划分，仓库可分为集货中心、分货中心、转运中心、加工中心、储调中心、配送中心、物流中心。

（二）仓库设施

由于功能及定位等方面的原因，不同仓库的设施都存在一定的差异。一般来说，仓库的设施主要包括以下几个方面：第一，停车场；第二，接货与装载空间；第三，临时性储存空间；第四，办公用地；第五，员工设施；第六，储存与维修设施；第七，储存损坏货物的空间；第八，堆积垃圾或者维修损坏货物的空间；第九，再包装、贴标签和定价等的空间；第十，对废物和边角余料进行堆积和打包的空间；第十一，设备储存和维修的空间；第十二，危险品、高附加价值、仓库设备或者货物所需要的其他专门的搬运设备的储存空间；第十三，退货或者回收货物加工区等。

（三）数码仓库与网络仓库

1. 数码仓库

数码仓库就是用现代信息技术、网络技术以及计算机技术等对商品进行储存与管理的仓库。数码仓库的出现与发展，可以使人们对仓库实施虚拟化、动态化与实时化的管理。数码仓库的作用主要表现在以下几个方面：

第一，可以有效地实现仓库资源的配置。数码仓库虚拟化、动态化与实时化的管理，一方面可以使管理者在最短的时间内掌握仓库设施与设备以及人员的配置情况，并根据需要实时地对这些资源进行合理的配置；另一方面，可以根据未来的计划，通过虚拟的方式对未来的经营活动进行模拟，实现资源的合理配置，提高设施与设备的利用效率以及劳动效率。

第二，可以有效地降低库存，为用户提供更高质量的服务。数码仓库虚拟化、动态化与实时化的管理，可以使经营人员准确、及时地掌握和了解库存状态，并根据需要合理地对库存进行安排，为用户提供高水平服务。

2. 网络仓库

网络仓库是一种与传统仓库在概念上截然不同的商品储存形式，它并不是一个具体的、看得见摸得着的仓库，而是一个借助于先进的通信设备，能随时进行物品调动的若干仓库的总和。网络仓库覆盖的地域较大，其可根据用户的需求和所处的地理位置，通过信息系统在最短的时间内进行决策，选择一个距用户最近且有足够商品库存的仓库向顾客发货。网络仓库的出现，可以减少商品在不同仓库之间的调动次数，商品从出厂到最后的消费可能只需要一两次的运输，减少了运输费用。

网络仓库的出现，改变了传统仓库的运作方式与经营理念模式，使得仓库的作业模式更加合理，作业效率更加提高。虽然这种商品存储形式可能会在一定程度上增加一些仓库的仓储费用，但是，从物流的总体过程来看，它可以减少运输费用，为顾客提供及时高效的服务，提高了顾客的满意度和企业形象。

二、仓储管理

（一）仓储的功能与作用

仓储的功能与作用主要包括以下几个方面：

第一，解决商品生产与消费在时间上的差异。通过仓储可调节商品的时间需求，进而消除商品的价格波动。

第二，解决商品生产与消费在空间上的差异。

第三，降低运输成本，提高运输效率。

第四，通过商品在消费地的存储，可以获得更好的客户满意度。

第五，满足消费者的个性化消费需求。

（二）储存流程

商品储存流程主要包括入库、保管和出库等阶段，各阶段包括的环节与主要任务见表2-3。

表2-3　商品储存过程

阶段	环节	主要任务与内容
入库	接运	接运准备（主要包括人员、资料、器具、货位以及设备准备等）、装卸搬运作业
	交接	外部业务交接、内部业务交接
	验收	验收准备、核对业务凭证、实物验收、填制验收单、建立入库账卡
	入库	建立货物的明细账、保管卡片以及货物业务技术档案等
保管		仓储作业的一个中心环节，主要工作包括：堆码、保管维护、检查、盘点
出库	出库	核对资料凭证、备料出库、出库复核、点交等
	交接	内部交接、外部交接
	托运	包装装车作业、办理托运

（三）商品储存合理化

1. 储存合理化的标志

储存合理化的标志可以从质量、时间、结构、分布、费用等方面来进行衡量。质量标志就是在商品储存期间，确保商品的质量不受到损失；时间标志是储存时间要合理；结构标志就是对于有相关需求的商品，必须保持一定的存储比例；分布标志就是要实现商品储存在空间分布上的合理性；费用标志就是在保证需要与供应的前提下，储存总费用最低。

2. 实现商品储存合理化的措施

实现商品储存合理化的措施主要包括以下几个方面：第一，选择合理的储存模式；第二，合理布局储存网络与设施；第三，实行科学管理；第四，实现商品储存的信息化。

三、库存管理

库存有狭义与广义之分，狭义的库存主要是指处于储存状态的物品，或是储存在仓库中的物品，属于静态的库存。广义的库存还包括处于制造加工状态和运输状态的物品。在此我们主要阐述狭义的库存。

（一）库存的种类

从不同角度来划分，库存有不同的种类，以下是几种常见的划分类型：

第一，按库存在再生产过程中所处的领域划分，有制造库存、流通库存和国家储备。制造库存主要是为了满足生产需要所进行的库存；流通库存主要是指为满足生产和生活需要、补充生产和生活需要的不足所进行的储备；国家储备主要是指为应付自然灾害、战争和其他意外情况等所进行的储备。

第二，按库存在企业中的用途划分，有原材料库存、在制品库存、维护/维修/作业用品库存、包装物和低值易耗品库存、产成品库存。

第三，按库存目的划分，有周转库存、安全库存和季节性储备。周转库存也称经常库存，是指在正常经营情况下，企业为满足日常需要而建立的库存；安全库存是企业为防止和减少因订货期间需求率增长或到货期延误所引起的缺货而设置的库存；季节性储备是由于季节原因而设立的库存。

（二）库存的作用与不足

1. 库存的作用

从宏观角度来看，库存能够解决社会生产与消费在时间、空间上的矛盾，防止意外情况的发生；从微观角度来看，库存有利于保证生产的需要、防止缺货的发生。

2. 库存的不足

库存的不足主要表现在四个方面：第一，会占用大量的流动资金，如果不良库存过多，甚至会影响到企业生产经营活动的正常进行；第二，会增加物品的管理成本，降低企业的竞争能力；第三，会加大物品的损耗，有形损耗会降低物品的使用价值，无形损耗则会降低物品的价值；第四，会形成对社会设施与设备的占用。

（三）库存管理的目标

1. 减少和杜绝不良库存

一般来说，不良库存主要包括库存过剩、库存闲置、商品积压、报废物资、呆滞品等。不良库存的增加，不仅会加大资金的占用，而且会加大库存费用，甚至在有的情况下会影响企业的正常经营。因而，减少和杜绝不良的库存则成为库存管理的一项主要目标。

2. 确定合理库存

确定合理库存主要包括两方面的内容：第一，要确定合理的库存规模，基本要求是在保障供应的条件下，库存规模要最低；第二，要确定合理的库存结构，主要包括品种结构、时间结构和空间结构等。

（四）库存管理方法

目标是通过一定的方法来实现的。要有效地减少和杜绝不良库存，就需要采取科学的管理方法对库存进行管理。库存管理方法很多，在此我们主要介绍以下几种常用的管理方法：

1. 定额管理法

定额管理法主要是通过确定库存储备定额来实现对库存管理的一种方法。所谓储备定额就是在一定的生产经营技术条件下，合理储存的物品数量、标准或水平。储备定额是确定储备量、检查与评价储备量是否合理的重要标准。

储备定额的种类有很多，一般来说，主要包括以下几种类型：

按技术单位划分，储备定额有相对储备定额和绝对储备定额。相对储备定额以储备天数为计算（或计量）单位，表示可供多少天使用的物品。绝对储备定额以实物单位（如吨、台等）为计算（或计量）单位，主要用于计划编制、库存量控制和仓库保管面积的计算等。两者的关系为：绝对储备定额＝平均一日需要量×相对储备定额。

按作用划分，储备定额有经常储备定额、保险储备（安全储备、缓冲储备）定额和季节储备定额。经常储备定额是为保证两次进货的间隔期内、正常供应需要的储备数量标准。保险储备定额是为了应付意外情况而确定的储备定额。季节储备定额是由于季节原因而确定的储备定额。

按综合程度划分，储备定额有个别储备定额和类别储备定额。个别储备定额是按物品的具体规格型号确定的储备定额，一般是查定储备定额的重点。类别储备定额是按物品大类品种确定的储备定额。两者的关系为：个别储备定额是类别储备定额的基础。从定量角度有：类别储备定额=经常储备定额之和×调整系数+保险储备定额之和（调整系数一般在0.5~0.8之间）。

2. 分类管理法

分类管理法就是按照一定的标准将库存物品划分成不同的类别，然后对不同类别物品实行不同管理的方法。库存分类管理方法主要有 ABC 分类管理法、ABCD 分类管理法和关键因素分类法等。

（1）ABC 管理法

ABC 管理法是分类管理法中最为常见的一种管理方法。其管理的基本思路是将库存物品按品种数和所占金额划分为 ABC 三类，分别对其进行管理。一般来说，A 类物品的品种占库存品种数目20%左右，资金占库存总金额70%~80%，在管理中，要对其实行重点管理，尽可能降低其库存量；B 类物品的品种占库存品种数目30%左右，资金占库存总金额15%~25%，在管理中，对其实行次重点管理；C 类物品的品种占库存品种数目50%左右，资金占库存总金额5%，在管理中对其实行一般管理。

（2）ABCD 分类管理法

ABCD 分类管理法就是将库存物品按周转速度和销售额划分为 ABCD 四类。一般将周转速度很快、销售额很大的物品划分为 A 类；将周转速度较快、销售额较大的物品划分为 B 类；将周转速度较慢，销售额较小的商品划分为 C 类；而将滞销及待销的物品划分为 D 类。管理的重要程度依次为 A 类物品、B 类物品、C 类物品和 D 类物品。该种管理方法比较适合于商业企业的库存管理。

（3）关键因素分析法

关键因素分析法（Critical Value Analysis，CVA）就是将某一因素作为关键因素，并以此对库存物品进行划分。在实际管理中，由于企业的类型与经营性质等存在着差异，对关键因素的选择也互不相同。

第四节　运输管理

降低运输成本的基本做法就是将小批量货物集结成较大批量货物。专门经营女装的美国零售商巴恩服装公司运输主管亨利·斯纳尔说道："如果我们采用40英尺（约12米）

的集装箱运货，我们的运费是采用 20 英尺（约 6 米）集装箱货运费用的 75%。"

一、运输的内涵

运输是用设备和工具，将货物或商品从一个地点向另一个地点的运送活动。其包括：集中货物、中转货物以及分散货物等一系列活动。

运输是物流的主要功能之一，可以创造"空间效应"和"时间效应"，是第三利润的主要源泉。一般将运输称为物流的"动脉"。

二、运输方式

运输的基本方式有铁路运输、公路运输、水路运输、航空运输以及管道运输。每一种运输方式都有自身的特点，提供的服务内容和服务质量也各不相同，成本也存在着差异。为了有效地发挥不同运输方式在不同区域环境下的优势，人们开展了联合运输，避免采取单一运输方式所存在的不足。

（一）运输的基本方式

1. 铁路运输

简单地说，铁路运输就是利用火车所进行的运输。铁路运输的优点是运行速度快、运输能力大、受自然条件影响小、能够连续运输、通用性好、可以适用于不同货物，运行平稳安全可靠、平均运距高于公路，且运输成本与能耗较低；不足是投资高、建设周期长、占地多，一般适应于距离远、运输量大的货物。

铁路运输符合规模经济和距离经济的要求。规模经济的特点是随着装运规模的增长，单位重量的运输成本会降低。也就是说，用铁路进行运输，一次运输的物品规模越大，单位物品的运输费用也就越低。而距离经济是说随着运输距离的增加，单位物品的运输费用也会相应减少。因此在一般情况下，对于大批量和长距离的运输情况来说，铁路运输费用会比较低，一般要低于公路运输的费用；但对于小批量的货物和近距离的大宗货物来说，铁路运输的费用则比较高。

铁路运输的货物主要有煤炭、矿建材料、矿石、钢铁、石油、谷物、水泥等。这些物品都有一个共同的特点，就是价值较低、密度较高，且运输成本在商品售价中所占的比重比较大。

铁路运输一般可分为整车运输和集装箱运输两种类型。整车运输就是包租一节货车的运输形式，适用于大批量、大规模或是单个长度、重量、容积等特别长、大的货物的运输。集装箱运输业务是一种利用集装箱进行运输的业务，有时也包括将集装箱作为货物进行托运。集装箱运输业务是在发货人的门口把货物装入集装箱后，一直到收货人的门口，将货物从集装箱中取出，中途不再进行货物倒装的一种运输形式。

2. 公路运输

公路运输主要是指依靠载重汽车在公路上进行的货物运输，也可以称为汽车运输。公路运输是配送货物的主要形式，一般来说，公路运输可以用来运输任何物品，但根据公路运输自身的特点，公路运输主要是用来运输制造产品。制造产品的特点就是价值比较高，包括纺织及皮革制品、橡胶与塑料制品、仿金属制品、通信产品及照相器材等。

公路运输的优点是机动灵活（可以进行门到门的运输）、速度快、投资少、可靠性高、对物品损伤较小。不足是运输能力小、消耗高、成本高、生产率相对较低。一般适合于批量较小、距离较短、门到门的货物运输。

3. 水路运输

水路运输由船舶、航道和港口所组成，它是一种历史悠久的运输方式，也称为船舶运输。

水路运输的优点是运输能力大、运距长、费用低；不足是运营范围和运输速度受到限制，且易受气候的影响。水路运输一般适合于数量大、运距长、价值低的货物运输。

4. 航空运输

航空运输是利用飞机或其他飞行器所进行的货物运输，是国际货物运输的一种重要方式。

航空运输的最大优点是运输速度非常快，对于急需的、易腐烂与易变质的货物都可以考虑采用航空运输。此外，航空运输可以减少对货物的振动和冲击，所以被运输的货物只需要简单的包装即可，有利于节省包装费用。

航空运输的局限性主要表现在以下几个方面：首先，运输费用高。在美国，平均每吨货物每英里的运价，航空运输是铁路运输的 12~15 倍，是公路运输的 2~3 倍。其次，场所受到限制。航空运输一般需要机场等设施。第三，容易受到气候的影响。恶劣的天气情况会对航空运输造成极大的影响，影响航空运输的及时性。

5. 管道运输

利用管道运输的大部分物品都是一些流体的能源物资，如石油、天然气、成品油等。现在，随着技术的发展，也可以利用管道来传递一些固体物品。

管道运输的优势就是成本低廉，受天气情况的影响小，可以长期稳定地使用，安全性比较高，此外其运输能力也大、运距也长，货物损失极少。

管道运输的局限性主要表现在：第一，运输方式不灵活，只有接近管道的用户才能够使用；第二，运输物品的品种受到限制，使其适用性受到一定的影响；第三，运输的速度较慢；第四，造价昂贵。

（二）联合运输

联合运输是把多种运输方式和运输工具联合起来所进行的运输，也可以理解为是基本运输方式的组合。联合运输可以真正地实现门到门（door to door）的运输服务，有利于实现物流的及时性和准确性。其具有"一次托运、一次计费、一张单证、一次保险"的特点，方便了托运人。

（三）运输方式与承运人的选择

1. 运输方式的选择

每种运输方式都有其自身的优势与不足，在实际过程中，到底哪种方式最佳，这不仅取决于所运货物的性质、要求的成本，而且也取决于运输的可靠性、频率、可得性、处理能力、速度与距离、性能与容量等。表2-4是选择运输方式时所要考虑的要素。

表2-4　选择运输方式时所要考虑的要素

要素	内容
服务可靠性	一般情况下，通过与正常服务水平的偏差来衡量。要考虑影响运输可靠性的因素，既要考虑运输装备的可靠性，也要考虑环境的因素等
服务频率	是指在一个给定的时间内，两次之间的往返次数。承运人的服务频率依赖于托运人在两地之间的服务需求量
服务可得性	是指在特定服务的地理区域内，各种运输方式的可接近性和可达性。联运有助于提高不同运输方式的可得性
处理能力	主要是指处理异型、重质、易碎、液态、易爆、易燃、易受污染等货物的处理能力
运输速度与距离	
运输性能与容量	

不同物品对运输有着不同的要求，考虑物品性质时，主要要考虑物品的形状、重量与容积、危险性和易腐性等。不同运输方式具有不同的运输特征，委托人和承运人应充分考

虑自己的实际情况，选择不同的运输方式。各种运输方式的特征见表2-5。

表2-5 不同运输方式的特征

运输方式 项目	铁路	公路	水路	航空	管道
运输成本	中	中	低	高	较低
运输速度	快	快	较慢	很快	很慢
运输频率	高	很高	有限	高	连续
运输可靠性	很高	高	有限	高	很高
运输可用性	广泛	有限	很有限	有限	专业化
运输距离	长	中、短	长	长	长
运输规模	大	较小	大	小	大
运输能力	强	强	最强	较弱	最弱

2. 承运人的选择

承运人是向社会或市场提供运输服务的市场组织，包括铁路承运人、公路承运人、水路承运人和航空承运人等。

委托人在选择承运人时，一般要考虑运价、运输效率、运输可靠性、运输能力以及可接近性等。

运价是承运人向委托人提供运输服务的收费标准，对委托人来说，一般要选取收费标准低的承运人。

运输效率一般可用运输时间来衡量，是指从托运人准备托运货物到承运人将货物完好地移交给收货人之间的时间间隔。其中包括接货与送货、中转搬运和起讫间运输所需要的时间。

可靠性主要包括运输时间的可靠性、服务质量的可靠性以及安全性等。可靠性对委托人的生产经营活动有着重要的影响，如果委托人为用户，可靠性直接影响着企业的库存和缺货损失；如果委托人为供方，可靠性直接影响着企业的服务水平。

运输能力是指承运人提供运输货物所需要的工具与设备的能力。运输能力越强意味着承运人提供服务的能力越强；反之，相反。

可接近性是指承运人为企业运输网络提供服务的能力，即承运人接近企业物流节点的能力。可接近性越高，企业越容易获得承运人的服务。

在实际过程中，为了使以上各因素更容易具备衡量性与可操作性，有些企业根据自身的现实情况，设计了不同的考核标准与项目。

3. 货运代理人

货运代理人是为客户提供货运代理服务的一个经济组织形式，介于托运人和承运人之间，专门为那些非满载货运的托运人提供收取和递送服务。从严格意义上来看，货运代理人不是承运人，而是作为经纪商来进行经营的。货运代理人一般不提供长途运输服务。对企业而言，货运代理人主要发挥了运输部门的作用。

三、运输合理化

在整个物流活动中，运输成本与效率对物流成本与效率有着重要的影响，运输的合理化不仅有利于降低物流成本和提高运输的效率，而且对物流合理化有着重要的作用。

（一）运输合理化的标志

一般来说，衡量运输是否合理可主要从运输距离、环节、时间、费用、工具等方面来评判，即运输距离是否最短、环节是否最少、时间是否最短、费用是否最低、工具是否合理等。

在具体过程中，要实现单一目标或某一方面的合理化是较为容易的。但现实的问题并不是要实现单一目标或某一方面的合理化，而是要实现整个运输的合理化。在此情况下，就需要对运输各个目标进行统一的考虑，实现系统最优。

在分析的过程中，要注意两个关键的问题：第一，要有效地解决合理化标志存在的背反问题；第二，要考虑企业的实际需求。

（二）不合理运输的表现

不合理运输主要是指在运输过程中，未能达到运输距离最短、环节最少、时间最短、费用最省、工具合理的运输。其主要表现在以下几个方面：

1. 对流运输

对流运输也称相向运输，是指在同一运输线路上，沿正反方向，运输同一品种、同一规格的货物或相互替代的货物。对流运输包括明显对流和隐蔽对流两种，明显对流是在同一运输线路上的对流，隐蔽对流是不在同一运输线路上的对流。

2. 迂回运输

迂回运输是指没有选择最短线路所进行的运输，如可以走直线距离而走曲线距离等。

3. 重复运输

重复运输是指对一批货物或其中一部分货物进行两次以上的发运，引起运量重复计算的运输。即一批货物在运输过程中，在某一中转站卸下，不进行任何加工和处理，又重新装车运往别处，造成货物在流转过程中不必要的中转。

4. 过远运输

过远运输是指本可从较近的地点进行运输，但却选择了较远的地点进行运输。

5. 无效运输和虚縻运输

无效运输是指运输货物中含有的杂质较多。虚縻运输是指车（船）的几何容积和标记载重量未被充分利用。

6. 分散货流

分散货流是指把本来集中的货物加以分散。即可以按整车发运的却按零担发运，可直达运输的却中转运输。

7. 空驶

空驶是指行驶的运输工具没有装载任何货物，是最为严重的不合理运输。

（三）实现运输合理化的途径

运输合理化对提高运输效率、降低运输成本有着重要的作用。一般来说，运输合理化的途径主要包括以下几个方面：

第一，合理规划生产力布局和运输网络配置。

第二，合理选择运输工具与运输方式。

第三，组织直达运输和"四就"运输。直达运输是将货物直接从生产地运抵消费地，中间没有中转环节的运输。一般适合于运输里程较远、批量较大、跨地区的运输。"四就"是指就厂直拨、就车站（码头）直拨、就库直拨、就车（船）过载，一般适合于运输里程较近、批量较小、在大中城市批发站、中转站的运输。

第四，开展联合运输和集装箱运输。

第五，严格按照合理流向图组织运输。合理流向图（标准流向图）是根据某种货物资源和消费的分布状况，运用运筹学方法和电子计算机，制订货物中转量最小的供需联系方案，并结合各地区各种运输方式的能力，对该货物的供应范围和调运路线，经济合理地加以划分和确定，用流向图规定下来，作为运输部门组织供销和运输的共同依据。

四、运输线路

合理地确定运输线路对于提高物流效率、降低物流成本有着重要的影响。一般来说，运输线路的确定程序包括以下几个方面：

（一）　确定目标

一般而言，影响运输线路的因素主要包括运输距离、环节、工具、时间、费用等。其确定目标可从效益、成本、准时性等方面来加以考虑，也可具体从路程、吨/公里、运力利用以及劳动消耗等方面来考虑。

（二）　确定运输路线的约束条件

一般来说，运输线路的约束条件主要包括以下几个方面：

第一，收货人方面。这主要包括收货人对货物品种、规格、数量以及时间与费用的要求。

第二，发货人方面。这主要包括时间、地点、运输方式以及费用等的要求。

第三，政策环境方面。这主要包括在允许通行的时间中进行运输、符合环保的要求等。

第四，运输工具方面。各运输路线的货物量不得超过车辆容积及载重量的限制。

第五，运输距离与路面质量。

（三）　确定运输路线的方法

运输线路的确定方法有很多，经常使用的有方案评价法、模型法和节约里程法等。

1. 方案评价法也称为综合评定法

是当运输线路的影响因素较多，难以用某种确定的数学关系式表达，或难以以某种单项依据评定时，可使用该法。其确定步骤为：第一，提出运输路线的地点、车型等具体参数，拟定运输（或配送）路线方案；第二，对各方案引发的数据（主要包括距离、成本、时间等）进行计算；第三，确定评价项目（主要包括时间、成本、车辆数等）；第四，对方案进行综合评价；第五，选择最优方案。

2. 模型法

该方法是根据已知的条件（变量），建立数学模型，使其在满足约束条件下，实现最优化（参见运输线路的规划技术）。

3. 节约里程法

该方法是以运输里程最短为目标，根据约束条件，寻找最短里程。

五、运输技术

（一）运输装载技术

运输装载技术主要目的是提高货物的装载量。一方面是要最大限度地利用运输工具的载重吨位；另一方面是要充分地利用运输工具的装载容积。货物的装载技术主要包括轻重配载技术、解体运输技术和堆码技术。

（二）线性规划技术

线性规划通常把目标函数及约束都是线性表达式的规划问题称为线性规划。满足约束条件的解一般称为线性规划的可行解，使目标函数达到最优的可行解称为线性规划的最优解。

运输线路的线性规划技术就是将线性规划方法应用于运输线路的选择问题。根据已知的条件（变量），建立数学模型，使其在满足约束条件下，目标函数达到最大值或最小值（最优解）。通过求解方程，寻找最佳的运输线路。其数学模型一般如下：

目标函数：

$$minZ = \sum_{i=1}^{m} \sum_{j=1}^{n} C_{ij}X_{ij} \qquad (2-8)$$

约束条件：$\sum_{i=1}^{n} X_{ij} \leq A_i$

$$\sum_{i=1}^{n} X_{ij} \leq B_j \qquad (2-9)$$

式中：Z——将物品从 n 个起运地运到《个目的地的运输总费用；

i——起运地，i = 1，2，…，m；

j——目的地，j = 1，2，…，n；

C_{ij}——从第 i 个起运地运到第 j 个目的地的单位运费；

X_{ij}——从 i 地到 j 地的运输量；

A_i——i 地的供应量；

B_j——j 地的需求量。

（三）网络分析技术

网络分析技术也称网络分析法、统筹法、关键路线法或计划评审法，是一种组织管理技术，基本原理就是将组成系统的各项任务，按各个阶段和先后顺序通过网络形式，根据工作进度和任务的轻重缓急，统筹规划、统一安排。它经常以运输工序所需的工时为因素，根据运输工序之间的关系，映射出整个运输过程和任务的网络图，通过计算，找出对全局有重大影响的关键线路。据此对运输任务的各个工序进行安排，对整个系统进行控制和调整，使运输系统能在最短的时间，以较小的人、财、物等运输资源的消耗，来更好地完成运输目标。一般来说，网络分析方法在货物运输过程中的应用流程主要包括以下几个方面：①设计运输网络图；②计算每道运输工序所需时间；③找出关键线路；④计算各道运输工序最早和最迟开工时间；⑤计算各道运输工序的机动时间。

六、运输的其他知识

（一）提单

提单有两种，一种是直接提单，一种是订货提单。直接提单一般打印在一张白纸上，并在适当的地方注明收货人的姓名，承运人按照严格的法律义务条款将货物送往提单中注明的收货人，而非其他人。订货提单一般打印在一张黄纸上，没有指明收货人（还没有买主）。

海运单（sea-way bill）是证明国际海上货物运输合同和货物由承运人接管或装船以及承运人保证将货物交给指定的收货人的一种不可流通的单证。其基本作用主要有三个：第一，承运人收到的货物收据；第二，运输合约的证明；第三，解决经济纠纷时作为货物担保的基础。

（二）运输付款和审计服务

在双方约定的时间内，托运人必须付款给承运人。为了保证公司的利益、确保收费的合理性以及避免高收费和差错，托运人有必要对运费情况进行审计。一般来说，运费审计主要可从两个方面来进行：第一，内部审计，即由公司自己的人员来进行的审计；第二，外部审计，即由第三方来进行审计。

（三）变更卸货地和变更收货人

由于市场的不断变化以及客户可能对订货发生变化，在有的情况下，可能会变更卸货地和收货人。变更卸货地是指在货物到达目的地之前，托运人通知承运人货物目的地的改变。变更收货人是指托运人通知承运人对收货人的变更。在实际中，经常发生货物到达目的地后，承运人才收到托运人变更收货人的信息。

（四）跟踪

跟踪是对货物所进行的监控。跟踪有助于解决货物的丢失或者延误。当托运人确定一批货物不能及时到达目的地时，就可以与承运人联系，并要求承运人对货物进行跟踪。

目前，随着计算机技术、通信技术以及其他现代技术的发展，很多承运人都采用电脑系统来监督货物的运输过程。同时承运人也为托运人提供免费的跟踪服务，如果承运人具备相应的条件，他们也可以及时地对运输中的货物进行监控，确切地知道自己货物所在的位置以及能够在什么时间到货。

（五）丢失与损坏

有关资料显示，货物的丢失与损坏一般相当于货物平均价值的 2.7%。由于可能出现丢失和损坏，就必须对出现的丢失和损坏进行处理。对于承运人来说，如果运输的货物发生丢失或损坏，就需要进行赔偿；而对于托运人来说，如果货物发生了丢失或损坏，就需要得到赔偿。关于赔偿的数额，在很多情况下，是根据双方的合同或契约来确定的。如果对于丢失和损坏，双方发生歧义，具有不同的看法：当双方协商不能解决时，可以申请仲裁机构来进行协调解决；如果不能协商解决，可以通过司法程序。

（六）转运优惠

转运优惠是由一些承运人所提供的，允许货物在最初发货地和最终目的地的中途进行停留，进行装卸、储存以及再加工，之后重新进行装载后运往最终目的地。

（七）延误费和滞期费

延误费是指承运人对托运人或收货人未能在规定的时间内、将运货的货车车皮归还给自己所收取的一种费用（也有人认为是一种罚款）。滞期费基本与延误费相同，只不过经常用于卡车方面。

（八）集运小货物

在很多情况下，由于小批量的货物需要支付较高的费用，同时还不能获得较好的服务。为了避免这种情况，运输主管人员就需要对于运送的小货物进行集运。也就是要将较小批量的货物积聚成较大的货物批量进行运输。一般来说，其可以采用以下两种方法：第一，在企业内部进行货物的集结；第二，在企业之间进行货物的集结。

第五节　包装、装卸搬运、流通加工管理

一、包装——物流的起点

包装即商品包装，就是按照一定的技术方法使用容器、材料以及辅助物等将物品包封并予以适当的装饰和标志工作的总称。简言之，包装就是包装物和包装操作的总称。在社会的再生产过程中，商品包装处于生产过程的末尾和物流过程的开端，它既是生产的终点，又是物流的起点。

（一）包装的功能

包装的功能概括起来主要有保护商品、方便物流、促进销售和方便消费等。

保护商品是商品包装的主要功能之一，其目的是使包装的商品不受损伤。因而在设计商品的包装时，一定要做到有的放矢。比如说，为避免商品在运输的途中可能会受到外力的侵袭、碰撞，那么就需要对商品进行防震包装或缓冲包装；如果商品比较容易生锈，就要采用防锈包装，如防锈油方法或真空方法；如果商品比较害怕蚊虫的侵蚀，那么可以在商品中加入一定的防虫剂。

方便物流主要是方便物流的各作业过程，以实现物流作业的高效率与低成本。该功能要求在设计包装时要更加注重包装的实用性，重点主要放在商品的外包装上。物流中的包装主要包括货物的拼装、分装、包装的加固和换装等。

包装是促进销售的重要因素之一，所以，包装必须要外表美观大方，具有一定的吸引力。美国杜邦化学公司通过对自身产品调研发现：63%的消费者是根据商品的包装来进行购买的。而国际市场和消费者是通过商品来认识企业的，因此，商品的包装就是企业的面孔，优秀的、精美的商品包装能够在一定程度上促进商品的销售，提高企业的市场形象。

为了吸引顾客，商品包装应方便顾客的使用，同时还要考虑顾客使用时的搬运、存储等。

（二）包装的种类

1. 按在物流中发挥的作用划分

包装分为商业包装和工业包装。商业包装也称消费者包装或内包装，其主要目的就是为了吸引消费者，促进销售。一般来说，在物流过程中，商品越接近顾客，越要求包装起到促进销售的效果。因此，商业包装要求造型美观大方，拥有必要的修饰，附有对商品的详细的说明，包装的单位要适合顾客的购买、消费以及商家柜台摆放。在 B to C 商务模式中，商业包装是一个重要的环节，因为顾客在购买商品之前，在网上最先能够看到的就是该种商品的包装。

工业包装也称运输包装或外包装，是指为了在商品的运输、存储、装卸的过程中保护商品所进行的包装。工业包装更强调包装的实用性和费用的低廉性，在 B to B 商业模式中，工业包装是非常重要的一个环节。这是因为，企业在购买其他企业的产品之前，已对该产品的各项性能有了基本的了解，购买的目的就是为生产产品服务，因此，企业更注重商品包装能否保证商品的质量不受损失。在现今的社会中，许多知名的大企业越来越重视商品的工业包装。一方面，工业包装的好坏在一定程度上对商品的质量有着重要的影响；另一方面，如果工业包装合理，则有利于降低产品的成本，提高企业的形象，巩固企业在市场中的地位。

（2）按包装材料划分

包装分为纸制品包装、塑料制品包装、木质容器包装、金属容器包装、玻璃陶瓷容器包装、纤维容器包装、复合材料包装和其他材料包装。

纸制品包装是指用纸袋、瓦楞纸箱、硬质纤维板容器作为包装容器，对商品进行包装。这一类的包装占到了整个包装材料使用量的 40%。纸制品包装的成本低廉、透气性好，而且印刷装饰性较好。

塑料制品包装是指利用塑料薄膜、塑料袋、塑料容器进行产品的包装。塑料包装材料主要有聚乙烯、聚氯乙烯、聚丙烯、聚苯乙烯等。一般来说，塑料包装的综合性能比较好。

木制容器包装是指使用普通的木箱、花栏木箱、木条复合板箱、金属网木箱、木桶等木质包装容器对商品进行包装。木质容器一般用在重物包装以及出口物品的包装等方面，现在有很大一部分已经被瓦楞纸箱所代替。

金属容器包装是指用黑白铁、马口铁、铝箔、钢材等制成的包装容器对商品进行包装，主要有罐头、铁桶和钢瓶等。

玻璃陶瓷容器包装主要是指利用耐酸玻璃瓶、耐酸陶瓷瓶等对商品进行包装。这种包装耐腐蚀性较好，而且比较稳定，耐酸玻璃瓶包装还能直接看到包装物。

纤维容器包装是指利用麻袋、维尼纶袋对商品进行包装。

复合材料包装主要是指利用两种以上的材料复合制成的包装，主要有纸与塑料、纸与铝箔和塑料。

此外还有以其他材料所进行的包装，比如竹、藤、苇等制成的包装。

（3）按照保护技术划分

包装有防潮包装、防锈包装、防虫包装、防腐包装、防震包装、危险品包装等。

（三）包装合理化

1. 影响包装的因素

影响包装的因素主要有以下几个方面：第一，被包装商品的体积、重量，以及它在物理和化学方面的特性；第二，被包装商品在流通过程中需要的保护，或商品包装的保护性；第三，消费者的易用性；第四，商品包装的经济性。

2. 包装合理化措施

包装对保护商品、方便物流、促进销售和方便消费等有着重要的作用，一般来说，商品包装合理化的措施主要包括以下几个方面：

第一，包装设计要根据包装对象的具体内容和商品的属性，选择不同的包装材料和技术；第二，最大限度地利用运输、搬运工具和仓储空间，要考虑包装容器的形状、尺寸等，包装的长宽比例要符合数模化的要求；第三，对于不规则外形的商品，一般要做方体化配置以适应装箱的要求；第四，要注意合理地利用资源、节约包装用料。

二、装卸搬运物流的节点

在物流中，商品装卸搬运发生的频率最高，所占作业量的比例也很大，因而商品装卸搬运作业是实现物流活动的效率化、降低物流费用，提高顾客满意度的一个重要方面。

（一）装卸搬运的功能

装卸搬运的功能主要包括两个方面：第一，完成物品的上下位移与同一场所内的水平移动；第二，实现对物流其他环节的有效衔接。

（二）装卸搬运作业合理化的标志

作为物流活动中出现频率最高的一个环节，装卸搬运效率的高低直接影响着整个物流活动的效率，因而实现其合理化就显得十分重要。一般来说，衡量装卸搬运是否合理可主要从模式、方式以及流程等方面来加以分析。

就一个具体过程来看，衡量装卸搬运合理化的标志主要有以下几个方面：第一，装卸搬运次数是否最少；第二，装卸搬运距离是否最短；第三，各作业环节衔接是否流畅；第四，库存商品或货物的装卸搬运活性指数是否较高、可移动性是否较强。

（三）装卸搬运活性指数

装卸搬运活性指数是指物品便于装卸搬运的程度，用 $0\sim4$ 表示。活性指数越大意味着货物越容易装卸搬运。在实际工作中，对于周转速度快的货物要尽可能提高其活性指数。

（四）装卸搬运组织管理

装卸搬运过程的组织管理主要包括准备工作管理、调度指挥管理、安全管理、评价分析管理等四个环节。

准备工作管理是对装卸搬运各项准备所进行的管理，主要包括装卸搬运设备台数、场地面积、工作人员与费用等的确定。

装卸搬运设备台数一般是根据装卸搬运作业任务量、所使用装卸搬运设备生产定额等决定的。其计算公式为：

$$Z = Q/M \tag{2-10}$$

式中：Z——所需设备台数；

Q——作业任务量；

M——所使用设备的生产定额。

在实际工作中，装卸搬运设备的作业有间歇性和连续性两种，间隙作业设备台数计算公式为：

$$Z = Q/M$$

$$M = [(T \times K_1)/t] G \times K_2 \tag{2-11}$$

式中：T——完成任务需用的时间（小时）；

K_1——时间利用系数；

t——循环作业所需时间（小时）；

G——设备的额定载重量（7/台）；

K_2——设备载荷利用系数。

连续作业设备台数计算公式为：

$$Z = Q/(M \times T) \tag{2-12}$$

T——输送机的生产效率（T/分钟）。

装卸搬运是需要一定场地的，合理地确定装卸搬运场地，不仅有利于提高装卸搬运的效率和仓储场地的利用率，而且有利于减少装卸搬运费用，提高安全性。对于仓储场所来说，装卸搬运场地面积（包括储存）可由下列公式确定。

$$S = Q/(Ne \times a) \tag{2-13}$$

式中：S——场地面积；

Q——到货数量；

Ne——货物的仓容定额；

a——面积调整系数（小于1）。

三、流通加工

（一）流通加工的内涵与特点

流通加工（Distribution Processing）是指物品在从生产地到使用地的过程中，根据需要施加包装、分割、计量、分拣、刷标志、拴标签、组装等简单作业的总称。

流通加工是相对于生产加工而言，与生产加工相比较，两者既有共同之处又有不同的特点。一般来看，流通加工和一般的生产型加工在加工方法、加工组织、生产管理等方面并无显著区别，但在加工对象、加工程度方面却存在着较大的差别。其差别主要表现在以下几个方面：

1. 加工对象不同

流通加工的对象是进入流通过程的物品，具有商品的属性；而生产加工的对象不是最终产品，而是原材料、零配件、半成品。

2. 复杂程度不同

流通加工大多是简单加工，而不是复杂加工。一般来讲，如果必须进行复杂加工才能形成人们所需的商品，那么，这种复杂加工应专设生产加工过程，生产过程理应完成大部分加工活动，流通加工对生产加工则是一种辅助及补充，但不是对生产加工的代替。

3. 价值取向不同

生产加工的目的在于创造价值及使用价值，而流通加工的目的则在于完善其使用价值，并在不做大的改动情况下提高价值。

4. 承担者不同

从加工单位来看，流通加工的承担者主要是流通加工企业以及物流企业等，而生产加工则由生产企业完成。

（二）流通加工的作用

1. 提高原材料利用率

根据用户的需求，利用流通加工环节集中下料，可以优材优用、小材大用、合理套裁，提高原材料的利用率。

2. 方便用户

流通加工是以用户需要为核心所进行的加工活动，其更能有效地满足用户的需要。

3. 提高加工效率及设备利用率，弥补生产环节加工活动的不足

流通加工是集中的加工，其加工效率，即加工的生产率远比分散的加工要高得多。

4. 提高物流的附加值

流通加工既方便了用户，又弥补了生产加工的不足；既提高了商品的使用价值，也提高了商品的附加价值。

（三）流通加工管理

流通加工管理是指对流通加工过程的计划、组织、指挥、协调与控制，包括加工计划的制订，加工任务的下达，人力、物力的组织与协调，加工进度的控制等。进行流通加工管理是为了更好地配置流通加工资源、优化流通加工的均衡性和连续性、提高加工产效率，实现流通加工的合理化。

在流通加工管理中，要实现流通加工的合理化，在做好计划、组织、协调与控制等的同时，第一，要科学选择加工模式；第二，要合理设置加工地点；第三，合理选择加工方式与流程；第四，要实现加工与其他物流环节的有机结合等。

第三章 物流配送管理

第一节 物流配送概论

一、物流配送的内涵

对物流配送的概念无外乎有以下两个角度的解释：

（一）从功能角度定义

国家质量监督局发布的《中华人民共和国国家标准·物流术语》中关于"配送"的解释是这样的：在经济合理区域范围内，根据用户的要求，对物品进行拣选、加工、包装、分割、组配等作业，并按时送达指定地点的活动。一般来说，配送一定是根据用户的要求，在物流据点内进行分拣、配货等工作，并将配好的货物及时送交收货人的过程。虽然配送的英文原词是 delivery，但人们却常用 distribution。因为不能简单地把配送理解为交货、送货，它是物流中的一种特殊的、综合的活动形式，它把商流与物流紧密结合，是包含了物流若干功能要素的一种物流形式。

（二）从经济资源配置的角度认识配送

根据配送在社会再生产过程中的位置及配送的本质，可以把配送描述为以现代送货形式来实现资源最终配置的经济活动。这个概念包括了四点内涵：第一，配送是资源配置的一部分，因而是经济体制的一种形式。第二，配送是"最终资源配置"，是接近顾客的一种配置。第三，配送的主要经济活动是现代送货。配送是以现代生产力、劳动手段为支撑，依靠科技手段实现"配"和"送"有机结合的一种方式。因此，它不同于传统意义上的简单送货。第四，在社会再生产过程中，配送处于接近用户的那一段流通领域。

电子商务物流配送是指电子商务企业采用先进的技术手段和管理手段，充分按照网上消费者的订货要求，把配好的货物在规定的时间、规定的地点安全、准确地送交收货人的一种经济活动。这种新型的物流配送模式带来了流通领域的巨大变革，越来越多的企业开始积极地搭乘电子商务快车，采用电子商务物流配送模式。

二、物流配送的特征

在电子商务飞速发展的时代，物流配送得到了新的发展，它具有以下新特点：

（一）物流配送信息化

信息化是电子商务的关键，对电子商务环境下的物流配送具有极其重要的意义。物流配送被信息技术武装起来是新型物流配送的最基本特征，它主要指的是物流信息处理的电子化及信息传递的实时化等方面。物流信息化不仅有利于电子商务企业将整个物流配送管理过程变得简单化和易于管理，从而大大提高物流配送工作的效率，而且有利于消费者网上购物和使交易过程变得效率更高、费用更低。

（二）物流配送过程智能化

物流配送的智能化是建立在物流配送信息化的基础之上的。在物流配送的过程中企业通常都需要进行大量的研讨与决策，例如仓库库存地的确定、运输路径的选择、运输车辆的调度、物流配送中心经营管理决策等问题。而在电子商务物流配送模式下，物流配送中心可以使决策过程借助信息技术在极短时间内做出反应，实现物流配送的简单化和智能化。比如，物流配送的过程可以借助现代计算机技术，将实体配送活动的各项职能和功能在计算机上进行仿真模拟。通过模拟配送，可以找到实体配送中存在的不合理现象，从而进行组合优化，最终实现整个实体配送过程效率最高、费用最少、距离最短、时间最少的目标。

（三）物流配送高效化

在传统的物流配送企业内，为了实现对众多客户大量资源的合理配送，需要利用大面积的仓库空间来存货，并且由于空间的限制，存货的数量和种类受到了很大的限制。在电子商务物流配送模式下，配送体系的信息化集成可以使电子商务企业将分散在不同地方的所有仓库通过互联网连接起来，从而形成一个大型的"集成仓库"。"集成仓库"在同一调配与协调管理之下，电子商务企业可以有效地减少库存，加速资金周转，更重要的是物流配送的效率将会大大地提高。

（四） 物流配送时效化

在传统的物流配送过程中，由于缺乏信息技术的支持，完成一个物流配送活动是一个相当漫长的过程。随着信息技术的不断发展，物流配送的持续时间在网络环境下大大缩短，在物流配送过程中，物流信息传递、资源整合均可以通过互联网在几秒钟内得到有效的处理。因此，在电子商务环境下物流配送极具时效性。

（五） 物流配送柔性化

电子商务的出现能让物流各个环节之间、物流企业与客户之间实现资源共享。柔性化就是指电子商务企业真正地能根据消费者需求的变化来组织生产、安排物流活动、调节生产工艺。因此，物流配送模式的柔性化正是适应生产、流通和消费者的需求而发展起来的一种非常重要的特征。

因此，在电子商务环境下的新型的物流配送较传统的物流配送更加容易实现配送的信息化、智能化、高效化、时效化及柔性化，以一种全新的面貌代表了现代市场营销的方向。电子商务下的物流配送不仅可以减少企业的库存量、加速资金流转、提高物流效率、降低物流成本，还有利于提高社会经济效益，促进市场经济的健康发展。

三、物流配送的分类

配送根据不同的分类依据，可分别分为以下几类。

（一） 按实施配送的节点不同进行分类

1. 配送中心配送

配送中心是专门从事货物配送活动的流通企业，经营规模较大，其设施和工艺结构是根据配送活动的特点和要求专门设计和设置的，故专业化、现代化程度高，设施和设备比较齐全，货物配送能力强，不仅可以远距离配送，还可以进行多品种货物配送，不仅可以配送工业企业的原材料，还可以向批发商进行补充性货物配送。

配送中心配送的组织者是专职配送中心，规模比较大。其中有的配送中心由于需要储存各种商品，储存量也比较大；也有的配送中心专职组织配送，因此储存量较小，主要靠附近的仓库来补充货源。

配送中心专业性比较强，与用户之间存在固定的配送关系，因此，一般情况下都实行计划配送，需要配送的商品有一定的库存量，但是一般情况下很少超越自己的经营范围。

配送中心配送是配送的重要形式。从较为普遍实施配送的国家来看，作为配送主体形式的配送中心配送不但在数量上占主要部分，而且也作为某些小配送单位的总据点，因而发展较快。大规模配送形式的配送中心配送的覆盖面较宽。因此，必须有一套配套的大规模实施配送的设施，比如配送中心建筑、车辆、路线、其他配送活动中需要的设备，等等。但是，它一旦建成便很难改变，灵活机动性较差，投资较高。这就导致了在实施配送初期很难大量建立配送中心。

2. 仓库配送

仓库配送是以一般仓库为据点来进行配送的。它可以是把仓库完全改造成配送中心，也可以是在保持仓库原功能的前提下，以仓库原功能为主，再增加一部分配送职能。

3. 商店配送

商店配送的组织者是商业或物资的门市网点，这些网点主要承担商品的零售，一般来讲规模不大，但经营品种却比较齐全。除日常经营的零售业务外，这种配送方式还可根据用户的要求，将商店经营的品种配齐，或者代用户外订、外购一部分本商店平时不经营的商品，与商店经营的品种一起配齐运送给用户。

这种配送组织者实力有限，往往只是零星商品的小量配送，所配送的商品种类繁多，但是用户需求量不大，甚至于有些商品只是偶尔需要，很难与大配送中心建立计划配送关系，所以常常利用小零售网点从事此项工作。

因为商业及物资零售网点数量较多、配送半径较小，所以比较灵活机动，可承担生产企业非主要生产物资的配送及对消费者个人的配送。可以说，这种配送是配送中心配送的辅助和补充形式。

4. 生产企业配送

这类配送的主体是生产企业，尤其是进行多品种产品生产的企业。这些企业可以直接从本企业开始进行配送，而不需要将产品发运到配送中心进行配送，具有直接、避免中转的特点，所以在节省成本方面具有一定的优势。但这种配送方式多适用于大批量、单一产品的配送，不适用于多种产品"凑零为整"的配送方式，所以具有一定的局限性。

（二）按配送商品的种类和数量的多少进行分类

1. 单（少）品种、大批量配送

一般来讲，对于工业企业需要量较大的商品，由于单独一个品种或几个品种就可达到较大输送量，可以实行整车运输，这种情况下就可以由专业性很强的配送中心实行配送，往往不需要再与其他商品进行搭配。由于配送量大，可使车辆满载并使用大吨位车辆。这种情况下，因为配送中心的内部设置、组织、计划等工作较为简单，因此配送成本较低。

2. 多品种、少批量配送

多品种、少批量配送是根据用户的要求，将所需的各种物品（每种物品的需要量不大）配备齐全，凑整装车后由配送据点送达用户。

3. 配套成套配送

这种配送方式是指根据企业的生产需要，尤其是装配型企业的生产需要，把生产每一台件所需要的全部零部件配齐，按照生产节奏定时送达生产企业，生产企业随即可将此成套零部件送入生产线以装配产品。

这种配送方式中，配送企业承担了生产企业大部分的供应工作，使生产企业可以专注于生产，与多品种、少批量的配送效果相同。

（三）按配送时间和数量的多少进行分类

1. 定时配送

定时配送是指按规定时间和时间间隔进行配送。定时配送的时间由配送的供给与需求双方通过协议确定。每次配送的品种及数量可预先在协议中确定，实行计划配送；也可以在配送之前以商定的联络方式（如电话、传真、计算机网络等）通知配送品种及数量。

定时配送这种服务方式，由于时间确定，对于用户而言，易于根据自己的经营情况，按照最理想时间进货，也易于安排接货力量（如人员、设备等）。对于配送供给企业而言，这种服务方式易于安排工作计划，有利于对多个用户实行共同配送以减少成本的投入，易于计划使用车辆和规划路线。这种配送服务方式，如果配送物品种类、数量有比较大的变化，配货及车辆配装的难度则较大，会使配送运力的安排出现困难。

2. 定量配送

定量配送指按规定的批量进行配送，但不确定严格的时间，只是规定在一个指定的时间范围内配送。

3. 定时、定量配送

定时、定量配送指按照规定的配送时间和配送数量进行配送，兼有定时、定量两种方式的优点，是一种精密的配送服务方式。

这种方式要求有较高的服务质量水平，组织工作难度很大，通常针对固定客户进行这项服务。因为这一配送方式适合采用的对象不多，很难实行共同配送等配送方式，因而成本较高，只在用户有特殊要求时采用，不是一种普遍适用的方式。

4. 定时、定路线配送

定时、定路线配送是指在确定的运行路线上确定到达时间表，按运行时间表进行配送，用户可在规定地点和时间接货，可按规定路线及时间提出配送要求。

5. 即时配送

即时配送是指完全按照用户突然提出的时间、数量方面的配送要求，随即进行配送的方式。采用这种方式，客户可以将安全储备降低至零，以即时配送代替安全储备，实现零库存经营。

（四）按经营形式不同进行分类

1. 销售配送

销售配送指配送企业是销售型企业，或者销售企业作为销售战略一环，进行的促销型配送，或者是和电子商务网站配套的销售型配送。这种配送的配送对象往往是不固定的，用户也往往是不固定的，配送对象和用户依据对市场的占有情况而定；配送的经营状况也取决于市场状况，配送随机性较强而计划性较差。各种类型的商店配送、电子商务网站配送一般都属于销售配送。用配送方式进行销售是扩大销售数量、扩大市场占有率、获得更多销售收益的重要方法。因为是在送货服务前提下进行的活动，所以也受到用户欢迎。

2. 供应配送

供应配送往往是针对特定的用户，用配送方式满足特定用户的供应需求的配送方式。

这种方式配送的对象是确定的，用户的需求是确定的，用户的服务要求也是确定的，所以，这种配送可以形成较强的计划性、较为稳定的渠道，有利于提高配送的科学性和强化管理。

3. 销售—供应一体化配送

销售—供应一体化配送是指对于基本固定的用户和基本确定的配送产品，销售企业可以在自己销售的同时，承担用户有计划供应者的职能，既是销售者又是用户的供应代理人，起到用户供应代理人的作用。

四、物流配送的地位与作用

物流配送是实现电子商务的重要环节和保证。

（一）物流配送是电子商务的重要组成部分

随着网络技术和电子技术的发展，电子中介作为一种工具被引入生产、交换和消费中，人类进入电子商务时代。在这个时代，网络银行、商务公司和物流公司构成电子商务运作的三大支柱，也是电子商务时代连接生产企业与消费者的三大主体。

无论交易的形式如何变化，除了可以通过网络传递的信息制品外，所有的商品从卖者到买者总是还有一个物理位置的变化，还是要通过物流配送来完成。也就是说，无论在传统的贸易方式下，还是在电子商务下，商务的顺利进行需要各类物流活动的支持。

电子商务是网络经济和物流一体化的产物，是网络经济和现代物流共同创造出来的，可以形象地用公式——电子商务＝网上信息传递+网上交易+网上结算+物流配送——来描述。一个完整的商务活动，必须由信息流、商流、资金流和物流四个过程构成。电子商务的特殊性在于信息流、商流、资金流可以在互联网上实现，可形象地称之为"鼠标"，除了软件、CD 等少数商品外，电子商务的物流配送部分不能在网上实现，最多可以通过网络来优化，需要通过实物移动才能到达客户手中，可形象地称之为"车轮"，也就是电子商务＝鼠标+车轮。可见，从根本上来说，物流配送是电子商务的组成部分，是信息流和资金流的基础和载体，缺少了现代化的物流配送过程，电子商务过程就不完整。

（二）物流配送为电子商务优势的实现提供了可靠保障

电子商务的出现，在很大程度上方便了交易者。消费者不必亲自跑到商业街，只要坐在家中通过网上浏览后，轻轻点击鼠标就可完成购物活动；而企业也不一定非得要实地考察，进行面对面谈判，只要在网上进行身份认证和资信认证后，通过网上洽谈、网上签约就可完成交易。电子商务体现了方便、快捷和高效的优势，但值得注意的是，如果物流配送环节不能使网上交易实现这些优势，那么物流配送就会成为电子商务发展的瓶颈。试想，消费者在完成网上购物后，他们所购的商品迟迟不能送到，甚至出现了"买电视送冰箱"的情况，那么消费者是否还会选择网上购物呢？消费者只能放弃电子商务，选择更为可靠的传统购物方式。因此，缺少了与电子商务相匹配的物流配送体系，电子商务给交易者带来的交易方便、快捷、高效的优势便难以实现，物流配送是实现电子商务优势的可靠保障。

（三）物流配送是企业面对客户的一种营销手段

企业开展电子商务应考虑到客户的行为和心理特征。在我国，部分消费者对网上购物心存疑虑，他们更相信看得见，特别是摸得着的东西，也更愿意面对面地进行交易，以承担较小的风险。由于现阶段在国内电子商务市场上，还存在大量的欺诈、假冒伪劣、不守信用等现象，严重影响了商品交易和消费的热情。对于电子商务企业而言，物流配送提供了商家与客户面对面交流的机会，有助于双方增进了解与沟通，消除客户对虚拟企业及在线购物的怀疑心理，树立企业在客户心中的良好形象。物流配送是企业面对客户的一种营销手段，有利于增进彼此的了解，消除客户对网上购物的疑虑。

第二节　物流配送业务管理

一、物流配送业务流程

（一）基本流程

在实际的运作过程中，由于产品形态、企业状况及顾客要求存在着差异，配送过程也会有所不同，甚至会有较大的差异。一般来说，一个较为完整的配送业务流程：进货→储存→分拣、理货→配货与配装→送货→交货（客户）。

1. 进货

进货是配送的一项基础性工作。它主要包括货源的订购、集货、进货，以及相关的质量检验、结算和交接工作。

2. 储存

储存是进行配送的一个重要而必要的环节，有储备和暂存两种形态。储备是按一定时期配送规模要求的合理储存数量，结构稳定，时间相对较长，形成了配送的资源保证；而暂存是为了方便工作，在理货场所进行的货物储存，其结构易于变化，时间也较短。

3. 分拣、理货

分拣、理货是按照进货和配送的先后次序、品种规格和数量大小等所进行的整理工作。

4. 配货与配装

配货是依据用户的不同需求，从仓库中提取货物而形成的不同货物的组合；而配装是依据运能及线路等形成的货物装配组合。关键是要充分利用科学的管理方式及先进的科学技术等，实现分拣、配货及配装的有效衔接和组合。

5. 送货

送货是依靠运输工具等将装配好的货物送达目的地的一种运输活动。要提高送货的效率，需要科学合理地规划和确立配送据点的地理位置，而且要考虑客户的要求、送达的目的地，以及运输线路、时间、工具等。

6. 交货

交货是将货物送达目的地后，将货物交付给用户，并向用户办理有关交接手续的一种活动，是配送活动的结束。其中，快捷方便的交接手续是提高效率的关键。

（二）配送重要流程分析

下面对配送的重要环节——配货、配装的基本流程及影响与制约因素进行深入的分析。

1. 划分基本配送区域

先将所有客户所在的具体位置进行统计并做整体划分，将每一客户包括在不同的基本配送区域之中。如按行政区域或依交通条件划分不同的配送区域，再做弹性调整。

2. 车辆配载

首先对特性差异大的货物进行分类，分别采取不同的配送方式和运输工具，如按冷冻食品、速冻食品分类配载；其次，初步确定哪些货物可配于同一辆车，做好车辆的初步配装工作。

3. 暂定配送先后顺序

根据客户订单要求的送货时间将配送的先后作业次序做一概括的预计，保证送货时间、提高运作效率。

4. 车辆安排

车辆安排是指安排什么类型、吨位的车辆进行最后的送货，必须考虑车辆的容量和载重是否满足订单上货物的信息。当本企业的车辆无法满足要求时，可使用外雇车辆。是组建自营车队，还是以外雇车辆为主，须视经营成本而定。

5. 选择配送路线

配送路线是指各送货车辆向各个客户送货时所要经过的路线，它的合理与否，对配送速度、车辆的利用效率和配送费用都有直接影响。如何选择配送距离短、配送时间短、配送成本低的路线，须根据客户的具体位置、沿途的交通情况等做出优先选择和判断。除此之外，还必须考虑有些客户或其所在地的交通环境对送货时间、车型等方面的特殊要求，如有些客户不在中午或晚上收货，有些道路在高峰期实行特别的交通管制等。

6. 确定最终的配送顺序

做好车辆安排及选择最好的配送路线后，依据各车负责配送的具体客户的先后，即可将客户的最终派送顺序加以确定。

7. 完成车辆积载

明确了客户的配送顺序后，接下来就是如何将货物装车，以什么次序装车的问题，即车辆的积载问题。原则上，知道了客户的配送先后顺序，只要将货物依"后送先装"的顺序装车即可。但有时为了有效利用空间，可能还要考虑货物的性质（怕震、怕压、怕撞、怕湿）、形状、体积及重量等做出弹性调整。此外，对于货物的装卸方法也必须依照货物的性质、形状、重量、体积等做决定。

二、物流配送业务模式

在供应链环境下，配送在物流中占据着重要的地位，配送成本的高低，直接关系到物流成本的高低，而要想降低配送成本，首先要选择合适的配送模式，即以哪种配送方式才能高效地将物料送达需求方。下面对目前国内的配送模式进行简单的分类介绍。

（一）自营配送模式

自营配送是指企业运用自己企业现有的物流设施及资源，结合各下游企业的各种货物需求及布局网点等多项环境，在合适的地点建立一个或几个物流配送中心，再由企业内部派人对配送过程进行经营管理，企业自营配送中心的建立、配送的各个环节都由企业自己筹建并进行组织管理。企业选择自营配送模式时，因为企业对整个配送过程进行自主管理，所以企业对配送系统的运作过程具有有效的控制权，可以随时根据市场需求对配送系统进行调整，提高系统对顾客服务的专用性，最大限度满足客户需要。

企业建立自营配送模式，优点有：第一，企业自主控制产品的配送过程，不必为和对方配送费用达不到一致而产生纠纷苦恼，提高了配送效率，降低了交易成本；第二，能够有效控制竞争对手对企业优质的产品配送系统的利用，保证企业的优势竞争地位；第三，能够及时了解客户需求，反馈市场供求信息，从而减少交易时间，及时调整自身配送系统。

当然，自营配送模式也存在着很大的制约性，并不是所有的企业都适合建立这种配送模式。建立自营配送系统必须要有巨大的资金作为后盾，且因为管理上的复杂性，必须要充分调动全厂上下职工的积极性，还需要对各项业务都精通，因此必须要引进大量的管理人才，加强员工培训，势必要增加企业的管理成本。如果企业的规模实力达不到，建立自营配送系统不但不会发挥规模经济的优势，反而会造成企业成本的增加、资源的浪费。

当前，我国内地建立自营配送系统的企业并不多，主要是一些大型制造业或是零售企业且具有雄厚的资金和规模的企业。

（二）共同配送模式

共同配送是指企业由于资金不足、人才缺乏等原因不能建立起自己的物流配送中心，但同时企业又不想完全将配送业务承包给第三方物流公司，为了追求配送成本的最小化，提高配送效率，与其他企业共同建立配送中心为本企业的配送业务进行经营和管理。

企业所选择的"其他企业"即合作企业一般分为两类：一类是相关物流企业，如运输业等，选择这类企业的目的是充分利用这些企业先进的物流设施及多功能服务，补其不足，取得经济效益；另一类则是其他同行业的企业，主要是一些跟自己一样的规模不大、资金不足、有同样物流配送需求的企业，出于相同的目的共同进行物流配送。

企业采用共同配送模式，在很大程度上可以节省资金，降低配送成本，提高服务效率，实现企业之间的优势互补。这种模式适合于那些资金不足、实力不强的中小型企业，可以在短时间内取得收益，提高企业竞争力。但同时这种模式也存在一些弊端：因为各个企业存在着不可避免的不一致性，需求满足会受到制约，服务质量就会降低；由于是共同经营，企业存在很大情报泄密的风险，一旦企业商品需求计划及经营策略让竞争对手知道，对企业的影响将会很大。根据实际情况的不同，在现实中企业可以同时采用几种模式的混合，弥补可能存在的缺陷。

第三节　配送中心管理

一、配送中心概论

（一）配送中心概念的产生及相关分析

很多学者认为配送中心是在仓库的基础上发展起来的。仓库一直都被当作保管物品的设施，我国商务印书馆出版的《现代汉语词典》，仍将仓库解释成"储藏粮食和其他物资的建筑物"，其功能完全是一个静态的功能。当然，有些专业词典对动态仓库的概念也有所涉猎，例如《中国物资管理词典》把仓库解释成：第一，专门集中储存各种物资的建筑物和场所；第二，专门从事物资收发和保管活动的单位及企业。该解释从收、发两方面赋予了仓库一定的动态功能。

20世纪70年代石油危机过后，为了挖掘物流过程中的经济潜力，企业开始对物流过程进行细分。由于市场经济体制下的买方市场逐渐形成，服务质量的优劣便成为企业能否成功的关键，这就出现了"营销重心下移""贴近顾客"的营销战略，贴近顾客一端的所谓"末端物流"便受到了空前的重视。配送中心就是为适应这一新经济环境，在仓库的基础上不断进化和演变而成的创新性物流设施。配送中心是以组织配送性销售或供应、执行实物配送为主要职能的流通型节点。在配送中心中，为了能更好地送货，采取零星集货、批量进货等种种资源收集工作和对货物的分整、配备等工作，做好编组准备，因此它同时具有集货中心、分货中心的职能。为了更有效、更高水平地配送，配送中心往往还有比较强的流通加工能力。此外，配送中心还有必须执行货物配送后送达到户的使命。由此可见，如果说集货中心、分货中心、加工中心的职能还是较为单一的话，那么配送中心的功能则较为全面、完整，也可以说，配送中心实际上是集货中心、分货中心、加工中心功能的综合，并有了配与送的更高水平。配送中心作为物流中心中的一种主要形式，有时便和物流中心等同起来了。

配送中心的形成及发展是有其历史原因的。日本经济新闻社的《输送的知识》一书将此说成是物流系统化和大规模化的必然结果；《变革中的配送中心》一文中这样讲：由于用户在货物处理的内容上、时间上和服务水平上都提出了更高的要求，为了满足用户的这些要求，就必须引进先进的分拣设施和配送设备，否则就建立不了正确、迅速、安全、廉价的作业体制。因此，在运输业界，大部分企业都建造了正式的配送中心。可见，配送中心的建立是在物流合理化和发展市场两个方面的需要的基础上的。

配送中心是物流领域中社会分工、专业分工进一步细化之后产生的。在新型配送中心没有建立起来之前，配送中心现在承担的某些职能是在转运型节点企业中完成的，以后其中一部分向纯粹的转运站发展以衔接不同的运输方式和不同规模的运输，一部分则增强了"送"的职能，而后会向更高级的"配"的方向发展。

（二）配送中心的定义

国内外对配送中心的说法列举如下：

第一，配送中心是从供应者手中接收多种、大量的货物，进行倒装、分类、保管、流通加工和情报处理等作业，然后按照众多需要者的订货要求备齐货物，以令人满意的服务水平进行配送的设施。

第二，配送中心是从事货物配备（集货、加工、分货、拣选、配货）和组织对用户的送货，以高水平实现销售或供应的现代流通设施。

第三，配送中心是一种物流节点，它不以"储藏仓库"这种单一的形式出现，而是发挥配送职能的流通仓库，也称作基地、据点或流通中心。配送中心的目的是降低运输成本、减少销售机会的损失，为此建立设施、设备并开展经营、管理工作。

第四，专门从事配送工作的物流据点称为配送中心。

第五，配送中心是直接与顾客相联系的末端据点。

第六，配送中心是典型的流通型仓库。

第七，配送中心（仓库）是用以储存货物的场所；配送中心（仓库）是货物从制造厂商至零售商这一过程的中间储存据点，配送中心就是一个为集中和分散货物、着重于使货物迅速流转的仓库。

第八，根据不同的经营者和不同的业务内容，配送中心还被称为流通中心、运输中心和货物储备场所等。

第九，在典型的物流系统中，离开生产线的产成品首先被暂时存放于某一地点，最后被运送到离市场较近的某处，这里就是配送中心。

第十，配送中心的同义语有物流中心、发送中心、物流终端、部件中心、存货点，尽管名称不同但其职能是完全相同的。

第十一，配送中心作为开展商品配送及相关业务的场所，通过先进的管理技术和现代化信息交流网络，对商品的采购、进货、储存、分拣、加工和配送等业务过程进行科学、统一、规范的管理，使整个商品运动过程高效、协调、有序，从而减少损失，节省费用，实现最佳的经济效益和社会效益。

《中华人民共和国国家标准·物流术语》中关于配送中心是这样定义的：配送中心是从事配送业务的物流场所或组织。它基本符合下列要求：第一，主要为特定的用户服务；第二，配送功能健全；第三，完善的信息网络；第四，辐射范围小；第五，多品种、小批量；第六，以配送为主、储存为辅。

从上述的这些定义不难看出，有关对配送中心概念的描述众说纷纭，使这一新的经济现象失去应有的理论支撑，从某种意义上讲，会阻碍配送中心的发展。所以，对配送中心进行辨义，提出能够涵盖其本质的定义，对配送中心的研究和发展都有很大的意义。

上述对配送中心描述的共同点是：配送中心是一种暂时存放产品的设施，并通过有效组织配货和送货，使资源得到充分利用。配送中心不只是作为一个设施，承担储存和选送货的任务，作为货流的聚集点，配送中心还承担着更加复杂的功能，是经济、信息、价值的结合点。所以，综合已有的配送中心的定义，可以给出配送中心的定义：配送中心是产品供应链中连接供应商和需求者的中间环节，它通过利用先进的信息技术和现代化的操作工具对产品实行储存、配送、再加工等增值服务，实现产品的空间和时间的增值过程，并利用现代化的管理技术进行管理，从而使整个供应链成为更加高效、集成的功能实体。

在本定义中，配送中心被看成功能实体，不但承担商品的转运功能，还承担附加的增值功能，从本质上阐明了配送中心的作用。

二、配送中心的分类

配送中心按内部特性、承担的流通职能、配送的区域范围、配送的货物种类分别分为以下几类：

（一）按照配送中心的内部特性分类

1. 储存型配送中心

储存型配送中心是有很强储存功能的配送中心。一般来讲，在买方市场下，企业成品销售需要有较大库存支持，其配送中心可能有较强的储存功能；在卖方市场下，企业原材料、零部件供应需要有较大的库存支持，这种供应配送中心也有较强的储存功能。大范围配送的配送中心，需要有较大的库存，也可能是储存型配送中心。

我国目前拟建的一些配送中心，都采用集中库存形式，库存量较大，多为储存型。

瑞士 GIBA-GEIGY 公司的配送中心拥有世界上规模居于前列的储存库，可储存 4 万个托盘；美国赫马克配送中心拥有一个有 163 000 个货位的储存区，可见其储存能力之大。

2. 流通型配送中心

流通型配送中心是指基本上没有长期储存功能，仅以暂存或随进随出方式进行配货、送货的配送中心。这种配送中心的典型方式是，大量货物整进并按一定批量零出，采用大型分货机，进货时直接进入分货机传送带，分送到各用户货位或直接分送到配送汽车上，货物在配送中心里仅做少许停滞。比如日本的阪神配送中心，中心内只能暂存，大量储存则依靠一个大型补给仓库。

3. 加工型配送中心

加工型配送中心是指具有加工职能，根据用户的需要或市场竞争的需要，对配送物进行加工之后进行配送的配送中心。在这种配送中心内，有分装、包装、初级加工、集中下料、组装产品等加工活动。

世界著名连锁服务店肯德基和麦当劳的配送中心，就是属于这种类型的配送中心。在工业如建筑业领域，生混凝土搅拌的配送中心也是属于这种类型的配送中心。

（二）按照配送中心承担的流通职能分类

1. 供应型配送中心

供应型配送中心是指执行供应的职能，专门为某个或某些用户（例如连锁店、联合公司）组织供应的配送中心。例如，为大型连锁超级市场组织供应的配送中心；代替零件加工厂送货的零件配送中心，使零件加工厂对装配厂的供应合理化。

供应型配送中心的主要特点是，配送的用户有限并且稳定，用户的配送要求范围也比较确定，属于企业型用户。因此，配送中心集中库存的品种比较固定，配送中心的进货渠道也比较稳固，同时，可以采用效率比较高的分货式工艺。

2. 销售型配送中心

销售型配送中心是指执行销售的职能，以销售经营为目的，以配送为手段的配送中心。销售型配送中心大体有两种类型：一种是生产企业为了将自己的产品直接销售给消费者而建立的配送中心，在国外，这种类型的配送中心很多；另一种是流通企业作为本身经营的一种方式，建立配送中心以扩大销售，我国目前拟建的配送中心大多属于这种类型，国外的例证也很多。

销售型配送中心的用户一般是不确定的，而且用户的数量很大，每一个用户购买的数量又较少，属于消费者型用户。这种配送中心很难像供应型配送中心一样，实行计划配送，故其计划性较差。

销售型配送中心集中库存的库存结构也比较复杂，一般采用拣选式配送工艺，销售型配送中心往往只有采用共同配送方法才能够取得比较好的经营效果。

（三）按配送区域的范围分类

1. 城市配送中心

城市配送中心是指以城市范围为配送范围的配送中心。由于城市范围一般处于汽车运输的经济里程，这种配送中心可直接配送到最终用户且采用汽车进行配送，所以这种配送中心往往和零售经营相结合。另外，由于运距短、反应能力强，从事多品种、少批量、多用户的配送较有优势。《物流手册》中介绍的仙台批发商共同配送中心便是属于这种类型。我国已建的北京食品配送中心也属于这种类型。

2. 区域配送中心

区域配送中心是指以较强的辐射能力和库存准备，向省（州）际、全国乃至国际范围的用户配送的配送中心。这种配送中心配送规模较大，一般而言，用户也较多，配送批量也较大，而且，往往是配送给下一级的城市配送中心，也配送给营业所、商店、批发商和企业用户。虽然也从事零星配送，但不是主体形式。这种类型的配送中心在国外十分普遍，例如《国外物资管理》杂志曾介绍过的阪神配送中心、美国马特公司的配送中心、蒙克斯帕配送中心等。

（四）按配送货物种类分类

根据配送货物的属性，可以把配送中心分为食品配送中心、日用品配送中心、医药品配送中心、化妆品配送中心、家用电器配送中心、电子（3C）产品配送中心、书籍产品配送中心、服饰产品配送中心、汽车零件配送中心及生鲜处理中心等。

三、配送中心的功能

配送中心是以组织和实施配送性供应或销售为主要职能的流通型节点，是集货中心、分货中心、理货中心、加工中心的综合体。为了降低物流成本、提高物流速度，配送中心一般具备以下一些作业功能。

（一）基本功能

1. 运输和配送功能

配送中心需要自己拥有或租赁一定规模的运输工具。具有竞争优势的配送中心不只是一个点，而是一个覆盖全国的网络。因此，配送中心首先应该负责为客户选择满足客户需要的运输方式，然后具体组织网络内部的运输作业，在规定的时间内将客户的商品运抵目的地。除了在交货点交货需要客户配合外，整个运输过程，包括最后的市内配送都应由配送中心负责组织，以尽可能方便客户。

2. 储存功能

配送中心需要有仓储设施，但客户需要的不是在配送中心储存商品，而是要通过仓储环节保证市场分销活动的开展，同时尽可能降低库存占压的资金，减少储存成本。因此，配送中心需要配备高效率的分拣、传送、储存、拣选设备。

3. 装卸搬运功能

这是为了加快商品在配送中心的流通速度必须具备的功能。配送中心应该配备专业化的装载、卸载、提升、运送、码垛等装卸搬运机械，以提高装卸搬运的作业效率，减少作业对商品造成的损毁。

4. 包装功能

配送中心的包装作业目的不是要改变商品的销售包装，而在于通过对销售包装进行组合、拼配、加固，形成适于物流和配送的组合包装单元，以提高物流的效率。

5. 流通加工功能

为了方便生产或销售，配送中心常常与固定的制造商或分销商进行长期合作，为制造商或分销商完成一定的加工作业。配送中心必须具备的基本加工职能有贴标签、制作并粘贴条形码等。

6. 物流信息处理功能

由于配送中心现在已经离不开计算机，因此将在各个物流环节的各种物流作业中产生的物流信息进行实时采集、分析、传递，并向货主提供各种作业明细信息及咨询信息，这对现代物流中心是相当重要的。

（二）增值功能

从一些发达国家的物流配送中心的具体实际来看，配送中心还具有以下增值性功能：

1. 结算功能

配送中心的结算功能是配送中心对物流功能的一种延伸。配送中心的结算不仅仅只是物流费用的结算，在从事代理、配送的情况下，配送中心还要替货主向收货人结算货款等。

2. 需求预测功能

自用型配送中心经常负责根据配送中心商品进货、出货信息来预测未来一段时间内商品的进库量和出库量，进而预测市场对商品的需求。

3. 物流系统设计咨询功能

公共型配送中心要充当货主的物流专家，因而必须为货主设计物流系统，代替货主选择和评价运输商、仓储商及其他物流服务供应商。国内有些专业物流公司正在进行这项尝试，这是一项增加价值、增加公共配送中心竞争力的服务。

4. 物流教育与培训功能

配送中心的运作需要货主的支持与理解，通过向货主提供物流培训服务，可以培养货主对配送中心经营管理者的认同感，可以提高货主的物流管理水平，可以将配送中心经营管理者的要求传达给货主，也便于确立物流作业标准。

功能是靠设计而来的，每个配送中心的功能集合都不会完全一样，有的配送中心可能只提供六项基本功能中的部分功能，但这些功能特别强大，这完全是可以的。

公司设计配送中心的功能时要考虑本文前面所述的影响因素，要确定配送中心的核心功能和辅助功能，辅助功能可能会使配送中心不一定只做物流，还可能做商流、信息流、资金流。如果一个配送中心是一个集商流、物流、信息流、资金流于一体的流通机构，它是否还是物流中心呢？这要取决于这些业务的比重有多大，如果核心功能是物流，辅助功能是商流、信息流和资金流，那么它肯定是物流中心，否则就不能算是物流中心。算不算物流中心并不那么重要，只要能够为货主、客户提供服务，进而能够取得经济效益就可以，因此在设计配送中心功能时需要创新。

随着信息技术在世界范围的普遍应用，物流成为制约商品流通的真正瓶颈，现代配送中心应该更多地考虑如何提供增值性物流服务，这些增值性物流服务是配送中心基本功能的合理延伸，其作用主要是加快物流过程、降低物流成本、提高物流作业效率、增加物流的透明度。提供增值性物流服务是现代配送中心赢得竞争优势的必要条件。

四、配送中心业务流程

（一）配送中心业务流程的构成要素

物流配送不单纯是指从生产者到消费者的"货物配送"问题，而是要考虑到从生产者、供应商到消费者对产品制造、运输、保管、配置、传递和信息等各个方面，全面、综合地提高经济效益和效率的问题。所以配送中心的作业流程具有综合性功能，影响到生产者和消费者的实际利益，从而研究和改进配送中心作业流程对生产者、供应商、消费者都有着极其重要的意义。目前，配送物流是我国传统物资流通企业改革和发展的一个方向，同时也是我国市场经济发展的需求，对市场中的生产与流通起到紧密连接的作用，使得生产与消费形成一个有机的整体。配送中心是进行配送物流服务的主体，所以要研究配送物流，首先要研究配送中心，了解其结构和功能。

配送中心作业流程的整体由信息系统部分、仓储设施部分、运输设备部分、物流人员部分等四个部分组成。

1. 信息系统部分

配送业的高效率生产和发展与信息技术的应用密不可分。可以说，没有当今高速发展的信息技术，国际上任何一个配送中心都不可能快速发展，高效运作。这一论点可以从以下几个方面加以阐述。

首先，配送管理运作的所有方面，地理上分散的流程团体的网络化，渠道策略和运作的集成，配送过程中的存货管理、运输计划、快速补货、订单处理等，没有信息技术的支撑是根本不可能的或非常困难的。配送在随着供应链管理为生产企业获得竞争优势的同时，也与计算机与通信系统紧密地联系在一起。

其次，高效的配送管理组织的建立离不开信息技术的支撑。带有传统运作方式的组织已经不适应现代配送管理的要求，必须建立以高速信息传递为基础的配送管理组织，才能实现高效的配送业务管理，高速的信息传递就必须有信息技术的支撑。

现代配送中心的发展强调将企业内外的竞争力与资源进行集成，而对于复杂的集成必须要借助网络的支持才能够得以实现。集成和网络化互相补充。集成强调对人和资源进行调整和再调整。集成过程使配送中心在不断变化的关系模式中，保持彼此之间、与顾客之间、与顾客的顾客之间、与供应商之间进行协同。集成的过程是人力资源、物力资源、信息资源网络化的过程。

有效的配送需要配送中心与客户、供应商、合作伙伴之间有一定程度的信息共享。在过去，业务环境中的信息受信息处理速度的限制，数据的采集、处理、存储和传递速度非常缓慢，也不可能建立共享的数据库。人们只能借助原始的可以处理数据的自动化形式，使得配送过程中的失真信息产生固有的不经济性，如送货的不及时、配送调度出现误差、经济效益低下、配送计划不合理等。

目前，国际上所有的高效配送管理方法都充分利用了信息技术。如快速反应（QR）、高效客户反应（ECR）、高效补货（RP）等供应链管理方法都在配送中逐步加以运用，这些方法都离不开各种信息技术的应用，尤其是条码技术、射频识别技术、EDI 技术的应用。

信息系统是物流配送中心的重要组成部分，它的功能必须满足现代化物流配送的要求，从整体上应该具备以下基本职能：①从本质上提高对顾客的各种信息服务质量；②满足商品组成变化和顾客需求变化的信息系统；③对物流配送各个工序的作业迅速做出指示；④迅速接收各个工序中发生的信息；⑤提供有利于配送营业活动的信息；⑥降低成本。

2. 仓储设施部分

（1）仓库

仓库就是商品存放的场所，仓库职能的合理化管理是配送中心物流运作的重要组成部分。事实上，整个仓储活动涉及四个截然不同的物流运作过程：进货（或供应物流）、加工（增值物流）、外运配送（出货）和逆向物流（退货、循环等）。这四个过程都以仓库作为集中汇集点，因此，配送中心的存储设施地点的选择不仅要考虑仓储成本，而且要考虑顾客服务和运输在内的长期运营。

在尽可能兼顾提高进货效率的情况下，配送物流企业的仓储活动必须具备几个战略竞争的功能：提供多样化的本地库存服务，为顾客提供附加值服务，形成订货和送货的最佳结合点，整合配送外运订单，使运输更加经济合理化，处理逆向物流，制造经济化（仓库存放库位的合理分配，保证需求制品在波动期间保持较平稳供应）。这些都必须要求仓库作业具备高度的合理化程度。

由于仓库是配送物流企业进行生产作业的主要基础部分，相应的仓库运作就显得非常重要。除了运输以外，合理的仓库作业关系到配送中心的生存与发展。目前，基本上所有从事物流配送的企业在仓库作业方面都存在着不足，在进出库生产流程中存在一定的缺陷；有的配送中心的仓库存放能力经常难以满足客户的需求，如何进行储位分配成为一个问题。类似这样的仓库作业问题都迫切需要解决。

（2）储存设施

在配送物流企业的仓库中，储存设施是必不可少的，其肩负着便于流通、装卸、存放等功能。由于储存物品的形状、重量、体积、包装形式等特性的不同，其使用的储存方式也就不同，相应的储存设施就存在差别。

储存设备以储存单位分类，可大致分为托盘、容器、单品和其他储存设备。一般物流配送中心的储存设备，主要以单元负载的托盘储存方式为主。

（3）搬运设备

搬运作业是物流配送仓库中的主要作业之一，是继储存之后的主要作业。其主要的功能就是实现仓库内部与外部之间的制品流动和转移，同时实现仓库内部存放库位的调整。随着物流的发展，根据物流配送中心的实际需要，设计和生产的搬运设备品种日益繁多，规格也越来越齐全。

常用的搬运设备以搬运车辆为主，可以分为两大系列：一种是重载、较长距时搬运的叉车系列；另一种是轻载、短距离搬运的手推车系列。

3. 运输设备部分

物流配送过程中的运输设备主要是指进行配送运输的车辆。在配送中心，运输是一项主要的工序，其占用的资金比例相当大，因此，合理的运输方式及合理的运输方案是非常重要的。在配送的运输过程中，可能根据不同的实际需求，车辆的配备也随之变化，如特殊的保鲜配送运输、服装配送运输等。而不同品种的车辆购置负担对于一般的配送中心来说，是不可能承受的。事实上，目前的配送中心大多数都是整合利用外部的运输设备资源进行运营的。

4. 物流人员部分

在任何物流运作的过程中，配备合适而具有充分工作能力的物流人员是相当重要的。物流业和其他产业一样，其竞争的实质也是人才的竞争，所以，合理的人才聘用是具有决定性的一个环节。

以仓库作业人员为例，雇用和培训仓库作业人员历来是个"值得认真考虑的问题"。不管在理论上所建议的系统如何有效，在实践中它的好坏取决于操作人员的水平。因此，对仓库作业人员进行适当的挑选、培训，是确保仓储系统实现期望效果的重要条件。

人员培训并不是一项困难的任务。通常在储存商品还没有到达仓库以前，全体员工就已经到位，但是不同的操作要求具备不同素质基础的人员，相应素质的人员被安排承担具体的任务，并充分了解其工作的要求，及其在整个系统中所发挥的作用。只有这样配置人员，才能实现仓储系统期望的效果。

在经过上述的人员挑选后，每一组雇员都应该接受具体的培训。被雇用来操作仓库系统的人员中可以划分为行政人员、管理人员、拣选人员、设备操作人员、材料搬运工及杂务工（如维修工、抢救工）等。

（二）配送中心业务流程与构成要素的关系

配送中心业务流程与四个构成要素的关系可以用图 3-1 表示。

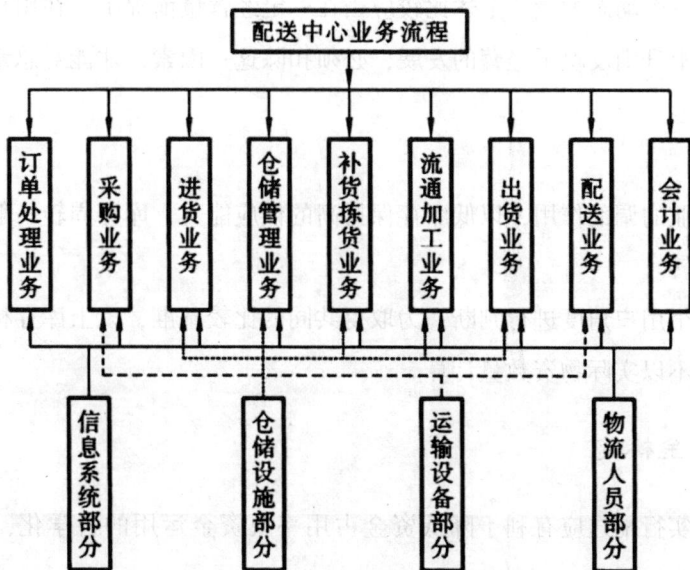

图 3-1　配送中心业务流程关系

只要有了以上四个基本的组成部分，配送中心作业的生产运作就具备了支撑的基础结构体系，就可以根据相应客户的要求进行配送作业。

第四节　物流配送合理化管理

一、判断物流配送合理化的标准和方法

判断配送合理与否，是配送决策系统的重要内容，目前国内外尚无一定的技术经济指标体系和判断方法，一般来说，以下标志是应当纳入的：

（一）库存标志

库存是判断配送合理与否的重要标志。具体指标有以下两个方面：

1. 库存总量

库存总量在一个配送系统中，从分散于各个用户转移给配送中心，配送中心库存数量加上各用户在实行配送后库存量之和应低于实行配送前各用户库存量之和。此外，从各个用户角度判断，各用户在实行配送前后的库存量比较，也是判断合理与否的标准，某个用户上升而总量下降，也属于一种不合理。

库存总量是一个动态的量，上述比较应当在一定经营量前提下。在用户生产有发展之后，库存总量的上升则反映了经营的发展，必须扣除这一因素，才能对总量是否下降做出正确判断。

2. 库存周转

由于配送企业的调剂作用，以低库存保持高的供应能力，库存周转一般总是快于原来各企业的库存周转。

此外，从各个用户角度进行判断，为取得共同的比较基准，以上库存标志都以库存储备资金计算，而不以实际物资数量计算。

（二）资金标志

总体来讲，实行配送应有利于降低资金占用率及资金运用的科学化，具体判断标志如下。

1. 资金总量

用于资源筹措所占用流动资金总量，随储备总量的下降及供应方式的改变必然会大幅

度降低。

2. 资金周转

从资金运用来讲，由于整个节奏加快，资金充分发挥作用，同样数量的资金，过去需要较长时期才能满足一定供应要求，配送之后，在较短时期内就能达此目的。所以，资金周转是否加快，是衡量配送合理与否的标志。

3. 资金投向的改变

资金分散投入还是集中投入，是资金调控能力的重要反映。实行配送后，资金必然应当从分散投入改为集中投入，以增加调控作用。

（三）成本和效益

总效益、宏观效益、微观效益、资源筹措成本都是判断配送合理化的重要标志。对于不同的配送方式，可以有不同的判断侧重点。例如，配送企业、用户都是各自独立的以利润为中心的企业，所以不但要看配送的总效益，还要看对社会的宏观效益及两个企业的微观效益，不顾及任何一方，都必然出现不合理；又如，如果配送是由用户集团自己组织的，配送主要强调保证能力和服务性，那么，效益主要从总效益、宏观效益和用户集团企业的微观效益来判断，不必过多顾及配送企业的微观效益。

由于总效益及宏观效益难以计量，在实际判断时，常以按国家政策进行经营，完成国家税收及配送企业和用户的微观效益来判断。

对于配送企业而言（在投入确定了的情况下），企业利润会反映配送合理化程度。

对于用户企业而言，在保证供应水平或提高供应水平的同时（在产出一定的前提下），供应成本的变化反映了配送的合理化程度。

成本及效益对合理化的衡量，还可以具体到储存、运输具体配送环节，使判断更为精细。

（四）供应保证标志

实行配送，各用户的最大担心是害怕供应保证程度降低，这是个心态问题，也是承担风险的实际问题。

配送的重要一点是必须提高而不是降低对用户的供应保证能力。供应保证能力可以从以下方面判断。

1. 缺货次数

实行配送后，对于各用户来讲，该到货而未到货，以致影响用户生产及经营的次数，必须下降才算合理。

2. 配送企业集中库存量

对于每一个用户来讲，其数量所形成的保证供应能力高于配送前单个企业的保证程度，才算合理。

3. 即时配送的能力及速度

即时配送的能力及速度就是用户出现特殊情况的特殊供应保障。这一能力必须高于未实行配送前用户紧急进货能力及速度才算合理。

特别需要强调一点，配送企业的供应保障能力是一个科学的合理的概念，而不是无限的概念。具体来讲，如果供应保障能力过强，超过了实际的需要，也属于不合理。所以追求供应保障能力的合理化也是有限度的。

（五）社会运力节约标志

末端运输是目前运能、运力使用不合理，浪费较大的领域，因而人们寄希望于配送来解决这个问题。这也成了配送合理化的重要标志。

运力使用的合理化是依靠送货运力的规划和整个配送系统的合理流程及与社会运输系统合理衔接实现的。送货运力的规划是任何配送中心都需要努力解决的问题，而其他问题有赖于配送及物流系统的合理化，判断起来比较复杂。可以简单判断如下：第一，社会车辆总数减少而承运量增加为合理；第二，社会车辆空驶减少为合理；第三，一家一户自提自运减少，社会化运输增加为合理。

（六）用户企业仓库、供应、进货人力、物力节约标志

配送的重要观念是以配送代劳用户。因此，实行配送后，各用户库存量、仓库面积、仓库管理人员应减少；用于订货、接货、供应的人力也减少才为合理。真正解除了用户的后顾之忧，配送的合理化程度才可以说处于高水平了。

（七）物流合理化标志

配送必须有利于物流合理化，这可以从几个方面判断：第一，是否降低了物流费用；第二，是否减少了物流损失；第三，是否加快了物流速度；第四，是否发挥了各种物流方式的最优效果；第五，是否有效衔接了干线运输和末端运输；第六，是否未增加实际的物流中转次数；第七，是否采用了先进的技术手段。物流合理化的问题是配送要解决的大问题，也是衡量配送本身的重要标志。

二、不合理配送的表现形式

对于配送合理与否，不能简单判定，也很难有一个绝对的标准。例如，企业效益是配送的重要衡量标志，但是，在决策时常常考虑各种因素，有时要做赔本买卖。所以，配送的决策是全面、综合决策，在决策时要避免由于不合理配送的出现所造成的损失，但有时某些不合理现象是伴生的，要追求大的合理，就可能派生小的不合理。所以，虽然这里只单独论述不合理配送的表现形式，但要防止绝对化。

（一）资源筹措的不合理

配送利用较大批量筹措资源，通过筹措资源达到规模效益来降低资源筹措成本，使配送资源筹措成本低于用户自己筹措资源成本，从而取得优势。如果不是集中多个用户需要而进行批量筹措资源，而仅仅是为一两户代购代筹，对于用户来讲，不仅不能降低资源筹措费，相反却要多支付一笔配送企业的代筹代办费，因而是不合理的。资源筹措不合理还有其他表现形式，如配送量计划不准，资源筹措过多或过少；在资源筹措时不考虑建立与资源供应者之间长期稳定的供需关系等。

（二）库存决策不合理

配送应充分发挥集中库存总量低于各用户分散库存总量的优势，大大节约社会财富，同时减轻用户实际平均分摊库存的负担。因此，配送企业必须依靠科学管理来实现一个低总量的库存，否则就会出现单是库存转移而未取得库存总量降低的效果。配送企业库存决策不合理还表现在储存量不足，不能保证随机需求而失去应有的市场。

（三）价格不合理

总体来讲，配送的价格应低于不实行配送时用户自己进货时产品购买价格加上自己提货、运输、进货之成本总和，这样才会使用户有利可图。有时候，由于配送有较高服务水平，价格稍高，用户也是可以接受的，但这不是普遍的原则。如果配送价格普遍高于用户自己进货价格，损害了用户利益，就是一种不合理的表现；价格过低，使配送企业处于无利或亏损状态，会损害销售者利益，也是不合理的。

（四）配送与直达的决策不合理

一般的配送总是增加了环节，但是这个环节的增加，不但可以降低用户平均库存水平，抵消了增加环节的支出，而且还能取得剩余效益。但是如果用户使用批量大，可以直接通过社会物流系统均衡批量进货，较之通过配送中转送货则可能更节约费用，所以，在这种情况下，不直接进货而通过配送，就属于不合理范畴。

（五）配送运输不合理

配送与用户自提相比，尤其对于多个小用户来讲，可以集中配装一车送几家，这比一家一户自提大大节省了运力和运费。如果不能利用这一优势，仍然是一户一送，而车辆达不到满载（即时配送过多、过频时会出现这种情况），就属于不合理。此外，不合理运输的若干表现形式在配送中都可能出现，从而会使配送变得不合理。

（六）经营观念不合理

在配送实施中，有许多经营观念不合理，使配送优势无从发挥，相反却损坏了配送的形象。这是开展配送时尤其需要注意避免的不合理现象。例如，配送企业利用配送手段，向用户转嫁资金、库存等方面的困难：在库存过大时，强迫用户接货，以缓解自己的库存压力；在资金紧张时，长期占用用户资金，或者将用户委托资源挪作他用而获利等。

三、物流配送合理化的措施

国内外推行配送合理化有一些可供借鉴的办法，简介如下：

第一，推行一定综合程度的专业化配送。通过采用专业设备、设施及操作程序，取得较好的配送效果并降低配送过分综合化的复杂程度及难度，从而追求配送合理化。

第二，推行加工配送。通过结合加工和配送，充分利用本来应有的这次中转而不增加新的中转以求得配送的合理化。同时，加工借助于配送，加工目的更明确、和用户联系更紧密，更避免了盲目性。这两者有机结合，投入不增加太多，却可追求两个优势、两个效益，是配送合理化的重要经验。

第三，推行共同配送。通过共同配送可以以最近的路程、最低的配送成本完成配送，从而追求配送合理化。

第四，实行送取结合配送。企业与用户建立稳定、密切的协作关系，配送企业不仅成了用户的供应代理人，而且承担用户储存据点的作用，甚至成为产品代销人。在配送时，将用户所需的物资送到，再将该用户生产的产品用同一车运回，这些产品也成了配送中心的配送产品之一，或者作为代存代储，卸下了生产企业的库存包袱。这种送取结合，使运力充分利用，也使配送企业功能有更大的发挥。

第五，推行准时配送。准时配送是配送合理化的重要内容。配送做到了准时，用户才有资源把握，可以放心地实施低库存或零库存，可以有效地安排接货的人力、物力，以追求最高效率的工作。另外，保证供应能力，也取决于准时供应。从国外的经验看，准时供应配送系统是现在许多配送企业追求配送合理化的重要手段。

第六，推行即时配送。作为计划配送的应急手段，即时配送是最终解决用户企业担心断供之忧、大幅度提高供应保证能力的重要手段。即时配送是配送企业快速反应能力的具体化，是配送企业能力的体现。即时配送成本较高，但它是整个配送合理化的重要保证手段。此外，即时配送也是用户实行零库存的重要手段保证。

第四章　物流服务管理

第一节　物流服务的内容与指标

一、物流服务的含义

（一）物流服务的概念

在客户眼中，任何企业的产出都可看成是价格、质量和服务的组合，而客户所购买的就是这种组合。服务或客户服务的含义很广，包括从产品的可得率到售后服务等众多因素。从物流角度来看，客户服务是一切物流活动或供应链流程的产物，是企业所提供的总体服务中的一部分。因而，物流系统的设计决定了企业能够提供的客户服务水平。向客户销售所产生的收入和系统设计的相关成本则决定了企业能够实现的利润。决定向客户提供的服务水平是达到企业利润目标的关键。

许多学者从不同角度对物流服务进行了定义。拉里莎·凯尔（Larissa S. Kyj）和迈罗斯劳·凯尔（Myroslaw J. Kyj）认为，物流服务具有一般客户服务的特征，如果能够得到有效利用，是对创造需求、保持客户忠诚产生重大影响的首要变量。另一位客户服务专家认为，物流服务特指满足客户的一系列活动，通常始于订单录入，止于产品送达客户。赫斯凯特（Heskett）则将多数企业的物流服务更简单地表述为：使客户得到所订购产品的速度和可靠程度。

所谓物流服务，是指物流企业或企业的物流部门从处理客户订货开始，直至商品送交客户过程中，为满足客户的要求，有效地完成商品供应、减轻客户的物流作业负荷所进行的全部活动。

（二）物流服务的要素

现代营销中的顾客服务是一种供应、生产、经营、物流合而为一的综合经营行为。结合顾客服务的观点，我们可以将物流服务解释为对顾客商品利用可能性的一种保证。它包含三个要素：第一，拥有顾客所期望的商品（备货保证）；第二，在顾客所期望的时间内传递商品（输送保证）；第三，符合顾客所期望的质量（品质保证）。

（三）物流服务的目的

物流服务的目的，就是提供更多能满足客户要求的服务，扩大与竞争对手之间的差距，从而通过销售额的增加来获得或增加企业的利润。

具体来说，物流服务的目的有：第一，有效地完成商品的供应；第二，减轻客户的物流作业负担。

1. 有效地完成商品的供应

这是指将顾客所需要的商品在必要的时候，按既定的要求送达顾客。要实现这一目的，要求企业做到明确接受订货截止时间、接受订货批量（接受订货的最低单位）、供货频率、交货期（从订货到交货的时间）等。

2. 提高作业的效率，减轻顾客的物流作业负担

这是指企业在指定时间交货（指定时交货），而且要提高交货精度，同时，满足客户在挂标签牌、以货架单位包装等方面的流通加工要求。由于企业提供了以上的服务，顾客就可以有计划地进行收货作业，并且会缩短收货时的验货时间。

二、物流服务的指标

（一）基本的物流服务标准

1. 可得性

可得性是指当顾客需要存货时所拥有的库存能力。可得性可以通过各种方式实现，最普通的做法就是按预期的顾客订货进行存货储备，于是，仓库的数目、地点和储存政策等便成了物流系统设计的基本问题之一。存货储备计划通常是建立在需求预测基础上的，而对特定产品的储备战略还要结合其是否畅销、该产品对整个产品线的重要性、收益率以及商品本身的价值等因素考虑。存货可以分为两类：一类是取决于需求预测并用于支持基本可得性的基本储备；另一类是满足超过预测数的需求量并适应异常作业变化的安全储备。

可得性的一个重要方面就是企业的安全储备政策。安全储备的存在是为了调整预测误差，并在安全储备的补给期间对配送延迟进行缓冲。一般说来，防止缺货的期望越大，安全储备的需要也越大；安全储备的负荷越大，平均存货的数量也越大。在市场需求高度变

化的情况下，安全储备的构成有可能占到企业平均存货的一半以上应以下述的三个物流绩效指标进行衡量：缺货频率、供应比率和订货完成率。这三个衡量指标可以确定一个企业满足特定顾客对存货需求的能力。

（1）缺货频率

缺货频率是指缺货将会发生的概率。换句话说，该衡量方法用于表示一种产品可否按需要装运交付给顾客，当需要超过产品可得性时就会发生缺货。缺货频率就是用于衡量一种特定的产品需求超过其可得性的次数。将全部产品发生缺货的次数汇总起来，就可以反映一个企业实现其基本服务承诺的状况。尽管缺货频率指标并未涉及有些产品在可得性方面也许比其他产品更重要这一实际情况，但缺货频率仍是衡量存货可得性的起点。

（2）供应比率

供应比率用来衡量缺货的程度或影响大小。这是因为一种产品缺货并不必然意味着其顾客的需求将得不到满足。在判断缺货是否影响服务绩效以前，首先要弄清楚顾客的真实需求。因此，对企业来说，十分重要的是要确认该产品是否确实未能获得及顾客究竟想要多少单位。供应比率绩效通常是按顾客服务目标区分的，于是，对缺货程度的衡量就可以构成企业在满足顾客需求方面的跟踪记录。例如，一位顾客订货 50 个单位，只有 47 个单位可得，那么订货供应比率为94%（47/50）。要能够有效地衡量供应比率，一般在评估程序中还要包括在一段特定的时间内对多个顾客订货的完成进行衡量。因此，供应比率绩效可以用于某个特定的顾客或任何顾客组合或所需业务部门的组合。

供应比率可用来区别按特定产品提供的服务水准。在前述例子中，如果所有 50 个单位都是至关重要的，那么94%的供应比率就有可能导致配送作业中的缺货，并使顾客产生严重不满。然而，如果这 50 个产品是转移速度相对比较缓慢的货物，那么，94%的供应比率有可能使顾客感到满意，顾客也许会接受延交订货，甚至愿意对缺货的产品重新订货。显然，企业应该对至关重要的产品加以说明，并应在顾客需求的基础上提高供应比率。因此，企业可以开发供应比率战略来满足顾客期望。

缺货频率和供应比率都取决于顾客订货数量。比如，企业如果为小批量的存货频繁地安排补充订货的话，那么，由于装运的变化性，缺货频率有可能会提高。换句话说，每一次补充订货都有相等的配送延迟机会。因此，随着影响安全储备的订货次数的增多，发生缺货的频率就更高。从另一方面来说，如果企业较少地安排补充订货，那么潜在的缺货频率将会降低，期望的供应比率将会提高。显然，缺货频率和供应比率与订货数量之间呈反向关系。

（3）订货完成率

订货完成率是衡量企业拥有一个顾客所预订的全部存货时间的指标。假定其他各方面的完成为零缺陷，则订货完成率就为顾客享受完美的订货服务提供了潜在时间。

将上述三种衡量可得性的方法结合在一起，就可以识别一个企业的存货战略满足顾客期望的程度。此外，它们还可以成为评估适当的可得性水平的基础，并与企业营造的服务平台结合。

2. 作业完成

作业完成可以通过速度、一致性、灵活性、故障与恢复等方面来具体说明所期望的完成周期。显然，作业完成涉及物流活动对所期望的完成时间和可接受的变化所承担的义务。

（1）速度

完成周期的速度是指从一开始订货时起至货物装运实际抵达时止的这段时间。但企业必须以顾客的身份来考察在这方面所承担的义务，因为根据物流系统的设计，完成周期所需的时间会有很大的不同，即使在今天高水平的通信和运输技术条件下，订货周期也可以短至几个小时或长达几个星期。

如何确定完成周期的时间往往与存货需求有着直接关系。一般来说，计划的完成速度越快，顾客所需的存货投资水平就越低，完成周期时间与顾客存货投资之间的这种关系居于以时间为基础的物流安排之首。

（2）一致性

虽然服务速度至关重要，但大多数物流经理更强调一致性。一致性系指企业在众多的完成周期中按时配送的能力。不要把一致性直接理解为顾客额外需要的安全储备，以防有可能发生的配送延迟，一般说来，可得性与一旦需要就可以进行产品装运的存货能力有关，而完成周期的速度则与持续地按时配送特定订货所必需的作业能力有关。因此，所谓一致性，是指必须随时按照配送承诺加以履行的处理能力。由此看来，一致性的问题是物流作业最基本的问题。

（3）灵活性

作业灵活性系指处理异常的顾客服务需求的能力，企业的物流能力直接关系到在始料不及的环境下如何妥善处理的问题。需要企业灵活作业的典型事件有：调整基本服务安排，例如，一次性改变装运交付的地点；支持独特的销售和营销方案；新产品引入；产品逐步停产；供给中断；产品回收；特殊市场的定制或顾客的服务层次；在物流系统中履行产品的修订或定制，诸如定价、组合或包装等。

在许多情况下，物流优势的精华就存在于灵活能力之中。一般说来，企业的整体物流能力取决于在适当满足关键顾客的需求时所拥有的"随机应变"的能力。

（4）故障与恢复

不管企业的物流作业有多么完美，故障总是会发生的，而在已发生故障的作业条件下继续实现服务需求往往是十分困难的，因此，企业应制订一些有关预防或调整特殊情况的方案，以防止故障发生企业应通过合理的论证来承担这种应付异常情况的义务，而其制订的基本服务方案应保证高水平的服务，实现无故障和无障碍计划。为此，企业要有能力预测服务过程中可能会发生的故障或服务中断，并有适当的应急计划来完成恢复任务。当实际的服务故障发生时，顾客服务方案中的应急计划还应包括对顾客期望恢复的确认以及衡量服务一致性的方法。

3. 可靠性

物流质量与物流服务的可靠性密切相关。物流活动中最基本的质量问题，就是如何实现已计划的存货可得性及作业完成能力。除了服务标准外，质量上的一致性涉及能否并且乐意迅速提供有关物流作业和顾客订货状况的精确信息。研究表明，企业有无提供精确信息的能力是衡量其顾客服务能力最重要的方面，顾客们通常讨厌意外事件，如果他们能够事先收到信息的话，就能够对缺货或迟延配送等意外情况做出调整。因此，有越来越多的顾客表示，有关订货内容和时间的事前信息与完美订货的履行相比更加重要。

除了服务可靠性外，服务质量的一个重要组成部分是持续改善类似于企业内部的其他经理人员一样，物流经理人员也关心如何尽可能少地发生故障以完成作业目标，而完成作业目标的一个重要方法就是从故障中吸取教训，改善作业系统，以防再次发生故障。

实现物流质量的关键是如何对物流活动进行衡量。在顾客眼里，存货的可得性和作业绩效等是至关重要的，然而，高水准的作业绩效只能通过严格地对物流活动的成败进行精确的衡量才能维持。对服务质量的衡量主要体现在下述三个方面，即衡量变量、衡量单位和衡量基础。

（1）衡量变量

在基本的物流服务方案中特定的履行活动就是据以评估的衡量项目。表4-1列举了一系列典型的用于衡量物流服务的变量，还注明了这些变量是用于特定的时点进行衡量的，还是用于特定的时段进行衡量的。按时点进行衡量的变量通常是指静态变量，静态变量对于评估物流系统当前的准备状况是很有用的。例如，观察所发生的延交订货的状况、缺货的次数，或运输中的存货水平就能较早地为未来潜在的顾客服务问题提出状态预警。按时段进行衡量的变量，称作流动变量，是跨越某个时间，如一周、一月或一季等，来跟踪物流系统的表现。不管用哪一种特定变量来测定为顾客服务的表现，有关的指标都必须予以适当的稽查。例如，在一个特定的时点去衡量已取消的订货并没有多大的意义。

表 4-1　服务衡量变量

变量	衡量期
销售量	时段
订货数	时段
回收数	时段
延交订货数	时段/时点
缺货量	时段/时点
已取消的订货数	时段
已取消的产品种类	时段
恢复延交订货数	时段
延交订货年限	时段/时点
装运短缺数	时段
货损赔偿数	时段
畅通无阻的次数	时段

（2）衡量单位

可靠性衡量的第二个方面是衡量单位的选择。表 4-2 列举了一些通常用于进行物流跟踪的衡量单位。例如，既可以使用单位数，也可以使用销售金额或存货金额数来跟踪和报告缺货情况。尽管这两种衡量都产生于同一种活动，但它们所提供的管理信息却是不同的。当缺货按单位数进行衡量时，是在同等的基础上按产品的价值从高到低对物流履行进行衡量的。另外，按销售金额所做的缺货报告则把重点放在更高价值的库存缺货上。一般来说，高级管理部门通常都是当库存缺货与高额毛利、快速移动或至关重要的产品有关联时才更加重视，由此可见，衡量单位的选择会对可靠性的衡量产生重大影响。

表 4-2　衡量单位表

箱	货币单位（元或美元）
单位	打
品种	破损箱
重量	重量单位（吨或千克）

（3）衡量基础

在可靠性衡量方面要考虑的最后一个因素是所选择的衡量基础。衡量基础用于规定如何汇总物流完成报告。表4-3汇总了一些可供选择的各层次的衡量基础。该表所列举的衡量基础包括从系统总体到特定的产品完成，它把整个物流系统归类成某种衡量基础，以期在大系统的规模上来概括为顾客服务的表现。这种综合表现相对较易衡量，因为它只需要建立一个有限的物流绩效数据库。然而，由于这种综合衡量方法采用的是平均绩效数据，因而有可能会隐瞒潜在的一些问题。另外，当按特定的产品或顾客层次来衡量物流绩效时，难以概括总体状态，并且难以发现潜在的系统方面的问题。尽管在收集和维护有关顾客层次或产品明细层次所需的数据方面存在着种种困难，但是，根据这些数据所做的完成报告确实能精确地发现物流存在的具体问题。

表4-3　服务衡量基础

总系统层次	订货层次
销售领域层次	顾客层次
产品组层次	破损箱
厂牌层次	重量（吨或千克）

管理部门在选择最恰当的衡量单位和衡量基础的组合来评估物流活动的可靠性时，必须对各种交易的代价进行评价。显然，对物流活动进行详细的衡量有助于及时发现具体的问题，但是，收集、维护和分析物流信息并非易事，需要不少的时间、精力与成本。然而，由于用于数据收集、维护和分析的信息技术的重大进步，连同其成本大幅度的降低，使企业对顾客服务完成进行专门的评估已愈来愈成为现实。

（二）完美的物流服务标准

在许多情况下，完美订货的概念是物流质量的外延。在当今的技术条件下，这种服务绩效是可能实现的，但其代价又是昂贵的，因此，很少有企业会向所有的顾客承担这种义务，把零缺陷绩效作为其基本的服务战略。然而，这种高水准的绩效却是一种战略选择，可供企业在比较基础上承担义务。

完美订货的方案通常要涉及各种超出基本服务方案的活动。履行完美订货的承诺通常是建立在各种协议基础上的，旨在发展供应商和首选顾客之间密切的工作关系。需要引起足够重视的是，完美订货的承诺通常是在严密的组织工作中履行的。

这些安排随时间展开，往往需要得到有关企业间大量交换信息的支持，以便保持对各种物流需求的深刻了解，一般不会在事先没有提示的情况下就贸然向供应商提出完美订货的要求。

履行完美订货需要在管理上和作业上付出努力、耗费巨资，并且需要杰出的信息支持。这种卓越的服务表现必须致力于服务那些能够正确评价并愿意提高购买忠诚，以及对企业的额外表现做出反应的顾客。一旦企业展开完美订货的战略，那么，它就必须充分了解潜在的风险和行情下跌的可能性。零缺陷的服务承诺没有错误的余地，顾客则期望企业做出的约定每一次都能如实兑现。对顾客来说，只有当企业的承诺是真的、可信的，以及一致的实现时，这种物流绩效才能被解释成为效率。完美订货的标志是每一次的零缺陷完成。

第二节　物流服务决策

一、选择物流服务目标市场

随着消费者需求的多样化及物流服务环境的不断变化，企业在物流服务策划时更应重视对目标市场的选择，即进行市场细分。

市场细分揭示了物流服务战略策划所面临的细分市场的机会，并对这些细分市场进行评估，并确定让经营的物流服务项目进入那个服务市场。

（一）评估物流细分市场

在评估各种不同的细分市场时，必须考虑三个要素：细分市场的规模和发展趋势、细分市场内部结构的吸引力、企业的经营目标和资源。

1. 细分市场的规模和发展趋势

潜在的细分市场要具有适度规模和规律性的发展特性。"适度规模"是个相对概念，对大型物流企业来讲，它是指服务量较大的细分市场；对小型物流企业而言，则是指不被大型物流企业看重的小的细分市场。因为过大的细分市场须投入较多的资源。并且对大型物流企业也具有较强的吸引力，这样会增大小型物流企业的竞争压力，减少成功的机会。

2. 细分市场内部结构的吸引力

细分市场可能具备理想的规模和发展特征，然而从经营的角度来看，它未必有吸引力。因为有五种力量决定着任何一个细分市场长期的内在吸引力。

进行物流服务战略策划时应对下面五个群体对企业物流服务项目长期盈利状况的影响做出评估。这五个群体是：同行业的竞争服务项目、潜在的新进入者的竞争服务项目、替代服务项目、服务项目购买者和供应商；这五个群体对企业物流服务具有以下五方面的威胁：

（1）细分市场内激烈竞争的威胁

如果某个细分市场已经有了为数众多的、强大的或竞争意识强烈的竞争者，该细分市场就会失去吸引力。

（2）新参加的竞争服务产品的威胁

如果某个细分市场可能吸引新的竞争者，他们就会投入大量的资源，增加新的服务能力，并争夺市场占有率，取得这个细分市场就没有吸引力了。如果新的竞争服务进入这个细分市场时感到壁垒森严，并且遭受到细分市场内原有服务产品的强烈报复，他们就很难进入。

（3）替代服务的威胁

如果某个细分市场现已存在替代服务或者有潜在替代服务，该细分市场就失去了吸引力。替代服务会限制细分市场内价格和利润的增长。服务策划应密切注意替代服务产品的价格趋向。如果在这些替代服务行业中技术有所发展，或者竞争日趋激烈，这个细分市场的价格和利润就可能会下降。

（4）购买者议价能力增强构成的威胁

如果某个细分市场中购买者的议价能力很强或正在加强，该细分市场就没有吸引力。购买者会设法压低价格，对产品质量和服务提出更高要求，并且使竞争者互相争斗，所有这些都会使销售商的利润遭受损失。

（5）供应商议价能力增强构成的威胁

如果企业的原材料和设备供应商提高价格或者降低服务产品的质量，或减少供应数量，该企业所在的细分市场就没有吸引力。如果供应商集中或有组织、替代服务少、供应的产品是重要的投入要素、转换成本高，供应商可以向前实行联合，供应商的议价能力就很强：最佳防卫方法是与供应商建立良好的合作关系或者开拓多种供应渠道。

3. 企业的经营目标和资源

即使某个细分市场具有一定规模和发展前景，并且其组织结构也有吸引力，在进行物流服务战略策划时仍须将企业的目标和资源与其所在细分市场的情况结合在一起考虑。某些细分市场虽然有较大吸引力，但不符合长远目标，因此不得不放弃。这是因为这些细分市场本身可能具有吸引力，但是他们不能推动企业完成自己的目标，甚至会分散企业的精力，使之无法完成主要目标。

即使这个细分市场符合企业的目标，企业也必须考虑本企业是否具备该细分市场获胜所必需的技术和资源。无论哪个细分市场，要在其中取得成功，必须具备某些条件。如果企业在某个细分市场中某个或某些方面缺乏必要的能力，并且无法获得必要的能力，企业也要放弃这个细分市场，如果企业确定能在该细分市场上取得成功，它也需要发挥其优势，以压倒竞争对手。如果企业无法在市场或细分市场创造某种形式的优势地位，它就不应贸然进入。

（二）物流细分市场的进入模式

通过对不同的物流细分市场进行评估，就可以发现一个或几个物流细分市场，下一步就要决定进入哪几个物流细分市场。在通常情况下，一共有 5 种进入模式可供选择：

1. 密集单一市场

最简单的方式是选择一个细分市场集中提供服务产品。企业可能本来就具备了在该细分市场获胜所必需的条件；这个细分市场可能没有竞争对手；这个细分市场可能会成为促进企业服务延伸的起始点。

2. 有选择的专门化

选择若干个细分市场，其中每个细分市场都具有吸引力，并且符合企业的经营目标和资源状况。但在各细分市场之间很少有或者根本没有联系，然而在每个细分市场上企业都可能获利。这种多细分市场覆盖优于单细分市场覆盖，可以分散企业的经营风险。即使某个细分市场失去吸引力，企业仍可在其他市场上获利。

3. 产品或服务专门化

企业用此法集中推出一种产品或服务，并向各类顾客提供这种产品或服务。例如，某企业仅进行洗衣粉的小容量包装服务，它可能向超市、便利店或百货店提供这样的流通加工服务，而不提供卖场需要的中等或大容量的包装服务。企业通过这种策略，在某个产品方面树立起很高的声誉。

4. 市场专门化

市场专门化是指企业专门为满足某个顾客群体的各种需要服务。如上例中的企业，如果其仅为超市提供洗衣粉的包装服务，无论产品的容量大小，那么这个企业所提供的就是市场专门化的流通加工服务。企业专门为一个特定的顾客群体服务，获得良好的声誉，并成为这个顾客群体所需各种物流服务的提供者。

5. 完全市场覆盖

完全市场覆盖是指企业想用各种服务产品满足各种顾客群体的需要。像上面提到的那家企业，如果它为各种业态的零售商提供洗衣粉的所有容量的包装服务，那么，它采用的就是完全市场覆盖策略。当然只有大型企业才有财力采用这种策略。

(三) 物流细分市场的营销策略

物流细分市场的营销策略主要有两种方式,即通过无差异市场营销和差异市场营销来覆盖整个市场。

1. 无差异市场营销

将细分市场之间的差异忽略不计,只提供一种服务(产品)在整个市场上销售。设计一种服务,制订一个营销计划,都是为了要引起最广泛的顾客的兴趣。它采用大规模促销和大规模广告的办法,是为了让该服务在消费者心目中树立起最佳的服务形象。

采用无差异市场营销的理由是规模效益。它是与标准化生产和大规模生产相适应的一种营销方法。经营产品范围窄,可以降低生产、储存和运输成本。无差异广告计划也可以降低广告费用。这种无差异市场营销策略不需要进行细分市场的调研和规划,从而也就降低了企业的经营成本。

但是,由于所提供的服务是相同的,无法满足不同客户的特殊需要,因此,服务的效率和效果不佳。同时,顾客之间得到的服务没有差别,所有客户认为自己与其他的客户没有区别,心理上没有优越感,很难形成对物流服务企业的顾客忠诚。

2. 差异市场营销

差异市场营销是指为大多数细分市场提供不同服务或产品,为每个有明显差异的细分市场精心设计风格不同的营销方案。现在,越来越多的服务策划采用差异市场营销策略。

差异市场营销策略往往比无差异市场营销策略赢得更大的总销售额,同时增加客户对企业的忠诚度。但是差异市场营销往往会增加成本,主要增加产品或服务改进成本、产品或服务生产成本、管理成本和促销成本。有的服务策划者发现,市场分得过细、提供的服务过多,上述几项成本的增加速度将会超过利润的增长速度。因此,在应用这一市场策略时,要注意平衡成本与收益,不能仅为追求差异,而使企业负担过高的成本,甚至是亏损。

二、确定物流服务战略

企业必须在每个细分市场上确定服务战略。企业需要向消费者说明本服务与现有竞争服务以及潜在竞争服务之间有什么区别,战略是勾画服务形象和所提供价值的行为,以此使该细分市场的消费者理解和正确认识本服务有别于其他竞争服务的特征。

一个服务可能有多种战略,可以是"低价战略""优质战略""地位战略""先进技术战略"等。对企业来说,确定服务战略的目的是建立他们所希望的、对本细分市场内大量消费者有吸引力的竞争优势。

（一）明确服务战略的目的

如果说品牌即是消费者认知，那么战略就是将服务提供给消费者的过程，这一过程中的信息传递要依靠运用正确的服务战略来完成。服务战略的目的是获取竞争优势实现这一目的，大体上要经历三个阶段：明确潜在竞争优势；选择竞争优势；表现竞争优势。

1. 明确潜在竞争优势

一家企业可通过集中若干竞争优势将自己的服务与竞争者的服务区分开来。竞争优势有两种基本类型：成本优势和产品或服务差别化。

每个企业都是为设计、制造、营销、运输产品等而采取的一系列活动的实体。为了弄清某一企业的成本特性和不同的现有资源及潜在资源，将企业分解为在策略上相互关联的9项活动。这9项活动又分为5项主要活动和4项支持性活动。主要活动是指材料运至企业、进行加工制作、产品运出企业、上市营销和售后服务等项依次进行的活动。支持性活动始终贯穿在这些活动中，是指一般管理、财务、法律及政府有关事务。

服务战略策划就是审核每一项服务活动的成本和经营情况，寻求改进的措施。同时，还应对竞争者的成本和经营情况做出估计，并以此作为本服务的水准基点。只要该服务胜过竞争服务，它就获得了竞争优势。

服务战略还要寻求本服务价值链以外的竞争优势，如探索、研究其供应商、分销商和最终顾客的价值链。因此，服务战略策划可帮助一家大供应商降低成本，从而使本服务产品从此项节约中受益。服务战略策划也可帮助顾客更方便或更廉价地从事购买活动，以此赢得他们的服务忠诚。

2. 选择竞争优势

服务战略策划可以将其四个属性，即技术、成本、质量和服务的名次与主要竞争服务做比较。如果提供物流服务的两个企业的技术力量都得8分（最低分为1分，最高分为10分），则意味着双方的技术条件都很好。而竞争服务在成本方面处于优势（8比6），则服务策划应该设法降低成本或改进服务，以提高与竞争服务相对应的市场吸引力。不过，需要考虑由此产生的下列问题：改善服务产品的某些属性对目标消费者的重要性如何？服务策划是否有足够的资金进行革新？完成这些革新需要多少时间？如果企业进行这样的服务策划，部分对手是否也能改善服务？

上面的做法说明，针对某种属性进行服务策划应采取适当的行动。对服务策划来说，最有意义的是进行投资以改善服务。服务对顾客是至关重要的。服务策划如能尽快投资改善服务，也许竞争对手会一时无法赶上。由此可见，这一推进过程有助于服务策划选择最佳的竞争优势。

3. 表现竞争优势

策划服务必须采取具体步骤建立自己的服务竞争优势，并进行广告宣传，切不可以为竞争优势自动在市场上显示出来。服务战略要求实际行动，而不是空谈。服务策划必须通过各种手段来表明自己选择的市场定位，必须避免以下 3 个主要的战略定位错误：

（1）定位过低

消费者对某服务的定位印象模糊，他们看不出该服务与其他服务有什么不同。

（2）定位过高

消费者对其服务产品了解甚少，以为与相类似的服务处于一样的高价位。

（3）定位混乱

服务在消费者心目中的形象混乱不清。

（二）服务战略的种类

服务战略是多种多样的，但常用的主要有以下 5 种：

1. 加强战略

即在消费者心目中加强自己现在形象的战略。

2. 空当战略

即寻找为许多消费者所重视的，但尚未被占领的细分市场。

3. 比较战略

即通过与竞争服务的客观比较，来确定自己的市场地位的一种战略。运用比较定位策略时一定要客观、公正，否则就会给消费者留下一个言过其实的印象，有时会成为一种诋毁行为，引起法律纠纷，因此，在运用时一定要慎重。

4. 首席战略

即追求服务成为本行业中领导者的市场地位。常见的有市场占有率第一，销售量第一等。在信息爆炸的社会里，广告充斥，消费者会筛选掉大部分信息。据调查，一般消费者只能回想起同类服务中的 7 个服务，而名列第二的服务的销售量往往只是名列第一的服务的一半，名列第三的服务的销售量往往是名列第二的服务的销售量的一半，名列第一的服务的知名度最高。这就是服务策划拼命争夺首席战略的原因。但是，营业面积、销售量这类"规模"方面的首席战略只有一个服务可以获得。重要的是，在某些有价值的属性上取得第一的定位，不必非在"规模"上最大不可。服务策划应能识别并确定服务，使其能令人信服地获得一种重要属性和利益。采用这种战略，服务可深深地印在人们心中。

5. 高级俱乐部战略

即强调自己是某个具有良好声誉的小集团的成员之一。企业如果不能取得第一位和某种独特的属性，采取这种战略就不失为一种良策。

（三） 物流服务战略的设定

物流服务作为企业经营管理的一个重要方面，能否制定出行之有效的物流服务战略，往往影响到具体的物流服务绩效以及由此带来的顾客满意度，所以，科学、合理地进行物流服务战略的分析和策划是物流管理活动中一项十分重要的职能。具体而言，物流服务战略决策主要有以下几个步骤：

1. 物流服务要素的确定

要进行科学的物流服务战略决策，首先必须明确物流服务究竟包括哪些要素以及相应的具体指标，即哪些物流活动构成了服务的主要内容。一般来讲，备货、接受订货的截止时间、进货期、订货单位、信息等要素的明确化是物流服务战略决策的第一步，只有清晰地把握这些要素，才能使以后的决策顺利进行，并加以操作和控制。

2. 向顾客收集有关物流服务的信息

既然物流服务是顾客服务的一个重要组成部分，就应当了解顾客对物流活动的要求和认识。这种信息资源的收集可以通过问卷调查、座谈、访问以及委托第三方的专业调查公司来进行。调查的信息主要包括物流服务的重要性、满意度以及与竞争企业的物流服务相比是否具有优势等问题。物流服务信息收集、分析的具体方法主要有三种形式：

（1）顾客服务流程分析

这种分析方法的基本思路是，为了正确测定企业与顾客接触时的满意度，就必须明确企业与顾客之间究竟有哪些节点，这些节点以时间序列为基轴在图中加以标志（见图4-1）。

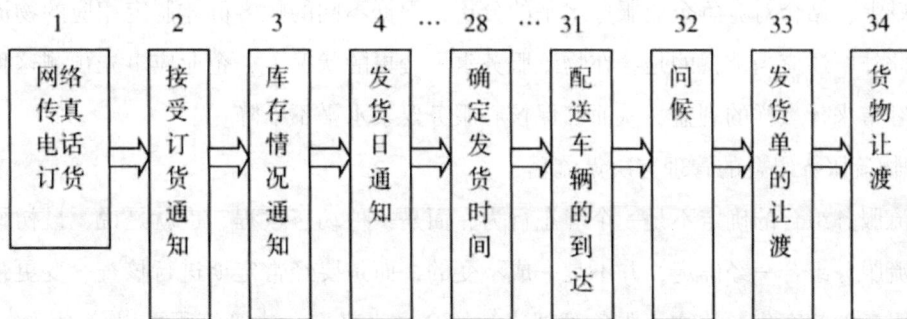

图4-1 顾客服务流程分析实例

（2）顾客需求分析

这种方法主要着眼于探明顾客需求与本企业所实施的物流服务水平之间有什么差距，据此，明确本企业需要改善或提高的物流服务。这种方法的关键是所提出的问题要尽可能具体、全面，否则，无法真正全面掌握顾客的真实需求和对企业物流服务的愿望。此外，还应当注意的是，顾客需求肯定会有先后顺序，一般位于优先位置的是企业物流服务的核心要素，而且在不同细分市场，服务要素的先后顺序也不尽一致。

（3）定点超越分析

物流服务的定点超越也是通过与竞争企业或优良企业的服务水平的比较、分析，找出本企业物流服务的不足之处，并加以改善。具体方法主要有服务流程的定点超越和顾客满意度的定点超越两种形式。

3. 顾客需求的类型化

如前所述，由于不同的细分市场顾客服务的要求不一致，所以，物流服务水平的设定必须从市场特性的分析入手。此外，顾客思维方式以及行动模式的差异也会呈现出多样化的顾客需求，在这种状况下，以什么样的特性为基础来区分顾客群，成为制定物流服务战略、影响核心服务要素的重要问题。另外，在进行顾客需求类型化的过程中，应当充分考虑不同顾客群体对本企业的贡献度以及顾客的潜在能力，也就是说，对于本企业重要的顾客群体，应在资源配置、服务等方面予以优先考虑。

4. 根据不同顾客群体制定相应的物流服务组

对顾客需求进行类型化之后，首先需要做的是针对不同的顾客群体制定出相应的物流服务基本方针，从而在政策上明确对重点顾客群体实现经营资源的优先配置。此后，进入物流服务水平设定的预算分析，特别是商品单位、进货时间、库存服务率、特别附加服务等重要服务要素的变更会对成本产生什么样或多大的影响，这样既保证企业实现最大限度的物流服务，又能将成本费用控制在企业所能承受或确保竞争优势的范围之内。在预算分析的基础上，结合对竞争企业服务水平的分析，根据不同的顾客群体制定相应的物流服务组合。此外，还应当重视的是，在物流服务水平变更的状况下，企业应事先预测这种变更会对顾客带来什么样的利益，从而确保核心服务要素水平不下降。

5. 物流服务组合的管理与决策流程

物流服务组合的确定不是一个静态行为，而是一种动态过程，也就是说，最初顾客群体的物流服务组合一经确定，并不是一成不变的，而是要经常定期进行核查、变更，以保证物流服务的效率化。从物流服务管理决策的全过程来看，决策流程可以分为五个步骤：第一，顾客服务现状把握；第二，顾客服务评价；第三，服务组合确定；第四，物流系统再构筑；第五，顾客满意度的定期评价。

各个步骤相互之间不断循环往复，使决策过程动态化，从而推动物流服务不断深入发展，提高效率。

第三节　物流服务的管理与控制

一、制定物流服务标准

制定物流服务标准，历来是物流管理中难以处理的问题，但又是必须认真考虑的问题，因为合理可行的物流服务标准是企业进行物流服务管理和控制的依据。本章第一节中介绍了企业物流服务的基本标准及完美标准，这都是企业在制定物流服务标准时需要考虑的要素。在此，我们着重从实践角度来说明企业在制定物流服务标准时应当注意的问题。

（一）制定明确的目标

一些企业在制定物流服务标准时，将目的和目标区分开来。目的的范围较广泛，它概括地指明企业试图达到的总成果。目标是用来达到目的的手段，目标都有一定的最低要求。通常企业要确定一套必要的与目标相符合的要求并予以完善。

（二）考虑增长的顾客期望

在确定企业的基本服务标准时要考虑的一个重要因素，就是要了解顾客的期望。几乎在每一个行业中，一个或多个企业把物流活动作为核心战略，以获得顾客的忠诚。这些企业投入了各种资源，以实现高水平的基本服务能力，使其竞争对手难以仿效。

这种逐步扩大顾客期望的现象往往可以用所谓的"缩小服务窗口"的概念加以说明。绝大多数行业在传统上都有一种明确的或含蓄的、被普遍接受的、令人满意的或符合要求的服务水平。

（三）订货单传递、分拣和集合

订货单传递是指自顾客发出订货单直到卖方收到订货单这段时间内发生的一系列事件。因为顾客常设想他们一发出订货单，企业就会立即收到，因此，如果在此环节中发生变化或耽搁的时间过长，就会降低顾客满意度。企业应当对不同的订货单传递方式规定相应的时间，提供给顾客参考，由顾客根据需要选择适当的方式进行订货单传递。这样，不仅可以规范订货单传递过程的管理，而且使顾客对这一过程的时间有了比较明确的把握，增加顾客对企业服务的信任与满意。

订单处理的职能之一，填制文件，通知指定仓库将顾客订货集合起来。通常用订单分拣清单表明所要集合的产品项目，送到仓库人员手中。订单分拣和集合职能包括：自仓库接到产品的出库通知直到将该产品装上开往外地的火车这段时间内进行的所有活动。对于订单分拣和集合，应当规定严格的作业时间和准确度，因为它是联结备货、装货直到运输的重要环节，如果此处出现差错，将会给接下来的物流作业造成极大的不便和损失。

（四）退货

物流人员与顾客服务有密切联系，常会遇上涉及退货要求的问题，因此，必须建立相应的程序以便于按规定处理。另外，退回的货物必须由生产部门检查以确定其处理办法，或交回产品库储存，或再加工处理，或作为等外品处理，或进行解体将有用的部件加以利用等。

二、实施物流客户服务管理

物流服务管理的要点是必须使物流服务中心运作良好，即按照客户的要求，把商品送到客户的手中，满足客户的要求并提高服务水平、降低物流服务成本。为此，必须进行物流客户服务管理。

客户是物流中最关键的因素，只有当物流服务的其他职能相互沟通、共同发展并和谐地服务于客户这个中心，才能使物流服务中心有效地运行。

企业应采取有效的物流服务管理措施，在客户与企业之间建立畅通的信息沟通渠道。同客户直接接触的人员是企业获得客户服务改进信息的重要来源。

（一）做好客户服务的要点

要做好客户服务，必须注意以下几点：

1. 理解顾客

物流服务企业或物流管理人员首先必须了解自己的行业，知道顾客为什么要来；其次，必须通过行业统计或其他渠道了解顾客的资料、信息。

2. 发现顾客的真实需要

发现顾客的真实需要可以通过简单的询问，如面谈、电话交谈或函问等形式，也可以通过调查问卷或其他能够使企业知道顾客需要的有效方法。

3. 提供顾客需要的服务，使顾客理解所提供的服务

在对一些顾客数据、必要的反馈和竞争对手有充分的了解以后，就应该考虑提供顾客需要的服务。

4. 最大限度地提供顾客满意的服务

企业应当创造性地研究自己的服务，以持续保持并不断提升顾客的满意度

5. 使顾客成为"回头客"，并使顾客为企业的传播服务

拥有一批固定的顾客是一些企业成功的奥秘。只有顾客一次又一次来消费服务，企业的经营才可能成功。同时，通过提供优质服务，使满意的顾客自愿为企业做广告、宣传，是十分有效的营销策略。

（二）把握服务的关键时刻

关键时刻就是客户光顾企业任何一个部门时发生的那一瞬间。服务过程是由一系列的关键时刻组成的，物流经理要指导下属做好物流客户服务过程的关键时刻的管理，以确保整个物流服务的完整，提供给顾客优质服务，即必须确定服务圈与服务过程的关键时刻。

1. 服务圈

服务圈是客户经历不同关键时刻的模型描述。确定服务的服务圈，应由直接参与提供服务的员工来做出。以客户为中心，按照客户在服务过程中所经历的各个阶段，列出客户与企业相接触的所有关键时刻。如图4-2所示，是客户需要物流服务的例子。在该物流服务圈中，对服务企业而言，主要的关键时刻组成一个环形圈。从图4-2中可以看出，客户是如何与服务企业部门发生联系的，这一系列彼此独立而又相互关联的关键时刻影响着客户对服务质量的评价。

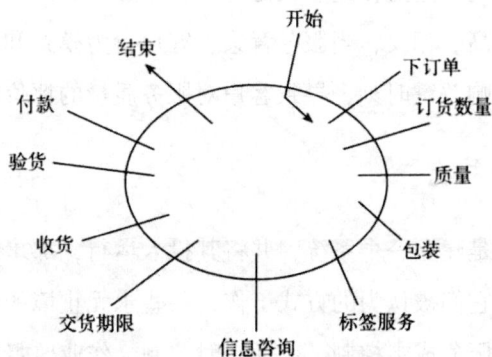

图 4-2　服务模型

2. 重要的关键时刻

并不是每一个关键时刻对客户关于企业物流服务的评价都起着相同的作用，其中有极少部分的关键时刻非常重要，如果对这部分的管理不当，对企业信誉和服务质量影响很大，可能会最终失去客户。因此，对重要的关键时刻的管理和控制是客户服务的关键。

重要的关键时刻随行业、产品和服务对象的不同而不同。如上例，某些客户可能认为交货期限是重要的关键时刻，如果相同的服务需要的时间很长，服务的关键时刻就有了问题。对另外一些客户而言，可能信息咨询是重要的关键时刻，客户对它们的评价在整个企业服务质量的评价中所占的权重较大。

3. 关键时刻模型

关键时刻的模型包含两部分：

（1）服务背景

在企业中，所有与客户有关的部分都是服务背景，服务背景是在关键时刻发生的所有的社会、身体和心理上的冲撞。

（2）客户和员工行为模式

客户和员工在关键时刻的思想方法、态度、感受和行为组成的行为模式对关键时刻产生很强的影响。客户和员工的行为模式是由很多投入组成的，包括他们的态度、价值观、信仰、感受和期望。一些投入对客户和员工行为模式的影响可能是一致的，但有时，当双方投入不同时，同样的关键时刻，客户和员工所持的观点会不一致。行为模式在某种程度上还有很大的不确定性，可能会在某一瞬间加以改变。同样，为客户提供产品和服务的员工也是这样，当员工对客户的期望超过实际时，可能影响员工的服务行为，导致服务质量的下降。

当服务背景、客户行为模式和员工行为模式三者之间协调一致时，意味着员工和客户对关键时刻服务的看法相同。企业在这些关键时刻就会赢得客户的信任，客户对企业服务质量的评价就会相应地提高。相反，当服务背景、客户行为模式和员工行为模式三者之间不一致时，就可能严重影响关键时刻，导致客户对服务质量的评价降低。

三、监控物流服务系统

如果物流服务运作仅是建立一个系统，并将其投入运行，那事情就相对简单了。遗憾的是，系统并不总能按照它们被认为的方式工作，一些永无止境的潜在问题将显现在企业面前。在这里主要就物流服务成本控制、劳动工时控制、作业监督以及防盗控制等进行介绍。其实，系统的控制应在系统的设计过程就设计好，应把控制机制建立在一个系统中，并不断监督其有效性。

（一）物流服务成本控制

1. 物流服务与物流成本

物流服务应当遵循的原则是以适当的成本实现高水平的客户服务。

一般来讲，物流服务水平与成本是一种此消彼长的关系，两者之间的关系适用于收益递减原则，见图4-3。在服务水平较低的阶段，如果追加 X 单位的成本，服务水平将提高 Y，而在服务水平较高的阶段，同样 X 单位的成本，提高的服务质量只有 Y'（$Y'<Y$）。

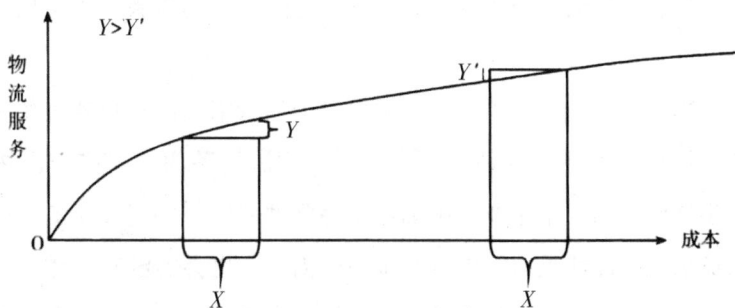

图4-3　物流服务与物流成本的关系

所以，无限度地提高服务水平，成本上升的速度会加快，而服务效率则没有多大提高，甚至下降。

具体说来，物流服务与成本的关系有以下几种：

第一，在物流服务水平一定的情况下，降低物流成本。在实现既定服务水平的条件下，通过不断降低成本来追求物流系统的改善。

第二，要提高物流服务水平，不得不牺牲低水平的成本，听任其上升，这是大多数企业所认为的服务与成本的关系。

第三，在物流成本一定的情况下，实现物流服务水平的提高。这种状况是灵活、有效地利用物流成本，追求成本绩效的一种做法。

第四，在降低物流成本的同时，实现较高的物流服务水平。

2. 物流服务成本的会计控制

将预算作为一种控制方式，这只是它的功能之一。预算作为计划机制，是实现企业目标的一种手段，物流经理汇总上报的预算，确定为实现计划中各项物流任务所需的资金数额。在编制预算时，全部业务活动不仅按照货币单位来表示，而且还要按体积、重量、托盘数、箱数，以及订单或发票项数等实物单位计算。预算被批准后，就成为一种控制机制。会计控制就是通过会计记录对物流服务活动进行监督和考核，使其有效经营，取得最佳经济效益。

这里需要注意的是，很多企业在日常的物流服务管理过程中，对服务成本的控制不够重视或存在认识上的误区。很多人经常指出："服务和成本的平衡是十分重要的。"在提供物流服务时，必须考虑成本，设定适当的服务水平。但是，"适当的服务水平"等条款，很少在交易之前被研究，物流企业大多是原封不动地按顾客的要求来决定物流服务。作为经营决策者，一些人面对这些可能会造成成本增加的因素，往往抱着即使成本上升一点，也可以通过营业额的增加来弥补的想法，这种毫无根据的乐观态度经常会造成过了订货截止时间后的接收订货、少量的紧急配送、无计划的等过度的物流服务现象出现，导致物流成本上升。

企业经营中的物流服务成本意识不强，主要是因为营销人员本身就对物流成本不太了解，成本责任的承担也有不明确的地方。乍一看，物流活动的成本应当由物流部门来负责，而事实上，物流服务的成本主要是由确定交易条件的销售部门决定的。但是，对于负责销售工作的人员来说，即使重新考虑顾客服务的内容，也会因没有具体的物流成本数据而无法进行。因此，物流部门必须告知"为了向这个顾客交货，发生了哪些作业，共需要多少成本"的具体数据，应当明确每个顾客的物流服务内容和所花的成本。

（二）物流劳动工时控制

鉴于物流劳动工资费用较高，劳动力的有效使用对于以盈利为目标的企业经营来说是十分重要的。

1. 工作时间定额控制

通常，通过预先制定工作时间定额，可以使劳动力的有效使用状况得到改善。这里以仓库为例，在一个仓库里，执行每一项任务，如打开一辆卡车车厢，堆放一个托盘，或"拣选"一箱外运货物所需的时间被计划出来。时间分析的精确度以秒为单位。装有货物的托盘，在仓库中的放置地点及离地面的高度对作业所需时间来说是有影响的。拣选出库货物所需时间，取决于这些货物的位置、体积和重量例如，拣选和集装一批具有不同尺寸箱子的待发订货所花费的时间，要比拣选和集装一批用相同或相似尺寸箱子的同一批发货所花费的时间多。这些数据有两方面的用途：首先，它们表明，仓库中货位的安排应该是把较为常用的或周转快的库存项目，放置在存取便利和花时间较少的货位；其次，通过使用计算机程序，为货物拣选人确定最短行走路线。

2. 短期工作进度控制

有一种分析方法称为短期工作进度表，就是检查每名员工在小段时间内的活动。每单位工作分配给一定数量的时间，然后按照"充分利用每名工人的时间，使每名工人的产出最大"这一原则，来安排每个工人的工作进度表。这种工作安排方法对监督人员十分有用。

（三）物流作业监督

检查与监督技术对企业来说尤为重要，因为企业需要监督接受相同任务的员工，他们的工作技能可能不尽相同，一些员工显然比其他员工更需要接受监督。监督人员的目标应该是改进工作质量。

为了维持和提高生产效率，制定一系列强制性工作守则也是必要的。它们具有多种用途，其中最重要的是，可以防止劳动（或各个成员）在工作方面滑坡。也可以使用物质鼓励手段，有时以奖金的形式发给仓库管理人员，也可以认真地用来鼓励由部分员工组成的作业小组。如果某种工作要素得到改善，比如填制订单准确率有所提高，也可发放奖金。

在制定工作标准时，另一个应该关心的内容是安全。随着工作量或生产量的增加，砸伤工人、砸坏商品或设备的风险事故也会增加。在对物流人员进行监督时，必须对仓储人员和卡车货运人员区别进行。仓储人员始终在现场主管人员监督下工作，然而卡车驾驶员则不同，他们一旦到了公路上就脱离了直接监督人员。此外，他们天天与顾客交往，而且在公路上行驶的时候，他们会与众多的其他驾驶员来往。因此，对不同类型的工作人员需要采用不同的监督方式。

当一名仓库员工未能按时完成作业进度计划时，就会立刻被发现，并及时采取纠正措施。监督人员可以从一系列监督技术中选择一种，促使其提高工作效率。但是，一名卡车驾驶员的工作就比较难以评价了。如果他未完成工作进度计划，则可能是因为交通条件或收货人的卸货站台出现瓶颈。最初，管理人员只有接受驾驶员的陈述，不过，有必要采取控制机制，使经常延迟的驾驶员能与其他驾驶员区别开来。

用来辅助控制卡车驾驶员的一种装置是速度图仪。这是一种精密记录仪器，被安装在汽车里面，能产生连续的卡车定时记录、卡车速度记录和卡车发动机转速记录，并打印输出表格。一个在工作中使用过这些表格的人能够很快地讲出卡车和驾驶员的工作效率。如果驾驶员按照常规线路行车，那么重新安排停车站，以避开交通阻塞区域，这也是有可能的不良的驾驶习惯，如开快车和发动机过度空转等情况能明显地反映出来。万一发生行车事故，速度记录器能提供有价值的资料，报告和说明发生事故前的车辆行车情况。

一家物流服务中心在其送货卡车上使用了这种速度记录器，结果表明，不仅驾驶员的不良行车习惯得到极大的改善，而且节约汽油 15%。此外，良好的行车习惯也得到证实，如上坡速度的掌握、减少空转时间、保持平缓速度和刹车，以及速度不超过 55 km/h 等。

（四）防偷盗控制

几乎所有企业都经常发生盗窃和偷窃的问题。当然，偷窃是盗窃的一种形式，通常被认为是企业员工偶尔或反复盗窃行为，被窃物资通常是员工为了自己使用而偷窃的。而盗窃通常是外人干的，尽管有时也可能涉及本企业员工。盗窃是有组织地进行的，偷去的货物很可能是为了转手倒卖。一家位于美国东海岸的进出口商是这样区分的："盗窃是指一个包装或所有包装被盗丢失，偷窃是指整个包装被打开，其中一部分被拿走。"

既然偷窃涉及本企业员工，那么控制措施就必须从聘用过程开始，并在工作中继续进行必要的监督。

偷窃行为广泛存在，不可能长期消除，大多数企业发现，容忍少量的偷窃要比对系统"全面控制"合算。全面控制的主要费用发生于经常调换员工工作岗位；许多人不愿意在这种严密的检查和监督下工作。

一个征收桥梁通行费的管理部门安装了一种精心研制的通行费征收监督系统，使得收费人不可能再舞弊，但收费人要求调换工作的现象明显增加，原因是：大多数收费人的总收入显著减少，而且由于没有机会"设法逃避"监督系统，令人乏味的收费工作就变得更加乏味了。由于经常调换员工所增加的费用很快就超过了"防弊"系统的费用，因此桥梁管理当局后来决定采取秘而不宣的政策，允许每名收费人窃取金额每周不超过 100 元。也就是说，尽管他们知道一名收费人应该收费的准确金额，但直到损失超过每周 100 元时，才向收费人发出警告。而且收费管理人员采用一种非正式方式向受到怀疑的收费人示意警告。比如，一辆具有醒目标志的巡警汽车正好停在作弊者收费站前面。收费人得到这个信息后，会将偷窃金额下降到可以容许的水平。

显然，对于监督人员来说，对付偷窃是一件棘手的事情。有人认为，最好的政策是宣告一切拿走别人财产的行为都是错误的，并以此作为行为准则执行。

团伙盗窃要比员工偷窃发生率高。它是外人对企业处于流通渠道中的商品有组织地进行偷窃。有时，盗窃和偷窃发生在商品托交承运或仓库保管人员保管过程中。此时，承运人或保管人负有责任，但这种事故对于托运人来说可能仍然是不利的，这是因为：第一，流通渠道中有计划的商品流动受到干扰，可能导致随后的某个阶段发生缺货；第二，运输人员或仓库人员不可能负责承担货物损失的全部责任；第三，时间、电话以及文书费用未包括在内；第四，了解货物运输线路和运输时间的员工可能受到怀疑；第五，被盗产品可能以较低的价格再次出现在市场上，与合法渠道销售的商品相竞争。

值得担心的事项是，如果员工受外人引诱，内外勾结，盗窃仓库货物，分散变卖，那将使企业遭受更大的损失，因此，必须引起物流管理部门的高度重视。

四、评价物流服务

对物流服务部门的评价有许多准则。一般来说，最重要的是识别评价物流服务部门有效性的尺度。当然，这只是第一步，识别了各种效率因素以后，应该给各因素以不同的优先级并开发特定的机制来评价物流服务部门的有效性。也就是说，管理者识别他所希望利用的物流服务部门有效性的一些尺度，并按照一定的规则赋予它们优先级。在评价过程中，使用所有的有效性尺度是不现实的，由于时间和资金的限制，显然不可能收集并监控所有需要的数据。通常来说，评价一部分可得的尺度已足够了，因为在评估过程的早期，模式和趋势一般都可以显现出来。

在评价物流服务有效性时，所选择的特定的尺度取决于物流服务的特性和要求，也许最困难的就是开发评价效率准则的技术和步骤评价物流服务部门有效性时，需考虑多种不同的但可以比较的因素，并且建立起评估的标准。最后，还应该与行业内其他物流服务部门进行比较。

（一）预先设定评价标准

每一个指标都应该通过预先设定的标准来评价，因此，企业应该建立自己的评价标准。在前面，我们已经介绍过一般企业制定的物流服务管理相关标准。通常认为，企业的标准应该以同行业的其他企业，或者有相同特征的其他行业中的领先企业为基础。这是因为，企业应该深刻了解自身在竞争中的地位，竞争会影响到管理者评估企业有效性的方式。这种方法的一个局限是，每一个竞争者有不同的市场混合策略，还可能定位于不同的目标市场。因此，很重要的一个比较是，与竞争者相比，我们在客户满意度方面做得怎样？

（二）成本—销售额比评价

企业常用成本—销售额比来评价物流服务部门的有效性，但是，单独使用这个比率往往并不能确定物流服务部门的工作是否有效。比如，在零售业中，常计算运输成本在销售额中的百分比，但哪怕顾客买到了错误的产品或发生了严重的标低价格的问题，这在运输成本中都不能得到反映，依照运输成本来评价物流服务部门的有效性就不能体现真实情况。而且，问题还往往在于哪些成本应该归到物流活动成本之中，管理者工资、库存运送成本是否都应该包含于其中？还有其他一些常碰到的问题，例如，销售额是用净销售额还是用毛销售额？订货搭配或是服务水平是否有变化？这些问题并没有简单明确的答案。企业在衡量成本效益的时候，所有的物流成本都应该计算在内。由于不同企业的管理者对物流成本的理解不同，计算时的涵盖面也有差异，因此进行企业间成本—销售额比较的时候，应该对各自的归类方式有清晰的认识。

（三）对物流经理的评价

物流服务评价的一项重要内容是对物流管理人员——物流经理的评价，一般他们是根据三点来评估的：

1. 直接管理能力

这一准则考虑的是管理人员对日常运作的管理以及他们达到的生产率、设备利用率及预算等目标的能力。

2. 解决问题能力

这一准则要求管理人员有诊断运作中出现问题的能力，以及寻找对策减少成本、提高客户服务水平和客户满意度的能力。

3. 项目管理能力

这是指管理人员设计并领导项目组来纠正问题、提高生产率并追求更大收益的能力。

第四节　物流服务的改善

一、物流服务改善的基本原则

（一）树立全新的物流服务观念

1. 从产品导向向市场导向转变

确定物流服务水平不能从供给方的需求出发，而应该充分考虑需求方的需求，即从产品导向向市场导向转变。产品导向型的物流服务由于是根据供给方自身决定的，一方面，难以真正针对顾客的需求，容易出现服务水平设定失误；另一方面，也无法根据市场环境的变化和竞争格局的变化及时加以调整。市场导向型的物流服务正好相反，它是根据经营部门的信息和竞争企业的服务水平制定的，因此，既避免了过剩服务的出现，又能及时进行控制。在市场导向型物流服务中，通过与顾客面谈、顾客需求调查、第三方调查等，寻求顾客最强烈的需求愿望，这是确定物流服务水平的基本方法。

2. 转向一般消费者群

在决策物流服务要素和服务水平的过程中，需要注意服务的顾客对象应该向一般消费者群转化。例如，企业的物流服务如果只面向批发商输送，库存管理系统显然是不充分的，在流通渠道逐渐多样化、零售力量逐渐增大的过程中，还应该确立面向零售业，特别是大型零售业、连锁店等的服务系统和服务设施，开展符合零售商要求的输送、库存服务（如多频度配送等）。

（二）注重物流服务的发展性

由于提供的顾客服务的变化，往往会产生新的物流服务需求，所以在物流服务管理中，应当充分重视研究物流服务的发展方向和趋势。例如，虽然以前就已经开始实施库存、再入货、商品到达时期、断货信息、在途信息、货物追踪等管理活动，但是，随着交易对象如零售业务的简单化、效率化革新，EDI 的导入，账单格式统一，商品入库统计表制定等，信息提供服务就成为物流服务的重要因素。

（三）重视物流服务与社会系统的吻合

物流服务不完全是企业自身的一种经营行为，它必须与整个社会系统相吻合。物流服务除了要考虑供应物流、企业内物流、销售物流外，还要认真研究旨在保护环境、节省能源、资源的废弃物回收的物流，所以，物流服务的内容十分广泛，这是企业社会市场营销发展的必然结果，即企业行为的各个方面都必须符合伦理和环境的要求，否则，经济发展的持续性难以实现。除此之外，为了缓和交通混乱、道路建设不足等问题，如何实施有效的物流服务也是物流与社会系统相结合的过程中必须考虑的重要问题。

（四）建立能把握市场环境变化的物流服务管理体制

物流服务水平是根据市场形势、竞争企业的状况、商品特性以及季节的变化而变化的，所以，在物流部门建立能把握市场环境变化的物流服务管理体制十分必要。在欧美，由于顾客服务中包含了物流服务，因此，相应的管理责任也是由顾客服务部门承担的。对我国来说，在企业中确立能收集物流服务的相关信息、提供顾客满意的物流服务，并不断发展提高管理组织与责任体制等方面显得尤为迫切。当然，根据发达国家的实践经验，物流服务的管理仅由物流部门单独进行，往往失败的可能性较大，有效的体制应该是包括生产、销售、物流的综合管理体制。

（五）加强物流服务的绩效评价

对物流服务绩效进行评价的目的在于不断适应客户需求的变化，及时制定出最佳的客户服务组合，所以了解客户满意度、改善物流系统是物流服务中的关键要素。因此，对物流服务实施绩效评价应当制度化，此外，在评价时，特别需要关注的是：销售部门或客户是否存在对物流现状的抱怨；所设定的服务水准是否得以实现；在物流成本上应保持多大的合理性等问题。

二、推进物流服务合理化

（一）物流服务合理化的目的

企业的物流服务活动是从原料的采购到商品的生产、销售，即与企业的一切活动有关的。根据原料的采购进行生产，通过生产创造商品，最后，商品通过销售到达消费者手中。在这里，物流服务是作为上述诸活动的连接物而存在的。对于生产，物流服务起到促进结构合理和节约生产费用的作用；对于销售，通过物流服务提供给消费者认为合适的价格和服务。同时，利用物流服务，企业用能够带来利润的价格向消费者提供商品。在这种场合，物流服务的合理化将直接带来物流服务效率的提高与物流成本的降低，但不牺牲物流服务质量。

对于企业来说，生产规模的大型化能够带来适度规模效益及成本的降低，但同时，由此导致的库存增加而占用的费用，又必须靠扩大销售量来解决。不过，与销售量相关的费用会由于销售量的扩大而增加，这势必使为增加销售量而活跃于市场的企业加重费用上的负担。因此，企业逐渐将目标转到以推进物流服务合理化来降低价格，提高物流服务效率、水平及增加销售的方向上来。

对于物流服务合理化，重要的是调整价格政策和服务水平。例如，向外地的市场运送商品时，如果采用低成本运送手段的话，往往会花费很多时间，这时就与顾客要求快速运送发生矛盾。而其对策即是，在市场附近配备仓库，并利用低成本的运送手段进行长距离运输，而从仓库到消费地之间的运输则采用高成本、迅速的服务方法。不过利用这种方法，会因仓库管理而增加了库存费用，而且，为了促进销售，满足消费者的不同需要，商品的包装不同，使运输部门和仓库的空间不能有效利用，出现服务方面和成本方面相矛盾的问题。为了解决这样的矛盾，必须从总成本入手，尽可能减少企业利益最大化的损失，推进物流服务合理化。

过去的物流服务活动总是把运输、保管、装卸、包装分别进行管理并推进其合理化、效率化。现今则要把物流服务的各项活动进行综合，看作一个整体进行合理化。即对于企业来说，既要从总费用研究入手，又要从物流服务的系统化入手来推进综合物流服务的合理化，以此提高效率。

（二）物流服务合理化的手段

物流服务合理化是依据计划，为了达到物流目的而设计的各机能要素相互统一的合理化。其基本特点如下：第一，物流服务系统作为整体具有一定的目的；第二，构成物流服务系统的子系统及单位要素，是为了实现物流服务系统总目的的必要机能；第三，物流服务系统是作为总系统的子系统进行运转的；第四，物流服务系统通过信息的传递进行控制。

推进具有上述特色物流服务合理化的方法是：第一，依据现状分析、把握问题，进而根据改善政策建立起物流运营机构，即通过现有资料的收集分析、听取各关系部门的汇报及实际调查进行现状分析，找出问题；第二，把问题分类整理，按其重要程度进行排列，确定分析范围及目的；第三，对所有改革方案进行研究、评价，最后在物流系统中实施合理化。

大量化、计划化、简单化、协作化、标准化等是企业物流服务系统化、合理化的基本原则。物流服务系统化、合理化必须遵从以上原则或将几个原则相组合，并加以实施。

1. 大量化的物流服务合理化

通过一次性物流量流动的大量化达到物流服务系统合理化的目的。比如，向百货店及超级市场的配送中心供货的批发市场及店铺的系统，以及为了使订货单位尽可能大，企业所采用的最低单位订货制的物流服务规定。

2. 计划化的物流服务合理化

通过有计划地实施物流活动，达到物流服务合理化的目的。例如，实现计划运输，配送活动的路线，采用运行图配送等有计划配送的系统。

3. 简单化的物流服务合理化

从生产到消费的商品流通过程，一般是经过多个阶段，而依据商、物分离的原则，通过减少物流过程中的中间环节，使其简单地到达客户手中，以实现物流合理化。

4. 协作化的物流服务合理化

通过物流业务的协作来推进物流服务合理化。例如，处于某城市中的批发商，为了避免城市的交通混乱而采取共同配送的方式来提高配送效率。

5. 标准化的物流服务合理化

通过物流服务活动及相关要素的标准化实现物流服务合理化的目的。例如，采用包装标准化、托盘规格化及一次订货单位量的标准化，提高作业效率，使物流服务趋向合理。

三、现代物流服务

现代物流服务离不开传统的物流服务活动，但现代物流服务在传统物流服务的基础上，通过向两端延伸赋予了新的内涵，是各种新的服务理念的体现。具体来说，现代物流服务主要体现在一体化物流服务、增值物流服务、虚拟物流服务、差异化物流服务和绿色物流服务等方面。现代物流服务的服务内容和服务理念将在实践中逐步完善和拓展。

（一）一体化物流服务

一体化物流服务亦称集成式物流服务或综合物流服务。国家标准《物流术语》（GB/T 18354—2006）对一体化物流服务的定义是"根据客户需求所提供的多功能、全过程的物流服务"。它是一种集成各种物流功能，为最大限度地方便客户、服务客户而推出的服务模式。一体化物流服务不是对物流功能的简单组合，它体现的是"一站式服务"，体现的是以顾客为中心的物流服务理念。客户只须在一个物流服务点办理一次手续，其物流业务就可得到办理。也就是说，客户只需要找一位物流企业的业务员，或进一家物流公司的一个部门，办理一次委托，就可以将其极其繁杂的物流业务交付给物流企业处理，物流企业便可以按客户的要求完成这笔业务。"一站式服务"的最大优点是方便客户。其追求的目标是：让客户找的人越少越好；让客户等的时间越短越好；让客户来企业的次数越少越好……为实现这一目标，要求物流企业全球营销网络中的每一个服务窗口全部接受业务，并完成客户原先须在几个企业或几个部门、几个窗口才能完成的操作手续。这便对现代物流企业的服务能力、服务体系提出了很高的要求。

（二）增值物流服务

增值物流服务是随着第三方物流的兴起而逐渐引起人们注意的一个词。国家标准《物流术语》（GB/T 18354—2006）对增值物流服务的定义为："在完成物流基本功能的基础上，根据客户需求提供的各种延伸业务活动。"也就是说，物流增值服务是根据客户需要，为客户提供的超出常规服务范围的服务，或者采用超出常规的服务方法提供的服务创新超出常规，满足客户需要是增值性物流服务的本质特征。它主要包括以下几种类型的服务：

1. 增加便利性的服务

尽可能地简化手续、简化作业，方便客户，让客户满意。推行一条龙、门到门服务，提供完备的操作或作业提示、免培训、免维护、省力设计或安装、代办业务、一张面孔接待客户、24 小时营业、自动订货、传递信息和转账（利用 EOS、EDI、EFT）、物流全过程追踪等。

2. 加快反应速度的服务

快速响应是让客户满意的重要服务内容。与传统的单纯追求快速运输的方式不同，现代物流是通过优化物流服务网络系统、配送中心或重新设计流通渠道，以减少物流环节，简化物流过程，提高物流系统的快速响应能力。

3. 降低成本的服务

帮助客户企业发掘第三利润源泉，降低物流成本，如采用比较适用但投资比较少的物流技术和设施设备等。

4. 其他延伸服务

物流企业在为客户提供物流服务的同时，可以向上延伸到市场调查与预测、采购及订单处理，向下延伸到配送与客户服务等，横向延伸到物流咨询与教育培训以及为客户提供物流系统的规划设计服务、代客结算收费等。

（三）　虚拟物流服务

国家标准《物流术语》（GB/T 18354—2006）对虚拟物流的定义是"以计算机网络技术进行物流运作与管理，实现企业间物流资源共享和优化配置的物流方式"。虚拟物流的实现形式从一般意义上讲就是构建虚拟物流组织。通过这种方式将物流企业、承运人、仓库运营商、产品供应商以及配送商等通过计算机网络技术集成到一起，提供"一站式"的物流服务，从而有效改善单个企业在物流市场竞争中的弱势地位。

虚拟物流的技术基础是信息技术，以信息技术为手段为客户提供虚拟物流服务。虚拟物流的组织基础是虚拟物流企业，通过电子商务、信息网络化将分散在各地的分属不同所有者的仓库、车队、码头、路线通过网络系统地连接起来，使之成为"虚拟仓库""虚拟配送中心"，进行统一管理和配套使用。

虚拟物流及其物流服务内容是一个前沿课题，其服务目标就是通过虚拟物流组织提供一体化的物流服务。

（四） 差异化物流服务

现代物流的差异化服务包括两方面的含义：第一，物流企业根据各类客户的不同要求提供个性化的需求服务。它又可以分两种情况：一种是同行业不同企业的情况有差别，因而其各自所需的物流服务内容与水平要求就有区别；另一种是企业所处的行业不同，其物流服务的需求差别就更大，从而就有了我们现在所细分出的家电物流、医药物流、食品物流、汽车物流、烟草物流、农产品物流等不同的物流服务形式，这就要求我们必须依据各行业的实际情况区别对待。第二，物流企业为客户提供某些专营或特种物流服务，如对化工、石油、液化气及其他危险物品、鲜活易腐品、贵重物品等，开展专营或特种的物流服务。与一般的物流服务相比，此类服务对物流企业提出了一些比较特殊的要求，一般需要具备相应的经营资质和实力，否则就难以承担此类服务。

差异化服务是现代物流企业对市场柔性反应的集中体现，也是现代物流企业综合素质和竞争能力的体现，一般情况下，它将为物流企业带来比普通物流服务更高的利润回报。现代物流企业如果能根据市场需求和自身实际开发出更多适销对路的差异化物流服务产品，便可确保获得更多的收入与利润，并在激烈的市场竞争中处于有利地位。

（五） 绿色物流服务

绿色物流是融入环境可持续发展理念的物流活动，是指在物流过程中抑制物流对环境造成危害的同时，实现对物流环境的净化，使物流资源得到最充分利用，创造更多的价值。具体包括：集约资源、绿色运输、绿色仓储、绿色包装、逆向物流等。

绿色物流的目标之一，以最小能耗和最少的资源投入，创造最大化利润；目标之二，在物流系统优化的同时将物流体系对环境的污染进行控制。现代物流中的绿色服务就是要求企业在给客户提供物流服务时要遵循"绿色化"原则，采用绿色化的作业方式，尽力减少物流过程对环境造成的危害。同时把"效率化"放在首位，尽量降低物流作业成本，力争以最小的能耗和最少的资源投入为客户提供满意的服务，为企业和客户创造出最大化的利润：

（六） 物流创新服务

现代物流的创新服务就是现代物流服务提供者运用新的物流生产组织方式或采用新的技术，开辟新的物流服务市场或为物流服务需求者提供新的物流服务内容。

创新是现代企业生存与发展的永恒主题，离开了创新，现代企业的发展就无从谈起。

因此，创新服务理念也是现代物流最重要的新理念之一，现代物流企业必须树立这一理念，使自己具备创新服务能力从而提高企业的竞争能力，使企业获得生存与发展的动力。

目前，美国的物流业所提供的服务内容已远远超过了仓储、分拨和运送等服务。物流公司提供的维修服务、电子跟踪和其他具有附加值的服务日益增加。物流服务商正在变为客户服务中心、加工和维修中心、信息处理中心和金融中心，根据顾客需要而增加新的服务是一个不断发展的观念。

第五章 物流质量管理

为进一步推动我国商贸物流业健康发展，降低物流成本，提高流通效率，我国先后发布多个规划，物流在我国整体发展规划中具有一定地位，为了加强物流行业发展，必须加强物流质量管理。

第一节 物流质量

物流是指利用现代信息技术和设备，将物品从供应地向接收地准确的、及时的、安全的、保质保量的、门到门的合理化服务模式和先进的服务流程，物流质量管理着重研究物流过程中的质量控制及保证，以使最终交付产品时的产品质量符合客户要求。

一、物流质量的主要内容

物流质量是指整个物流过程中各个方面的质量情况，也就是物流商品质量、服务质量、工作质量和工程质量的总称。物流质量是一个双重概念，它不仅仅是现代企业根据物流运作规律所确定的物流工作的量化标准，而且更体现物流服务的顾客期望满足程度的高低，如何衡量物流质量是物流管理的重点。全面的物流质量一般包括以下两个方面的主要内容。

（一）物流质量的形成与保证

在实际操作中，物流对象使一些具有一定质量的实体，具有合乎要求的等级、尺寸、规格、性质、外观质量特性，这些质量是在生产过程中形成的，物流过程在于转移和保护这些质量，以此来实现对用户的质量保证。

但是现代物流过程所追求的不仅仅是单纯地保护好物流对象，实现物流对象的空间位移，还可以采用流通加工等手段改善和提高商品的质量，增加商品附加值。流通加工属于物流活动中一项重要的子活动，它可以提高装卸搬运及运输的效率，适应顾客的多样化需求，弥补生产过程中的加工不足，实现供需双方更好的衔接，从而实现物品使用价值的顺利让渡，由此，在一定程度上，物流过程就是商品质量的"形成过程"。

（二）物流质量的服务特性

物流活动具有极强的服务特性，既服务于现代企业生产经营过程，也要为享受企业的产品和服务的顾客提供全面的物流服务。顾客衡量物流质量的好坏程度，一般会受到以下因素的影响，而企业就必须根据顾客对这些因素的感受，以这些因素作为物流服务质量的标准。

1. 物流任务的完成情况

物流任务的完成情况是衡量服务质量的主要指标。它又可细分为速度、一致性、快速反应能力、误差处理这四个二级指标。其中快速反应能力是指当客户的需求随时发生变化时企业必须具备处理突发事件的快速反应能力；误差处理是指订单执行出现错误后的处理。如果顾客收到错误的货品，或货品的质量有问题，都会向物流供应商追索更正。物流企业对这类错误的处理方式直接影响顾客对物流服务质量的评价。

2. 存货可得性

存货可得性是指当顾客下订单（要货）时，物流企业或物流部门所拥有库存的能力（库存物品数量），它能反映周转库存和安全库存的控制水平，一般用缺货率、供应比例两个指标来进行衡量。

3. 人员沟通情况

人员沟通质量指负责沟通的物流企业服务人员是否能通过与顾客的良好接触提供个性化的服务。一般来说，服务人员相关知识丰富与否、是否能体谅顾客处境、是否能帮助解决顾客的问题均会影响顾客对物流服务质量的评价。这种评价形成于服务过程之中。因此，加强服务人员与顾客的沟通是提升物流服务质量的重要方面。

二、物流质量的分类

（一）物流工作质量

物流工作质量是指物流服务各环节、各工种、各岗位具体的工作质量。这是相对于企业内部而言的，是在一定的标准下的物流质量的内部控制。

（二）物流商品质量

商品质量指商品运送过程中对商品原有质量（数量、形状、性能等）的保证，尽量避免破损，而且现代物流由于采用流通加工等手段，可以改善和提高商品质量。

在生产企业严格的质量保证条例的要求下，产品出厂即具有本身的质量标准。物流过程中，必须采取一定的技术手段，保证产品的质量（包括外观质量和内在质量）不受损坏，并且通过物流服务提高客户的愉悦性和满意度，实质上是提高了客户对产品质量的满意度。另外，有的产品在交付用户使用后，还须提供持续的服务，如汽车的4S服务。

（三）物流工程质量

物流工程质量是指把物流质量体系作为一个系统来考察，用系统论的观点和方法，对影响物流质量的诸要素进行分析、计划，并进行有效控制。这些因素主要有：人的因素、体制因素、设备因素、工艺方法因素、计量与测试因素及环境因素等。

（四）物流服务质量

物流服务质量指物流企业对用户提供服务，使用户满意的程度。如现在许多物流公司都采用GPS定位系统，能使客户对货物的运送情况进行随时跟踪。由于信息和物流设施的不断改善，企业对客户的服务质量必然不断提高。

三、物流质量的衡量

物流管理的一个重点就是科学准确地衡量物流质量。物流质量的保证首先建立在准确、有效的质量衡量上。大致说来，物流质量主要从以下三个方面来衡量。

（一）物流效率

物流效率对于企业来说，指的是物流系统能否在一定的服务水平下满足客户的要求，也是指物流系统的整体构建。对于社会来说，衡量物流效率是一件复杂的事情。因为社会经济活动中的物流过程非常复杂，物流活动内容和形式不同，必须采用不同的方法去分析物流效率。

（二）物流成本

物流成本的降低不仅是企业获得利润的源泉，也是节约社会资源的有效途径。在国民经济各部门中，因各部门产品对运输的依赖程度不同，运输费用在生产费用中所占比重也不同。从物流业总体费用考虑，有关资料显示，物流费用占商品总成本的比重，从账面反映已超过40%。

（三）物流时间

时间的价值在现代社会的竞争中越来越凸显出来，谁能保证时间的准确性，谁就获得了客户。

由于物流的重要目标是保证商品送交的及时，因此时间成为衡量物流质量的重要因素。然而，在货物运输中，中国现行运输管理体制在一定程度上制约了不同运输方式之间的高效衔接，减缓了物流速度。由此可见，物流质量的提高还依赖于物流大环境的改善。

四、物流质量管理指标体系

物流质量指标体系的建立必须以最终目的为中心，是围绕最终目标发展出来的一定的衡量物流质量的指标。

一般来说，物流工作质量指标和物流系统质量指标是物流服务目标质量指标的两个系列。以这两个指标为纲，在各工作环节和各系统中又可以制定一系列"分目标"的质量指标，从而形成一个质量指标体系。整个质量指标体系犹如一个树状结构，既有横向的扩展，又有纵向的挖掘，横向的主干是为了将物流系统的各个方面的工作都包括进去，以免遗漏；纵向的分支是为了将每个工作的质量衡量指标具体化，便于操作。没有横向的扩展就不能体现其广度，没有纵向的挖掘就不能体现其深度。

（一）服务水平指标

满足顾客的要求需要一定的成本，并且随着顾客服务达到一定的水平时，再想提高服务水平时，企业往往要付出更大的代价。所以企业出于利润最大化的考虑，往往只满足一定的订单，由此便产生了服务水平指标。由此可见，服务水平越高，企业满足订单的次数与总服务次数之比就越高。

（二）物流吨费用指标

物流吨费用指标即单位物流量的费用（元/吨），该指标比同行业的平均水平低，说明运送相同吨位货物费用较低，则此公司拥有更高的物流效率，其物流质量较高。

（三）交货期质量指标

它衡量的是满足交货的时间因素的程度，即实际交货与规定交货期相差的日数（天）或时数（时）。

（四）满足程度指标

服务水平指标衡量的是企业满足订单的次数的频率，但由于每次订货数量的不同，所以仅以此来衡量是不完全的，于是就产生了满足程度指标，即企业能够满足的订货数量与总的订单的订货数量之比。

（五）商品完好率指标

保持商品的完好程度对于客户来说是很重要的，即交货时完好商品量或缺损商品量与总交货商品量的比率。宝洁公司在进入中国市场初期，其货物都是通过铁路运输的，由于中国缺乏专业的物流公司，因而其商品完好率很低。也可以用"货损货差赔偿费率"来衡量商品的破损给公司带来的损失，对于一个专业的物流公司来说，由于自身的服务水平有限导致商品的破损，要付出一定的赔偿金额，这部分金额占同期业务收入总额的比率即是"货损货差赔偿费率"。

（六）交货水平指标

时间的准确性对于物流来说，是衡量其质量的重要方面，因此建立交货水平指标也很重要。它是指按期交货次数与总交货次数的比率。

第二节　物流质量管理的主要内容

一、物流服务质量

（一）物流服务

随着经济发展和人们生活水平的提高，消费者对产品的需求发生了变化，从少品种、大批量、少批次、长周期转变为多品种、小批量、多批次、短周期，同时这也引起了我国商品流通的渠道的剧变，传统仓储、物流业面临着严峻的挑战。我国的物流企业要想在激烈的市场竞争中生存、发展、壮大，就必须进一步认识物流产业属于服务业这一基本性质，运用服务经济理论认真分析物流产业的物流过程，打破传统物流业仅进行产品的运输和仓储的服务模式，根据企业的实际调整服务结构，向物流服务的广度和深度拓展和延伸，同时还必须按照服务管理原则寻找适合物流业的服务品质标准，通过ISO 9000的实施来提高顾客满意度，创建物流业的服务品牌

1. 物流服务的本质和特性

需要注意的是，物流业不同于一般制造业和销售业，它具有运输、仓储等公共职能，是为生产、销售提供物流服务的产业，所以物流服务就是物流业为他人的物流需要提供的一切物流活动。它是以顾客的委托为基础，按照货主的要求，为克服货物在空间和时间上的间隔而进行的物流业务活动。物流服务的内容是满足货主需求，保障供给，即在适量性、多批次、广泛性上满足货主的数量要求，在安全、准确、迅速、经济上满足货主的质量需求。

物流服务不仅具有服务的基本性质，同时还具有物流为其带来的从属性、即时性、移动性和分散性、较强的需求波动性和可替代性，所以，我们不能忘记，物流服务必须从属于货主企业物流系统。这表现在流通货物的种类、流通时间、流通方式、提货配送方式都是由货主选择决定，物流业只是按照货主的需求，站在被动的地位来提供物流服务。不能忽视物流服务是属于非物质形态的劳动，它生产的不是有形的产品，而是一种伴随销售和消费同时发展的即时服务，物流服务是以分布广泛、大多数是不固定的客户为对象，数量众多而又不固定的顾客的需求在方式上和数量上是多变的，它的移动性和分散性会使产业局部的供需不平衡，会给经营管理带来一定的难度。我们也不能忘记，一般企业都可能具有自营运输、保管等自营物流的能力，会使物流经营者从质和量上调整物流服务的供给力变得相当困难。

正是物流服务特性对物流业经营管理的影响，要求企业经营者的管理思维和决策必须以服务为导向，把物流服务作为一个产品，关注物流服务质量。

2. 物流服务产品

当我们将物流服务作为产品来研究时，就把它看作可以生产、营销和消费的对象，是各种有形和无形服务的集合，物流服务包括核心服务、便利性服务和支持性服务。

（1）物流核心服务

围绕输送、保管、装卸搬运、包装及相关信息活动进行的服务。

（2）物流便利性服务

用来方便核心服务使用的附加的服务称作便利服务。

（3）物流支持性服务

用来提高服务价值或者使服务与其他竞争对手相区别的服务称作支持性服务。

在研究物流服务时，应该重视物流核心服务，围绕其扩大物流业服务领域、增加服务功能，增加便利性服务和支持性服务。例如，在包装箱上标明条形码，使物流过程中的各方都便于搬运和点数；建立方便的订货动态系统，使物流链中有关各方能够迅速获得有关订货执行情况的准确信息；一体化的配送中心的配货、配送和各种提高附加值的流通加工服务，会使物流功能向协作化方向发展；提供产品与信息从原料到最终消费者之间的增值服务，提供长距离的物流服务，在研究货主企业的生产经营发展流程设计的基础上提供全方位、优质的物流系统服务，会使物流企业更具竞争实力。从核心服务、便利性服务到支持性服务，物流服务的复杂程度也逐渐加大，形成了梯形的物流复杂程度层。

物流服务从属于货主企业物流，是一种销售和消费同时发生的即时服务，因此，将物流服务作为一种产品分析的同时，不能忘记物流服务必须以顾客为导向，即物流服务产品还是顾客感知的物流服务集合。为此，对物流服务产品的分析还必须注重顾客的感知，要分析核心服务及其他服务是如何被顾客接受的，买卖双方的相互作用是如何形成的，顾客在服务过程中是如何准备参与的。因为只有注重顾客的感知，才能使服务具有可接近性，使各种物流服务的使用感到便利；只有考虑了服务的可接近性、相互作用和顾客的参与，新的便利性服务和支持性服务才能够真正成为企业的竞争优势。

（二）物流服务质量管理体系

服务质量是指企业通过提供物流服务，对达到服务产品质量标准、满足用户需要的保证程度，物流服务是顾客感知到的物流服务集合，它离不开生产和交易的过程，是在买卖双方相互作用的真实瞬间中实现的，因此，定义一个顾客感知的物流服务质量绝非易事。当ISO 9000将产品的定义扩大为包括服务、硬件、流程性材料、软件或它们的组合后，流通企业可以通过ISO 9000认证来提高流通企业的服务质量，因为以ISO 9000为指导性标准将具有可操作性。

一般来说，物流服务质量管理体系的构成要素包括物流服务质量环、物流质量管理体系要素、物流质量管理体系文件和物流质量体系特点。

1. 物流服务质量环

物流服务质量环是指从识别顾客的服务需要直到评定这些需要是否得到满足的服务过

程各阶段中，影响服务质量相互作用活动的概念模式，是对物流服务质量的产生、形成和实现过程的抽象描述、理论提炼和系统概括。

2. 物流质量管理体系文件

企业还应参照 ISO 9004-2，结合企业人员、设施等实际情况，建立一个文件化的质量管理体系，即编制一套科学、实用、有效的质量管理体系文件。它包括质量管理手册、管理规范和质量计划、服务规范、质量记录。

3. 物流质量体系特点

物流质量体系特点包括：确保商品质量和服务质量，让客户满意是建立服务质量体系的根本目的；物流服务质量体系是动态发展的体系。

4. 物流质量管理体系要素

企业的物流质量管理体系运作要素包括：物流服务需要的调研和评定、物流服务设计、物流服务提供过程和物流服务绩效的分析与改进。

（1）物流服务调研和评定

为了提高物流服务质量，必须对物流服务进行调研和评定。也就是运用设置顾客意见本、召开顾客座谈会等方式了解顾客的服务需要，特别是要针对市场供需，经常地研究分析现在的、潜在的市场变化和客户需求以及物流服务需要层次，如征询顾客还需要哪些额外服务，希望得到哪些目前还没有提供的服务，订单传送的方法是否需要改进，确定哪方面的物流服务对顾客最为重要，目前的订货速度可否接受，为了得到较高水平的服务，是否愿意支付较多的费用，要求顾客的条件是否明确并为顾客所知道。

（2）物流服务设计

物流服务设计的任务是将服务大纲中的内容与要求策划设计为服务规范、服务提供规范和服务质量控制规范，确定开展预定服务项目的时间表，确保一切必要的资源、设施和技术支持到位，并对服务项目进行适当的、切合实际的宣传。服务规范规定了所提供服务的特性、内容、要求及验收标准。例如，各岗位服务规范规定了服务职责、上岗条件、服务程序、服务内容与要求。服务提供规范涉及物流企业的业务管理领域，如仓库管理规范。

（3）物流服务提供过程

物流服务的提供过程一般为：集货进货→运输→装卸→搬运→储存→盘点→订单处理→拣货→补货→出货→运输配送。

为了物流规范的顺利实施，物流企业会在物流服务过程中，采取行政、经济、教育等各种手段，以此准确持续地评定和记录服务过程质量，识别和纠正不规范服务，把影响服务过程质量的各方面因素置于受控状态。例如，检查所有订单信息是否完整、准确，顾客的信誉程度如何，各部门对每笔交易记录是否完整，是否有延误导致订单未及时处理的情况，订单的分拣和集合情况如何，备货和运货的方式是否合理，企业是否建立一定的程序对退货的处理、检查和准许等事项制定出规定，是否定期走访顾客，有无明文规定以检查服务人员同顾客之间的联系。

（4）物流服务业绩的分析与改进

此外，还应十分重视顾客对服务质量的投诉和评价，不断提高顾客的满意率，力争实现无缺陷服务。为此要建立一个服务质量信息的反馈和管理系统，对服务业绩进行定量的数据收集和统计分析，以寻求质量改进的机会，提高物流服务质量水平

二、物流工作质量

（一）工作质量

工作质量，是指与质量有关的各项工作对产品质量、服务质量、过程质量的保证程度。无论是生产过程，还是服务过程，归根结底，都是由一些相互关联、具有不同职能和方式的具体工作组成。由于这些工作之间的整体性，一件工作的失误可能会波及其他工作，从而导致过程质量的失控，最后影响到产品或服务的最终质量。对于企业来说，工作质量就是企业的管理工作、技术工作以及售后服务对提高产品质量、服务质量和提高企业经济效益的保证程度。

工作质量和企业各个部门与岗位之间具有紧密联系，体现了企业的工作有效性，直接决定产品和服务的质量。它又取决于人的素质，包括工作人员的质量意识、责任心、业务水平。其中，企业的最高管理者（决策层）的工作质量起主导作用，广大的一般管理层和执行层的工作质量起保证和落实作用。企业的每一项工作，无论其整体地位和岗位分工如何，都必须认真对待，保证工作的质量。

通过衡量工作质量，可以了解企业的工作水平，这包括企业的组织工作、管理工作、技术工作及售后服务工作的水平。工作质量的特点是它不像产品质量那样直观地表现在人们的面前，而是体现在一切生产、技术、经营活动之中，并且通过企业的工作效率和工作成果，最终通过产品质量和经济效益表现出来。

工作质量的特点是难以直接、定量地描述和衡量的。一般来说，工作质量的好坏可以通过工作的成果（或效果）来间接考察。例如，广泛使用的合格率、错漏检率、返修率、投诉率、满意率等就是这一类工作质量考察指标，差错率、废品率、返修率下降，就意味

着工作质量的提高。另外，在一些场合，不能直接定出上述指标，须采用综合评分的办法来衡量。例如，工作质量的衡量可以通过工作标准，把"需要"予以定量，然后，通过质量责任制等进行评价、考核与综合评分。具体的工作标准，依照不同的部门、不同的岗位来确定。

（二）物流工作质量体系

物流工作质量是指物流企业的工作质量，这包括企业运行过程中，各环节、各工种、各岗位的具体工作质量，物流工作质量和物流服务质量是两个有关联但又不大相同的概念，物流服务质量水平取决于各个物流工作质量的总和，所以，物流工作质量是物流服务质量的某种保证和基础。通过强化物流管理，建立科学合理的管理制度，充分调动员工积极性，不断提高物流工作质量，物流服务质量也就有了一定程度的保证。所以，提高物流服务质量要从工作质量入手，把物流工作质量作为物流质量管理的主要内容及工作重点。

对于物流企业来说，科学、全面地分析和评价物流服务质量具有重要作用和意义，只有做到这一点才能保证物流项目的正常运行，以及更好地提供物流服务。物流的工作质量涉及物流各环节、各工种、各岗位的具体工作质量，用绩效考评的办法来进行其物流工作质量的考核。在我国，对物流活动的绩效进行考核还比较少，考核的方法也比较少，这里，从物流企业项目运作出发，来制定考评供应链运行绩效的关键业绩指标——KPI（Key Process Indication）体系。

KPI，是通过对组织内部流程的输入端、输出端的关键参数进行设置、取样、计算、分析，衡量流程绩效的一种目标式量化管理指标，是把企业的战略目标分解为可操作的工作目标的工具，是企业绩效管理的基础。KPI 可以使部门主管明确部门的主要责任，并以此为基础，明确部门人员的业绩衡量指标。KPI 同样可以用于项目的管理，用于衡量整体运行状况。建立明确的切实可行的 KPI 体系是做好绩效管理的关键。

因此，物流企业在制定 KPI 指标系统时，必须把握以下几个要点：第一，要分不同的角度看待 KPI 的制定；第二，不能只看到当前本企业物流项目运作的优势，而应向整个行业优秀的第三方物流企业学习；第三，以满足客户的需要为出发点来制定标杆，要始终着眼于客户的满意度。

确定 KPI 指标系统的一个重要原则是：SMART 原则。SMART 是五个英文单词首字母的缩写：S 代表具体，指绩效考核要切中特定的工作指标，不能笼统；M 代表可度量，指绩效指标是数量化或者行为化的，验证这些绩效指标的数据或者信息是可以获得的；A 代表可实现，指绩效指标在付出努力的情况下可以实现，避免设立过高或过低的目标；R 代表现实性，指绩效指标是实实在在的，可以证明和观察；T 代表有时限，注重完成绩效指标的特定期限，一般来说，物流企业物流项目运作相关的 KPI 绩效指标系统可以划分为五个部分，如下所示。

1. 库存过程

（1）库存完好率

某段时间内仓库货物保存完好的比率。具体计算为 T 时间内，完好库存为 n，总库存数为 N，则库存完好率为：

$$P_k = n/N \times 100\% \tag{5-1}$$

（2）库存周报表准确率

每周的库存周报表的准确率是物流服务绩效的 KPI 指标之一。具体计算为：在 T 时间段内，库存报告的准确次数除以总的库存报告次数就是库存周报表准确率：

（3）订单拣配货差错率

每个订单的拣配货差错率是考评物流配送拣配货作业绩效的指标。设订单拣配货的准确率为 P_j，则订单拣配货差错率为：

$$P_c = 1 - P_j \tag{5-2}$$

实际作业中要求订单拣配货的准确率 P_j 为 100%，故 P_c 为零。

（4）发货准确率

仓管人员根据订单准确发货的百分数。具体计算为：

发货准确率 = 1 - 在 T 时间段内错误的发货次数 / 在 T 时间段内的发货总数

$$\tag{5-3}$$

2. 财务指标

（1）失去销售比率

反映了客户未满足既定需求的情况 L 可用失去销售额占总销售额的百分比来表示。

（2）物流企业利润率

在 T 时间段内，客户支付给物流企业的物流费用减去物流企业为完成这些物流业务所支出的成本，与上一个 T 时间段内客户支付给第三方物流企业的物流费用的比率。具体计算为：

物流企业利润率 =（收入 - 成本支出）/ 收入 $\tag{5-4}$

（3）运输库存破损赔偿率

在 T 时间段内，由于运输、仓储所造成的货物破损赔偿占在工时间段内的物流业务收入的比率。具体计算为：

$$运输库存破损赔偿率 = 货物破损赔偿费用／业务收入 \qquad (5-5)$$

3. 客户服务

（1）客户投诉率

在 T 时间段内，客户投诉第三方物流企业次数与总的送货次数的比率。具体计算为：

$$客户投诉率 = 客户投诉次数／总的送货次数 \qquad (5-6)$$

（2）客户投诉处理时间

一般情况下，客户投诉处理时间为 2 小时。可以根据行业情形，适当调节。但如果客户重复投诉，则此权重应该加大。

（3）回单返回及时率

在完成每笔业务后，运输单据返回客户的比率。一般客户会每月要求收回一次运输单据以备查。

4. 运输计划

需求满足率是指客户的物流需求（包括一些额外的物流需求，如不常见路线的运输、零星的货物运输、增值服务要求等）能够及时满足的比率，即：

$$需求满足率 = （需求得到满足的次数／总的需求的次数）\times 100\% \qquad (5-7)$$

5. 运输过程

（1）货物及时发送率

用一定时期内第三方物流企业接到客户订单后，及时将货物发送出去的次数与总订单次数的百分比来表示。

设时段 T 内，及时发货次数为总的订单次数为 N_t，则及时发货率为：

$$P_i = (N_i/N_t) \times 100\% \qquad (5-8)$$

（2）货物准时送达率

按照客户的需求在规定的时间内将产品安全准确地送达目的地。设时段 T 内，准时送达次数为 N_d，总的订单次数为 N_t，则准时送达率为：

$$P_d = (N_d/N_t) \times 100\% \qquad (5-9)$$

（3）货物完好送达率

按照客户的要求在规定的时间内将客户订购的产品无损坏地送达客户手上。设时段 T 内，完好送达的次数为 N_w，总的订单次数为 N_t，则完好送达率为：

$$P_w = (N_w/N_t) \times 100\% \qquad (5-10)$$

在实际作业中，这个指标要求很高，须达到 100%。

（4）运输信息及时跟踪率

每一笔货物运输出去以后，物流企业向客户反馈运输信息的比率。该数据的计算可以根据在时段 T 内，跟踪运输信息的次数为 N_n，总的订单次数为 N_t，则运输信息及时跟踪率为：

$$P_H = (N_n/N_i) \times 100\% \qquad\qquad (5-11)$$

在实际作业中，这个指标要求也比较高，须达到100%。

绩效考评一直是企业管理中颇具争议的话题，即便是在推行了现代绩效管理体系的企业，也常出现种种问题而无法获取预期效果绩效评价是管理者和员工之间最容易出现争议的部分；所以，针对这一类员工，有可能是员工的工作绩效和工作质量受到了不准确的评价，因此有必要进一步收集相关的绩效信息，并力求客观地评价员工的工作绩效和工作质量。

（三）物流工作质量管理

顾名思义，物流工作质量管理就是对物流各环节、各工种、各岗位具体工作质量的管理，确定质量方针、目标和职责，并在质量体系中通过质量策划、质量控制、质量保证和质量改进使其实施的管理职能的所有活动。物流工作质量管理分为物流活动决策支持、物流调度管理控制和物流业务的工作质量管理三个组成部分，涉及物流组织的各级管理者和操作者的工作职责，由最高管理者领导，工作物流活动决策支持的工作质量管理是物流企业高级管理者工作质量的管理，包括对物流活动和物流业务的绩效进行评估和成本—收益分析工作质量进行管理，以及对由此而涉及的企业高层领导及管理人员的决策、管理质量进行有效的管理。它涉及物流体系的设计和评估质量的管理，包括战略性规划和供应链合作伙伴之间的费用、资源关系，物流系统最低成本的实现等管理工作的质量管理，它不仅是企业当前总体运行质量的集中表现，还是企业长期发展目标的可行性管理的科学管理支持依据。

物流调度管理控制的工作质量管理是对企业中层管理工作者的工作质量的管理，它是为了实现企业目标有效利用资源的具体过程的工作质量的管理。

只有进行科学的物流工作质量管理，才能保障相应的业务可以有效、高效地执行，这是物流企业基层具体物流业务操作者的工作质量的管理，物流工作质量管理是物流企业围绕其经营活动的正常运行所涉及的所有员工，开展的策划、组织、计划、实施、操作、检查和监督审核等所有管理活动的工作质量的总和，是物流企业管理的一个中心环节。其职能是负责确定并实施质量方针、目标和职能。一个物流企业要以质量求生存，以及周到、全方位的物流服务求发展，积极参与到国际竞争中去，就必须制定正确的质量方针和适宜的质量目标。而要保证方针、目标的实现，就必须建立健全质量体系，并使之有效运行。

需要注意的是，物流工作质量管理对于整个企业的运行具有重要意义，因此必须由企业的最高管理者领导，同时也对最高管理者的工作质量进行管理，这是实施物流企业工作质量管理的一个最基本的条件。质量目标和职责逐级分解，各级管理者都对目标的实现负责。质量管理的实施涉及企业的所有成员，每个成员都要参与到质量管理活动之中，这是全面质量管理的一个重要特征。

三、物流工程质量

（一）工程及工程质量

对于现代社会来说，工程是重要的内容和组成部分，对社会的运行和发展具有必不可少的重要作用。工程意识、工程思维、工程决策、工程管理、工程技术、工程伦理、工程教育等等，已经越来越成为企业界、学术界，尤其是政府部门日益关注的焦点和核心问题。工程活动是现代社会存在和发展的基础，现代工程深刻改变着人类社会的物质生活面貌，世界各国现代化的过程在很大程度上就是进行各种类型现代工程的过程。

从广义层面来说，可以将一切活动都看作工程，包括社会生活的许多领域，如211工程、"五个一"工程、安居工程、希望工程、引智工程、下岗再就业工程等。狭义的工程是指与生产实践密切联系，运用一定的科学技术方法及各种功能设施，组成具有系统功能的有机整体进行的活动。工程质量中所探讨的工程，是指狭义的工程。

通常应该从三个方面对一项工程进行科学"定位"。第一方面是从科学、技术、工程"三元论"角度界定的工程：科学是以发现为核心的人类活动，科学是发现自然规律，讲求真善美，追求真理；技术是以发明为核心的人类活动，技术是发明方法，讲究技巧，追求诀窍；工程是以建造为核心的人类活动，工程是按照社会需要设计造物，构筑与协调运行，讲求价值，追求一定边界条件下的优化。第二方面是从工程与生产、实践的相互关系界定的工程：工程就是包含了设计和制造活动在内的生产实践活动。第三方面是把前两个方面统一起来的更大的"尺度"，这是从"科学—技术—工程—产业—经济—社会"的"链条"和"网络"中来认识工程和把握工程的定位。工程的实施，一方面为科学技术的实现提供平台，另一方面推动产业、经济的发展，服务于社会。

工程具有以下几个方面的特征：

1. 在一定边界条件下集成和优化

工程是一个复杂的组织系统或社会化系统，有工程指挥中心，有技术攻关人员，还有大批施工建设者等。一个工程往往有多种技术、多个方案、多种路径可被选择。如何利用最小的投入获得最大回报，取得良好的经济效益和社会效益，这就要求工程努力实现在一定边界条件下的集成和优化。在工程的设计、施工过程中，努力寻求和实现"在一定边界条件下集成和优化"是一个核心性的问题。

2. 通过建造而实现

我们不论是建房、造船、修桥、铺路或者进行自动化项目的建设，都是要通过一步步的工序、工艺、工期来完成的。

3. 具有一定科学原理

任何一个工程的实施都有其自然科学原理的根据，是一定的科学理论的体现，特别是复杂的关键性技术、技术群的应用。例如，阿波罗登月计划，就离不开空气动力学的理论指导和航天技术、材料技术、电子技术、自动控制技术等的综合应用。

4. 保证与环境协调一致

大型工程的实施，都会对自然生态系统产生一定的影响，工程和环境构成了一对矛盾。必须充分考虑到工程活动可能引起的环境问题。我国目前钢铁工业的发展中，有人"大干快上"，同样也是只讲经济效益而无视环境保护，造成了严重的环境污染。目前，我国吨钢能耗比国际先进水平高 15% 左右，一些工程项目仍然在走"先发展，后治理"的老路。我国钢铁工业尚未完全摆脱粗放型发展模式，环境问题已经成为约束我国钢铁工业发展的最主要原因之一。我们必须走绿色钢铁制造之路，使企业的经济效益、环境效益和社会效益协调优化。

5. 具有特定目标，注重过程和效益

工程项目都有其特殊对象，有明确的目标要求，有确定的步骤、阶段和资金投入。工程的质量是工程的生命所在。要把工程的目标确定好，工程项目设计好、完成好，取得好的效益，不是一件容易的事情。例如，我们国家之所以要用很长的时间进行论证，花费 2 000 亿元资金、17 年的工夫来修建三峡工程，就在于它能带来发电、通航以及保障人民安全的巨大效益。

具体来说，工程质量就是指工程在建设过程中，各阶段、各构成部件或子系统"符合规格"和"符合期望"的工作目标质量的总和。在实际工作中，工程设计人员根据客户的需要，确定工程的质量特点，确定工程质量的管理方法、措施以及质量的目标，"符合规格"即指工程的质量符合所制定的质量目标的程度。而"符合期望"则是工程设计人员直接采用客户的"期望值"作为工程的目标质量，客户成为最终质量的评审者、考核者，管理人员在质量的评估过程中，分析易量化的主观因素对客户评估的影响，这样，管理人员就能根据客户认为重要的因素判断工程的质量："符合期望"需要管理人员密切关注工程所处的外部环境，关注影响工程质量的方方面面的因素。

工程质量具有一定规律。工程质量是工程建设全过程实现的结果，而不是检验或宣传出来的，工程质量有一个产生、形成到实现的过程，在这一过程中的每一个环节都直接或间接地影响到工程质量。

（二）物流工程质量体系

物流工程是流通领域及其他有物流活动领域的工程系统。对流通领域而言，是这一领域独特的工程系统，主要作用是支持流通活动，提高活动的水平并最终实现交易物的有效转移。

只有物流工程提供有力支撑，才能保证物流活动的顺利开展，物流工程是支撑物流活动的总体的工程系统，一般来说，可以将其划分为总体的网络工程系统和具体的技术工程系统两大类别：实际上，任何物流企业的物流运作，包括第三方物流企业接受外包的物流运作，不可能是空手运作，必须依靠有效的工程系统来实现这种运作。当然，工程系统有可能是自建的，世界上很多大型物流公司都有自己的仓库、配送中心、机场、货机等工程设施，有些则需要依靠组织的办法来利用别人提供的工程设施，国家建设的物流设施基础平台，就是这么一种基础的工程设施。任何物流企业都必须依靠有效的工程系统来保证高质量的服务。

从根本上来说，物流的整体质量很大程度上取决于工程设施、技术装备的质量，因此必须加强对工程设施、技术装备的有效控制。很明显，工程设施的水平和质量，可以从根本上决定物流的水平和质量。例如，采用大型集装箱联运系统之后，杜绝了物流过程中单件货物的丢失，就是工程系统起作用的实例。

对于生产企业而言，其内部的物流很难利用国家提供的基础工程设施平台，也很难利用社会上营业性的工程设施，在这种情况下，就需要自己建设一套工程系统。这一套物流工程系统将会是决定企业物流水平的非常重要的基本因素。

可以看出，不仅物流服务质量、物流工作质量会影响物流整体质量，物流工程质量也是一个重要的影响因素，优良的工程质量对于物流质量的保证程度，受制于物流技术水平、管理水平、技术装备。好的物流质量，是在整个物流过程中形成的，要想能"事前控制"物流质量，预防物流损失，必须对影响物流质量的诸因素进行有效控制。提高工程质量是进行物流质量管理的基础工作，提高工程质量，就能做到"预防为主"的质量管理。

1. 工程质量形成过程的具体环节

工程质量的形成过程包括 17 个环节（质量职能）：需求研究、工程规划、系统设计、功能设计（单机设计）、制定工程质量指标、制定实施工艺路线、采购（工程招标、工程采购，选定系统集成商）、仪器仪表配置、生产或分包采购、工序控制、功能测试、出厂检验、运输、安装调试、系统运行、系统交验、售后服务（维修、维护）等。

2. 人员质量具有重要意义

工程质量的形成过程中，每一个环节均须依靠人员的参与来完成，人的质量意识以及对人的管理是工程质量和工作质量的基本保证。所以，人是产品质量形成全过程中最重要、最具能动性的因素：

3. 工程质量的形成过程是一个循序渐进的过程

工程质量的形成过程一共包括 17 个环节，这些环节构成一个循环，每经过一个循环，工程的质量就有所提高。工程质量在一轮又一轮的循环中提高，在原有的基础上不断改进和突破。

4. 各个环节的落实与协调具有重要意义

作为一个工程的质量系统，系统目标的实现取决于每个环节质量职能的落实和各个环节之间的协调。因此，必须对质量形成全过程进行计划、组织和控制。

5. 工程质量系统是一个开放的系统

工程质量系统和外部环境有着密切的联系。这些联系有直接的，也有间接的。例如，采购环节和物料供应方有联系，采购和分包采购与供应商有联系，服务和顾客有联系，几乎所有的环节都需要人来工作，而人力资源主要由社会培养和提供。所以，工程质量的形成和改进并不只是企业内部行为的结果，需要充分考虑外部因素的影响。

（三）物流工程质量管理

物流工程质量管理是指工程设施、技术装备质量的综合管理。物流工程质量管理需要强调以下几个方面的工作：

1. 质量与经济的统一

质量第一，质量至上。从经济的角度出发，应该是质量与成本统一，确定最适宜的质量标准。物流工程质量管理者应追求的是，在满足需求条件的前提下尽可能减少投入，生产出"适宜"、物美、价廉的产品，以取得高质量与高性价比的统一。根据这一思想，既不可以片面追求过剩质量，而使成本大大提高，也不应该为了降低成本，而使质量降低，影响质量的适宜性。

2. 预防为主，不断改进

好的物流工程质量是设计、生产、实施出来的，不是靠最后检查出来的。根据这一基本原理，物流工程质量的管理要求把管理工作的重点，从"事后把关"转移到"事先预防"上来。从"管结果"变为"管因素"，实施"预防为主"的方针，将不合格工程质量消灭在物流工程建设的过程之中，做到"防患于未然"，此外仍要加强各环节的质量检验职能。

3. 用事实和数据说话

物流工程质量管理要求在物流工程建设的质量管理工作中，具有科学严谨的态度和作风，不能满足一知半解和表面现象；要对问题进行深入分析，除定性分析外，还要尽可能定量分析，做到心中有数，避免主观性、盲目性。

4. 以人为本，科学管理

在质量管理诸要素中，人是最活跃、最重要的因素。质量管理是人们有目的的活动，要搞好质量管理工作，必须树立以人为本的管理思想。

5. 严于律己，用户至上

实行物流工程建设全过程的管理，要求所有环节都必须树立"下一环节就是用户""严于律己，用户至上"，以及努力为下一个环节服务的思想。现代物流工程建设是一环扣一环的，前一个环节的质量影响后一个环节的质量，一个环节的质量出了问题，就会影响整个生产过程以至产品质量。因此，要求每一个环节成果的质量都能经得起下一个环节（用户）的检验，满足下一个环节的要求。有些优质物流工程建设过程中的许多环节，特别是一些关键环节，开展复查上一环节的工作，保证本环节质量，优质、准时为下一环节服务的活动，并经常组织上下环节、相关环节之间的互相访问和互提质量保证，最后保证优质物流工程的建设。

6. 质量第一

任何物流工程的建设都必须达到要求的质量水平，否则，就没有或未完全实现其使用价值，从而给物流的具体业务造成麻烦，带来不必要的损失。从这个意义上讲，物流工程的建设必须把质量放在第一位。

贯彻质量第一，要求参与物流工程建设和使用的相关企业的所有员工，尤其是领导干部，要有强烈的质量意识，相关企业在物流工程建设的各个环节中首先应根据物流工程建设的要求，科学地确定质量方针，并安排人力、物力、财力以保证生产出优质产品。

第三节　物流全面质量管理

一、质量管理的发展历程

（一）第一阶段：质量检验阶段

20 世纪前，产品质量主要依靠操作者本人的技艺水平和经验来保证，属于操作者的质量管理。20 世纪初，以 F. W. 泰勒为代表的科学管理理论的产生，促使产品的质量检验从加工制造中分离出来，质量管理的职能由操作者转移给工长，是"工长的质量管理"。随着企业生产规模的扩大和产品复杂程度的提高，产品有了技术标准（技术条件），公差制度也日趋完善，各种检验工具和检验技术也随之发展，大多数企业开始设置检验部门，有的直属于厂长领导，这时是"检验员的质量管理"。上述几种做法都属于事后检验的质量管理方式。

（二）第二阶段：统计质量控制阶段

1924 年，美国数理统计学家 W. A. 休哈特提出控制和预防缺陷的概念。他运用数理统计的原理提出在生产过程中控制产品质量的"6σ"法，绘制出第一张控制图并建立了一套统计卡片。与此同时，美国贝尔研究所提出关于抽样检验的概念及其实施方案，成为运用数理统计理论解决质量问题的先驱。

（三）第三阶段：全面质量管理阶段

20 世纪 50 年代以来，随着生产力的迅速发展和科学技术的日新月异，人们对产品的质量从注重产品的一般性能发展为注重产品的耐用性、可靠性、安全性、维修性和经济性等。在生产技术和企业管理中要求运用系统的观点来研究质量问题。在管理理论上也有新的发展，突出重视人的因素，强调依靠企业全体人员的努力来保证质量。此外，还有"保护消费者利益"运动的兴起，企业之间市场竞争越来越激烈。在这种情况下，产生了全面质量管理。全面质量管理是为了能够在最经济的水平上，考虑到充分满足顾客要求的条件下进行生产和提供服务，并把企业各部门在研制质量、维持质量和提高质量方面的活动构成为一体的一种有效体系。

二、物流全面质量管理的内容

（一）全过程物流质量管理

不论组织的类型和规模如何，全面质量管理和任何管理体系的"过程方法"的概念、意义和应用相同。

1. 全过程物流质量管理体系

具体来说，包括但不限于下述管理体系。

（1）社会责任管理体系

（2）职业健康和安全管理体系

（3）经营风险管理体系

（4）ISO 9000 质量管理体系

（5）环境（ISO 14000 系列）管理体系

2. 过程概述

"过程"可定义为"一组将输入转化为输出的相互关联或相互作用的活动"。这种活动要求把诸如人员和材料这样的资源集中使用。

与其他方法比较，过程方法的主要特点是对组织的作业过程间的相互作用和职能层次间的接口进行管理和控制。输入和预期的输出可以是有形的（如设备、材料或部件等）或无形的（如能量或信息等），输出可以是非预期的（如废弃物或污染等）。每个过程都有受其影响的顾客和其他相关方（可以是组织内部的或外部的），他们按照自己的需求和期望规定要求的输出。应当使用一个对收集的数据进行分析的系统，以提供过程业绩的信息和确定采取纠正措施或改进的需求。所有过程均应按照组织的目标进行调整，并依据组织相关的范围和复杂性进行增值设计。过程的有效性和效率可通过内部或外部评审过程进行评价。

可以将过程的类型按照以下方式划分：

（1）实现过程

它包括提供组织预期输出的所有过程。

（2）资源管理的过程

它包括需要提供资源的所有过程，即组织管理过程、实现过程和测量过程中需要提供资源的过程。

（3）组织管理的过程

它包括与战略策划、制定方针、建立目标、提供沟通、获得所需资源以及管理评审等有关的过程。

（4）测量、分析和改进过程

它包括用于业绩分析、有效性及效率改进所需的进行测量和收集数据的那些过程，具体包括测量、监视和审核过程，纠正和预防措施过程，它们也是与组织管理、资源管理和实现过程集成总体的组成部分。

3. 过程方法的优点

过程方法旨在为过程的描述和过程相关术语的使用建立一致的方法。过程方法的目的是增强组织实现其规定目标的有效性和效率。过程方法主要具有以下几个优点：第一，过程的整合和调整能够达到策划的结果；第二，明确员工的职责，并激励他们创新；第三，为重点的和具有优先权的主动改进提供机会；第四，把能力集中于提高过程的有效性和效率；第五，通过资源的有效利用，降低成本，缩短资金周转时间；第六，获得改进的、一致的和可预见的结果；第七，使顾客和其他相关方信任组织能持续满足其要求；第八，提高组织内运作的透明度。

4. 过程方法的理解及实施

进行全过程物流质量管理，必须正确地理解过程方法组织和管理作业活动的具体方式，将活动和相关的资源作为过程进行管理，这是为顾客和其他相关方创造价值的一个非常有用的方法。

企业往往划分为若干职能部门，形成层次结构。企业通常把预期的输出职责按部门进行分配，实行垂直式（竖向）管理。最终顾客和其他相关方不能完全看到组织内的全部活动。接口边界上发生的问题，比起本部门的短期目标来说，往往得不到优先考虑，由于处置措施通常偏向本部门利益，而不是关注企业的整体利益，这就导致较少或未能按相关方要求进行改进。

过程方法是重要的物流质量管理方法，它引进了突破职能部门间的障碍的水平式（横向）管理，使人们都来关注组织的主要目标。过程方法还能改善过程接口的管理。通过应用过程方法可以有效地改善企业业绩。来自一个过程的输出可以是另一个过程的输入，并把过程链接成一个整体网络或系统。

通过建立和理解过程及其相互作用组成的网络，把被管理的诸过程看作一个系统实施管理，称为"管理的系统方法"。下面过程的实施方法可应用于任何类型的过程。步骤的顺序仅是一种方法，并非是预先规定的步骤，某些步骤是可以同步进行的。

为了更好地进行物流质量管理，组织可以开展实施以下项目，但是并不仅限于以下几个方面：①沟通；②了解情况；③培训；④改进管理；⑤管理改革；⑥适宜的评审活动。

企业需要按照制订的计划安排测量、监视和控制。为测量过程业绩，对从监视和测量获得的过程数据进行分析、评价。使用时，应用统计技术，将过程业绩结果与规定的过程要求进行比较，以便证实过程的有效性和效率，或对纠正措施的任何需求。基于过程业绩数据识别过程改进的机会，使用时，向最高管理者报告过程业绩。

首先，应该确定并实施纠正措施的方法，以消除问题（包括错误、缺陷、过程控制不足）的根本原因，验证其有效性。

其次，应该确定并实施改进的方法（包括过程简化、提高效率、改进有效性、缩短过程循环时间），验证改进的有效性。

只要已经实现了计划的过程要求，组织可以在充分掌握具体情况的基础上持续改进过程业绩，从而达到更高水平的措施效果。同时，企业可以通过风险分析方法识别物流过程中存在的各种潜在问题。还应识别和消除这些潜在问题的根本原因，防止在所有过程中发生类似已识别的风险。

5. 物流过程解析

物流过程是关于产品或服务的整个社会供应链的物流的全过程。

如果站在供应链的角度来说，产品的生命周期是从原料、半成品和成品的生产、供应、销售直到最终消费者的整个过程。供应链管理就是通过这个过程中物流、信息流、资金流的协调，满足顾客的需要。供应链管理涵盖了整个物流过程，它强调和依赖战略管理，采用集成的思想和方法，通过协调合作关系达到高水平的服务。供应链管理把供应链中的所有节点企业看作一个整体，但不是对节点企业资源的简单连接。

在物流实践中，供应链的业务流程主要包括从最终用户到初始供应商的市场需求信息逆流而上的传导过程以及初始供应商到最终用户顺流而下，且不断增值的产品和服务的传导过程。供应链管理对这两个核心业务流程实施一体化运作，包括统筹的安排、协同的运行和统一的协调。供应链沿着"供应商—制造商—分销商—零售商—顾客"这个链条传递产品和服务，同时直观地显示了供应链上信息、资金和物料的双向流动。每一个流程里都有特定的内容，担当不同的任务，有时同步进行，有时先后衔接，它们分工合作、协调流动是供应链成功运作的必要条件。

实际上，针对物流过程进行全面质量管理，就是针对供应链物流进行全面质量管理。这个过程中的所有产品、服务都纳入一个统一的质量管理体系中，无论是供应商、协作商、合作商，还是分销商、零售商，作为整个供应链上的节点企业，都以顾客的利益为中心，追求目标和信息一致。所以，现代市场竞争，不是个别企业之间的竞争，而是供应链之间的竞争。

（二）全员物流质量管理

1. 全员物流质量管理的工作重点

对于企业的产品服务来说，任何一个企业员工的工作质量都会对其造成一定影响。因此，物流质量人人有责，必须把企业所有人员的积极性和创造性充分调动起来，不断提高人的素质，人人关心质量，人人做好本职工作，全体员工参加质量管理，只有经过全体成员的共同努力，才能生产出顾客满意的产品。要实现全员的质量管理，应当做好以下三个方面的工作。

（1）组织群众性质量管理活动

要开展多种形式的群众性质量管理活动，尤其是要开展质量管理小组活动，充分发挥广大职工的聪明才智和当家做主的进取精神。这是解决质量问题，提高管理水平，增强企业素质的一种有效办法；可见全员质量管理就意味着要"始于教育，终于教育"。

（2）制定并落实质量责任制

要制定各部门、各级各类人员的质量责任制，明确任务和职权，各司其职，密切配合，形成高效、协调、严密的质量管理工作系统。特别是企业领导成员必须重视并参与质量管理，他们对企业的产品质量应负完全责任，质量决策和质量管理应是企业领导的重要职责。企业领导成员必须在思想上重视，必须强化自身的质量意识，必须带头学习、理解全面质量管理，必须亲自参与全面质量管理，必须亲自抓，一抓到底。这样，才能对企业开展全面质量管理形成强有力的支持，促进企业的全面质量管理工作深入持久地开展下去。

（3）加强企业员工的质量教育

开展全员的质量教育工作，加强职工的质量意识，牢固树立"质量第一"的思想，促进职工自觉地参加质量管理的各项活动。同时，还要不断提高职工的技术素质、管理素质和政治素质，以适应深入持久地开展全面质量管理的需要。

全员参与质量管理，从供应链的角度出发，要求与产品相关的所有节点企业全员参与。

2. 将供应链发展战略与质量管理联系起来

第一，供应链发展战略内容：①供应链管理方式创新；②节点企业合作经营机制创新。

第二，坚持诚信经营，并按国际惯例依法经营，积极拓展营销渠道，有效占领市场。

第三，建立、实施管理体系。建立一个系统化、程序化的科学管理体系，解决产品质量问题、环境保护问题、安全健康问题，达到顾客满意、社会满意、员工满意，树立良好的供应链上的所有节点企业形象。

第四，人才战略是根本。不断引进人才；重视在职人员的培训提高；建立奖勤罚懒的激励机制。

第五，技术创新为节点企业做大做强增添活力，要积极推进技术创新，研制开发新产品，促进品牌提升，重用科技人才。

第六，供应链节点企业制定宏观发展战略时，要以提高经济效益为落脚点，解决好几个方面的创新，即观念创新、体制创新、技术创新、管理创新。

第七，供应链节点企业制定宏观发展战略时，要以潜力产品为切入点，把握好四个方面的变革，即变革什么，向什么方向变革，变革到什么程度，怎样实现变革。

第八，供应链节点企业制定宏观发展战略，要以可持续发展为出发点，解决好定位和决策问题。

企业领导人必须明确质量战略是企业发展战略的重要组成部分，没有质量战略的支持，企业发展战略就难以实现。

3. 供应链质量管理的组织管理和质量职能

从组织管理和质量职能方面来看，供应链上的每个节点企业都可以划分为上层管理、中层管理和基层管理。就节点企业来说，全企业的质量管理就是要求企业各管理层次都要有明确的质量管理活动内容。当然，各层次活动的侧重点不同。

（1）上层管理

上层管理侧重于质量决策，制定出企业的质量方针、质量目标、质量政策和质量计划，并同时组织、协调企业各部门、各环节、各类人员的质量管理活动，保证实现企业经营管理的最终目的。

（2）中层管理

中层管理则要贯彻落实领导层的质量决策，运用一定的方法找出各部门的关键问题、薄弱环节或必须解决的重要事项，确定本部门的目标和对策，更好地执行各自的质量职能，并对基层工作进行具体业务管理。

（3）基层管理

基层管理则要求每个职工都要严格遵守标准，按规程进行生产，相互配合，并结合岗位工作，开展合理化建议和质量管理小组活动，不断改进作业。

从质量职能来看，产品质量职能是分散在全企业中的，要保证和提高产品质量，就必须将分散在全企业中的质量职能充分发挥出来。

由以上分析可以看出，就节点企业来说，全企业的质量管理就是要"以质量为中心，领导重视，组织落实，体系完善"。

4. 供应链节点企业绩效评价下的质量管理

供应链是一个由很多方面共同组成的复杂系统，因此，简单地从一个指标并不能全面地评价供应链，而是应该综合多方面的指标评价。建立供应链绩效评价指标体系就是物流质量管理的重要体现，应该遵循以下原则：第一，能对关键绩效指标进行重点分析；第二，能够反映整个供应链的运营情况，而不仅仅是反映单个节点企业的运营情况；第三，能够反映供应链业务流程；第四，能够反映供应商、制造商、分销商、零售商与顾客之间的关系，能够涵盖供应链上的所有相关企业；第五，能对供应链的运营信息做出实时的评价和分析。

供应链综合绩效评价指标主要包括以下内容：

（1）供应链总运营成本指标

供应链总运营成本包括供应链通信成本、供应链库存费用及各节点企业外部运输总费用，反映供应链运营的效率。

（2）产销率指标

产销率是指在一定时间内已销售出去的产品与已生产的产品数量之比。供应链的产销率能够反映供应链节点企业在一定时间内的经营状况；而供应链核心企业的产销率，反映供应链核心企业在一定时间内的产销经营状况；供应链的产销率，反映整个供应链在一定时间内的产销经营状况。产销率用百分率表示，越接近100%，说明资源利用程度越高，同时也反映供应链库存水平和产品质量，越接近100%，则成品库存量越小。产销率指标中所用的时间段越短，说明供应链管理水平越高。

（3）供应链核心企业产品成本指标

供应链核心企业的产品成本是供应链管理水平的综合体现。根据核心企业产品在市场上的价格确定出该产品的目标成本，再向上游追溯到各供应商，确定出相应的原材料、配套件的目标成本，当目标成本小于市场价格时，各企业才能获得利润，供应链才能得到发展。

（4）供应链产品产出（或投产）循环期或节拍指标

当供应链节点企业生产的产品为单一品种时，供应链产品产出循环期是指产品的出产节拍；当供应链节点企业生产的产品品种较多时，供应链产品产出循环期是指混流生产线上同一产品的产出间隔。包括两个具体指标：第一，供应链节点企业（或供应商）零部件的产出循环期；第二，供应链核心企业产品产出循环期。

（5）平均产销绝对偏差指标

该指标反映在一定时间内供应链总体库存水平，其值越大，说明供应链成品库存量越大，库存费用越高；反之，说明供应链成品库存量越小，则库存费用越低。

（6）产需率指标

产需率是指在一定时间内，节点企业已生产的产品数量与其上层节点企业（或用户）对该成品的需求量的比值，用百分数表示。具体分为如下指标：

①供应链节点企业产需率，反映上、下节点企业之间的供需关系

产需率越接近 100%，则说明节点企业之间供需关系越协调，准时交货率高；反之，则说明准时交货率低，或者企业的综合管理水平低。

②供应链核心企业产需率，反映供应链整体生产能力和快速响应市场能力

如该数值大于或等于 100%，说明供应链整体生产能力较强，能够快速响应市场需求，具有较强的市场竞争能力；如指标小于 1，则说明供应链生产能力不足，不能快速响应市场需求。

从以上分析可以看出，基于供应链的全员质量管理是指供应链上各节点企业（包括核心企业）与产品或产品零部件相关的人员参与的质量管理。那么，供应链的质量管理体系就涉及供应链上各节点企业（包括核心企业）与产品或产品零部件或服务的质量，主要有合格率、废品率、退货率、破损率、破损物价值等若干指标。

（三）　全性能物流质量管理

1. 安全性质量管理

（1）食品安全质量管理控制体系

随着人们生活水平的不断提高，食品质量和安全问题成为全人类共同关注的话题，它也成了各国政府对食品行业进行监管的主要出发点。这种监管的手段和方法可能有所不同，目前国际通行的做法是对食品企业的质量和安全管理体系进行认证，这种认证以消费者的身体健康和人身安全为最高目的，以制定标准、实施标准为主要环节，对食品的生产、储藏、运输、销售全过程进行标准化管理及监督。

全球超过 50 家大型零售商和协会共同发起了"全球食品安全行动计划"（GFSI），活动的目的就是呼吁社会加强对食品供应链中的安全问题的关注，对各类食品进行认证。GFSI 认证是对食品供应链中供应商遵循食品质量和安全标准的证明。GFSI 指南文件由三

部分组成：第一部分是食品质量和安全方案的要求；第二部分是合格的食品质量和安全管理体系、良好农业操作规范（GAP）、良好操作规范（GMP）、良好销售规范（GDP）以及建立食品安全质量控制体系（HACCP）等；第三部分是对认证机构的要求。这些情况表明，食品质量和安全认证将会更快、更广泛地开展。

食品质量和安全问题近年来也成了我国的热门话题，我国在食品质量和安全方面也取得了一定发展。近年来，我国的食品质量和安全认证已由过去单纯对产品认证发展到对服务和管理体系认证。目前主要有：无公害农产品认证、有机食品认证、绿色食品认证、HACCP 食品安全管理体系认证以及食品生产市场准入制度（QS）。无公害农产品是指场地环境、生产过程、产品质量经认证合格，允许使用无公害农产品标志的未经加工或者初加工的食用农产品。有机食品是指在原材料生产和产品加工过程中不使用化学物质，不利用基因工程技术，采取符合自然规律的农业技术，经认证合格，使用有机食品认证标志的农产品及其加工产品，其认证标准符合国际标准要求。绿色食品是指遵循可持续发展原则，按照特定生产方式生产，经过专门机构认定，许可使用绿色食品标志的无污染的安全、优质、营养类食品，食品生产市场准入制度是我国独有的食品安全政府监督管理方式，只有具备规定条件的组织才允许生产经营食品，要求厂家在最小销售单元的食品包装上加贴食品质量安全市场准入标志，即 QS 标志。

HACCP 食品安全管理体系和 ISO 9000 质量管理标准体系的关系及如何共同建立两个体系是食品生产企业一直关注的问题。

第一，ISO 9000 质量管理体系要求获得必要的资源和信息来监视、测量和分析这些过程，通过标准体系要求组织识别质量管理体系所需的过程及其在组织中的应用，确定这些过程的顺序和相互作用，确定有效运行和控制过程所需的准则和方法，并通过对过程的管理和持续改进来实现策划的结果，以增强顾客满意度。

第二，HACCP 食品安全管理体系要求企业通过对食品加工过程的危害因素进行分析，以确定加工过程的关键控制点，对每个关键控制点建立关键限值并确定预防措施，监控每一关键控制点，当监控显示所监控的关键限值发生偏离时，启用纠偏措施，并建立 HACCP 体系的验证程序，使食品安全卫生的潜在危害得到预防、消除或降低到可接受的水平。

虽然 ISO 9000 质量管理体系和 HACCP 体系是不同的管理标准，但是二者的基本思想和方法、建立体系的原理以及共同的概念和术语一致，但两类管理体系的目的、范围和对象等有所区别，两个体系不能简单等同或替代。因此，可以认为，HACCP 与 ISO 9000 体系的实施是相容的。只有将两种管理体系视为一个协调的有机整体、相辅相成，企业才能在市场竞争中立于不败之地。

（2）环境标志产品认证

随着时代发展和社会进步，生产力水平不断提高，随之而来还有人们越来越丰富多彩的物质生活，但同时环境问题也日益增多并有逐步恶化的趋势，它严重威胁着人类社会的健康生存和可持续发展，所以，各种社会组织越来越重视自己的环境表现和环境形象，都希望以一套系统化的方法规范其环境管理活动，求得生存和发展。

现代企业不仅要追求良好的经济效益，更加需要关注环境保护、生态建设，遏制生存环境的恶化，追求企业的长期战略发展目标，所以，环境标志产品认证，成为所有企业必为之事。物流企业也是如此。

（3）产品强制性认证

随着现代工业的不断发展，需要有科学可靠的手段从外部保证产品质量，在这样的环境下就形成了质量认证。质量认证是国际上通行的产品、过程和服务的评价方式。通过对一些涉及人体健康、环保、安全等产品的立法或颁布强制性认证制度，保护国家和民众的权益。21世纪初我国公布了新的强制性产品认证制度，简称3C认证，遵循"四个统一"原则，即统一标准、技术法规和合格评定程序，统一目录，统一标志，统一收费标准。列入强制性产品认证目录内的产品，未获得认证且未加施中国强制性认证标志的，不得出厂销售、进口和在经营服务活动中使用。

2. 质量经济性管理

提高经济效益的巨大潜力蕴藏在产品质量之中。"向质量要效益"也反映了质量与效益之间的内在联系。质量效益来自消费者对产品的认同及其支付。质量损失是指产品在整个生命周期过程中，由于质量不满足规定的要求，对生产者、使用者和社会所造成的全部损失之总和。它存在于产品的设计、制造、销售、使用直至报废的全过程，涉及资源、消费者和生产者。

（1）质量管理中的资源损失

资源损失，是由于产品的缺陷对社会造成的污染或公害而引起的损失以及对社会环境的破坏和资源的浪费而造成的损失等。由于这类损失的受害者并不十分确定，难以追究赔偿，生产商往往不重视。超标排放废气的助动车是个典型的例子，受大气污染之害的对象不容易确定，生产商的责任也难以界定。

（2）质量管理中的消费者损失

产品在使用中因质量缺陷而使消费者蒙受的各种损失属于消费者损失。消费者损失的表现形式很多。例如，维修次数多、维修费用大、产品使用中能耗和物耗的增加，因产品质量而导致频繁停工、停产、交货误期等，按我国的有关法律规定，对消费者的损失，生产商要给予部分甚至全部的赔偿。在消费者损失中也存在无形损失的现象，主要表现为构成产品的零部件的功能不匹配，使用寿命不一致。

（3）质量管理中的生产者损失

因质量问题而造成的生产者损失既有出厂前的，也有出厂后的；既有有形损失，也有无形损失。另外，不合理地追求过高的质量，使产品质量超过了用户的实际需求，通常称为"剩余质量"，剩余质量使生产者花费过多的费用，成为不必要的损失。

3. 质量成本及控制

企业控制生产成本的一个重要内容就是控制企业的质量成本。质量成本包括确保满意质量所发生的费用以及未达到满意质量时所遭受的有形与无形损失，即质量成本是将产品质量保持在规定的质量水平上所需的有关费用。

具体来说，质量成本就是指与预防、鉴定、维修和修复次品相关的成本以及因浪费生产时间和销售次品而导致的机会成本。传统的质量成本曾被局限于对最终产品的检验和测试的成本，质量不良造成的其他成本都被包括在间接成本中，而未被界定为质量成本。为了满足顾客的需要和期望，并保护企业的利益，企业必须有计划、有效地利用可获得的技术、人力和物质资源，在考虑利益、成本和风险的基础上，使质量最佳化，并对质量加以控制。质量成本是质量经济性的主要内容。对质量成本的重视和研究，是企业发现薄弱环节、挖掘潜力、持续降低成本和改进质量的经常任务和重要途径。质量成本控制就是以质量成本计划所制定的目标为依据，通过控制手段把质量成本控制在计划范围内。控制过程分为核算、制定控制决策和执行控制决策。

（1）质量成本核算

控制质量成本，首先就要进行科学核算，这是整个成本控制活动中的测量环节，通过定期或不定期地对质量成本的责任单位和产品核算其质量成本计划指标的完成情况，计算实际成本与计划目标的差异，评价质量成本控制的成效。

（2）制定控制决策

当发现差异量超出控制范围时，需要制定控制决策。在做详尽的分析以后，找出问题的原因，需要及时制定控制决策，决策是由一系列的可执行措施组成。

（3）执行控制决策

质量成本的控制决策执行应该由有关的部门或个人负责。在控制过程中，核算应当与考核结合进行，以增强有关部门和员工的质量意识。从控制活动中不同使用信息的方式分类，可以有三种不同的基本控制方式。

①事前控制

事前控制是在事情开始以前就采取种种措施，完全避免不利因素的冲击。它的控制论原理是前馈控制，事实证明只要能够事前预测到不良因素的发生，及时采取预防对策，可以取得非常好的控制效果。在质量控制和成本控制中已普遍意识到最好的控制在产品设计阶段，设计阶段的工作可以控制住60%的质量问题和产品成本。

②事中控制

事中控制是在事后控制的基础上发展起来的。它的指导思想是当有迹象表明将要出现质量问题时，及时采取控制措施，避免质量问题的产生。显然这种控制方式比事后控制更有效，它可以减少甚至避免损失。使用这种方法的关键是需要有一种有效手段来监测受控对象，及时发现不正常的征兆，以便采取措施。问题是这种手段并非对每一种质量成本控制对象都是存在的，所以事后控制仍是十分有用的控制方式。

③事后控制

事后控制是在事情发生后，回过头来总结经验教训，分析事故原因，研究预防对策，争取在下个计划期内把事情做得更好一些。用控制论原理解释，是基于信息的负反馈控制。这一控制方式在管理中有普遍应用，最早出现在质量控制活动中。当质量偏离了目标值，往往是已经产生了不合格品，损失已经造成，再通过查找原因采取措施，以达到控制目标。这种方式虽然不能及时控制，但由于操作简单，仍然有着广泛的使用价值。

第六章 物流风险管理

第一节 物流风险管理的基本理论与方法

一、物流风险概述

（一）物流风险的定义与特征

1. 物流风险的定义

物流风险是指可能在物流领域发生的各种风险的总称。从狭义上来说，物流风险是指未来物流损失发生的不确定性；从广义上来说，物流风险是指未来物流损失或收益发生的不确定性。

2. 物流风险的特征

物流风险具有风险的共性特征，包括未来性、损失性、不确定性、客观性、偶然性、可测性、双重性；同时，物流风险还具有其独有的特征。

（1）国际物流与国内物流风险的比较

国际物流和国内物流不同，它的主要服务对象是跨国经营和对外贸易，它要求各国之间的物流系统相互接轨。随着国际分工的日益细化和专业化，国际的商品、货物流动更加频繁，因更长的供应链、较少的确定性和更多的物流单证而使物流需求不断增长，物流经营者面临着距离、需求、多样性和单证等方面的壁垒。因而，与国内物流相比，国际物流具有国际性、复杂性和高风险性等特点。

（2）现代物流与传统物流风险的比较

现代物流与传统物流的相关指标的对比情况如表 6-1 所示，与传统物流生产具有"段""线"的特点不同，现代物流生产具有"网"的特点，同时更强调向客户提供个性化的整体解决方案及增值服务，因此，与传统物流相比，其所面临的风险更为复杂，更具有自己的特点。

表 6-1 现代物流与传统物流的比较

对比项目	传统物流	现代物流
客户	以公众为主、数量大、短期买卖关系	以协议客户为主、数量较少、长期合作伙伴关系
服务	单一功能性物流服务、标准化服务、被动式服务、流通环节为主	一体化物流解决方案的服务；定制化服务，适应客户个性化需求；主动式服务；拓展到整个供应链
设施	通用性设施	根据客户需要构建物流网络设施
运行模式	基于资产	基于非资产
业务流程	刚性	柔性
信息服务	极少	必备、共享
核心竞争力	网络覆盖面广	一站式服务、增值服务能力

（3）传统物流与其他行业风险的比较

传统物流与制造业的相关指标的对比情况如表 6-2 所示。由于传统物流具有"网络化""非封闭性""产品无形性"等特点，因而，与其他行业相比，传统物流所面临的内外部环境更为复杂，因而其风险也具有特殊性。

表 6-2 传统物流与制造业的比较

对比指标	制造业	传统物流
生产场所大小与开放度	"点"/封闭	"网络"/开放
生产流程标准化程度	较高	较低
生产过程的可控制性	较高	较低
生产产品	有形产品	无形产品
客户类型	直接客户较多	大多中间/间接客户
参与方	较少	较多（比如，发货人、收货人）

（二）物流风险的效应与构成要素

物流风险与一般风险相同，物流风险仍然具有诱惑效应、约束效应和平衡效应。

物流风险的构成要素包括物流风险因素、物流风险事故与物流风险损失。其中，物流风险因素引发物流风险事故，物流风险事故导致物流风险损失。

（三）物流风险的类别与成因

1. 物流风险的类别

按照不同的划分方式，可以将物流风险划分为不同的类型，通常可以按照以下方式对物流风险的类别进行划分。

（1）按业务内容划分

可分为：运输风险、仓储风险、物流金融风险等。

（2）按职能划分

可分为：营销风险、运营风险、财务风险、人力资源风险、安全风险、法律风险等。

（3）按主体划分

可分为：物流企业风险、货主企业物流风险。前者是指各类物流企业所面临的物流风险；后者是指货主企业因物流活动所面临的风险。

（4）按内外环境划分

可分为：外部风险、内部风险。

（5）按层次划分

可分为：战略层风险、管理层风险、操作层风险。

2. 物流风险的成因

（1）控制能力有限

有时，经营主体对某些风险虽然已有认识和预计，但囿于技术条件和能力不能采取有效措施加以防范和控制，因此，控制能力的有限性与主观认识的局限性一样是风险产生的主观原因。

（2）主观认识局限

由于自然和社会运动的不规则性，经济活动的复杂性和经营主体的经验与能力的局限性，经营主体不可能完全准确地预见客观事物的变化，因而风险的存在不可避免。

（3）客观条件变化

客观条件变化的不确定性，是指社会政治、政策、宏观经济和自然环境等方面存在的不确定性，它是导致企业风险的客观原因。

二、物流风险管理体系

物流风险管理体系，由风险管理目标、风险管理过程和风险管理资源配置三大部分组成。

（一）风险管理目标

只有确定了风险管理的目标，才能确定风险管理的方向。实际上，风险管理的目标也是风险管理要得到的最终结果，它应该有多个层次、多个维度，并应考虑到企业不同的价值取向和各个发展时期。美国反对虚假财务报告委员会的发起组织委员会规定的目标包括战略目标、经营目标、报告目标和合规目标。在制定风险目标时，必须考虑企业的风险偏好或风险容忍度。风险容忍度是指在实现企业特定目标过程中对差异的可接受程度。风险容忍度应该是明确的、切实可行的、可以衡量的；风险容忍度应该在整个企业的层面进行适当分配，以便于管理和监控。

（二）风险管理过程

风险管理过程的目的在于确定最优的风险管理成本和最有效的资本配置方案，这个过程要便于公司组织内部对风险管理的理解和实施，并能主动支持公司的风险管理策略，是进行风险管理决策的基础。

（三）风险管理资源配置

风险管理资源配置是风险管理效率效果的必要保证。风险管理资源配置实际上就是优化实现风险管理过程的"软件"与"硬件"。它包括风险管理组织体系、内控体系、管理信息系统、人员配置等。限于篇幅，下面仅对风险管理组织体系予以说明。

物流风险管理组织体系由董事会（包括风险管理委员会、审计委员会）、监事会、经理层（包括首席风险官）、职能部门（包括独立的风险管理部门、内部审计部门以及其他相关业务单位和职能部门）四个部分形成战略层、决策层、执行层三级组织构架。

1. 战略层

战略层由企业的董事会及下设的风险管理委员会和审计委员会所构成，战略层的主要职责是制定企业风险管理的目标、方针、政策，同时负责检验和考核风险管理的实施效果。

（1）董事会

董事会在企业风险管理中处于领导地位，并就全面风险管理工作的有效性对股东会负责。构建科学规范并行之有效的企业风险的层级防控体系，关键是董事会核心作用的发挥。一般来说，董事会的风险管理职责主要包括以下内容：第一，审议并向股东会提交企业风险管理年度评估报告；第二，了解和掌握企业面临的各项重大风险及其风险管理现状，做出有效控制风险的决策；第三，批准风险管理组织机构设置及其职责方案；第四，审议确定企业风险管理总体目标、风险偏好、风险容忍程度等，批准企业风险管理策略和重大风险管理解决方案；第五，批准重大决策的风险评估报告等。

（2）风险管理委员会

风险管理委员会的主要职责是根据董事会确定的方针、政策和任务，具体协调、处理企业经营发展和日常管理中的有关涉及风险控制和管理的事项；具体组织落实风险控制和管理的有关事项；并按照业务分管原则，实施对公司下属单位的风险控制和管理事项的监督指导。

（3）审计委员会

审计委员会是按照董事会决议设立的专门工作机构，主要职能是协助董事会独立地审查公司财务状况、内部监控及风险管理制度的执行情况及效果，出具审计报告和内部管理建议书，以及与内部审计师和外部审计师的独立沟通、监督和核查工作。

需要注意的是，当前我国有一些公司将风险管理委员会和审计委员会的职能合并，成立所谓的"审计与风险管理委员会"，这实际上是混淆了这两个机构的职能。

（4）监事会

监事会在企业风险管理中处于监督地位，依法行使对公司、董事和高级管理人员的监督权并对股东会负责。监事会监督作用的发挥，对构建科学规范并行之有效的企业风险层级防控体系是不可或缺的。监事会的风险管理职责主要包括以下内容：第一，听取公司全面风险管理工作报告；第二，监督检查重大风险预防化解措施的落实情况；第三，对企业重大风险独立地发表意见，并对给企业造成经济损失的风险事件责任人提出责任追究意见；第四，对公司风险管理工作的整体实施情况进行调查、评价，并向股东会报告监督结果。

2. 决策层

决策层的主要职责是全面负责风险管理目标与政策的实施，通过制定相应的风险管理制度、各部门和岗位的职责与权限等规范指导风险管理工作的开展。决策层由总经理及下设的风险管理部、法律事务部和内控合规部、审计部、监察部等职能部门组成。同时，风险管理的决策层还通过对风险管理方案的制订、评估、考核及监控等，保证风险管理规范的全面贯彻。此外，目前众多国外企业在决策层设置 CRO（首席风险官）来具体负责企业的风险管理。

决策层在企业风险管理制度的制定、风险防范方案的编制和执行中处于主导地位，就企业风险管理的有效性向董事会负责，并接受监事会的监督。其主要职责包括以下几个方面：

（1）主导风险管理的整改工作

负责组织全面风险管理的有效性评估，针对各类风险制订风险管理解决方案，明确风险管理解决的具体问题、涉及的管理及业务流程、所需的条件和手段，以及风险事件发生前、中、后应采取的具体应对措施等。并按照部门职责的分工，将解决方案涉及的各项具体工作明确到各个部门或业务单位，确保各项措施得以有效实施。

（2）主导风险管理责任的落实

通过建立严格、规范的考核办法、奖惩制度、明确责任到每一个部门、每一个个人，量化标准到每一项工作、每一个流程，以保证企业全面风险管理工作在正确的轨道上运行。

（3）主导风险管理相关制度的制定

通过制定企业风险预警制度、风险分析制度、企业风险管理考核与奖惩办法以及相关内控制度等一系列的管理办法，确定流程、明确分工、落实责任，从而构建完整的全面风险防范体系。

决策层需要主导风险管理全过程的跟踪监控。对可能影响企业生产经营的每一项风险实行事前分析、事中预警、事后应对、即时调度、跟踪监控，督促各项整改措施落实到位，以保证风险管理工作的及时性和有效性。

3. 执行层

执行层包含的成员十分广泛，它是由公司的各个部门、各个业务单位以及每一个员工组成的。执行层是风险管理的具体实施单位，这要求企业的每个员工都有风险意识，并按照风险管理规范所要求的操作流程、审批权限、逐级汇报与信息传递等行为的规范进行操作，从而保障风险管理的有效性、敏感度和应具备的快速反应能力。执行层主要负责风险管理工作的具体实施，并对总经理或其委托的高级管理人员负责。它主要包括内部审计部门、风险管理部门以及各业务部门。

（1）内部审计部门

内部审计部门在风险管理方面需要负责研究提出全面风险管理监督评价体系，制定监督评价相关制度，开展监督与评价，并出具监督评价审计报告。审计部门主要履行以下职责：①审查企业内部控制程序的有效性；②监督、检查风险管理部门是否履行了对风险管理进行监督与改进的职责；③研究制定企业风险管理的审计监督制度；④监督、检查各业务部门是否按照业务流程进行有效的风险管理；⑤向董事会提交风险管理监督评价审计报告，提出改进评价意见。

（2）企业各业务部门

业务部门履行专业风险的管理职责。各业务部门主要履行以下职责：①收集相关风险信息，对企业各项业务管理及重要管理流程存在的风险进行风险识别、风险分析和风险评估；②研究提出本业务部门涉及的重大决策、重大风险、重大事件和重要业务流程的判断规则；③研究提出并实施企业风险解决方案；④做好培育企业风险管理文化的有关工作；⑤跟踪检查风险管理工作的执行情况，并研究提出持续改进措施。

（3）风险管理部门

风险管理部门履行企业风险管理的综合职责。具体职责如下：①研究提出风险管理策略和跨职能部门的重大风险管理解决方案，并负责该方案的组织实施和对该风险的日常监控；②研究提出跨职能部门的重大决策风险评估报告；③研究提出跨职能部门的重大决策、重大风险、重大事件和重要业务流程的判断标准或判断机制；④研究提出全面风险管理工作报告；⑤负责全面风险管理有效性的评估，研究提出全面风险管理的改进方案。

由以上研究分析可以看出，实施三级组织架构，在该架构内明确战略层、管理层及执行层风险管理的职责，将风险管理及控制活动覆盖到本公司的各个部门、各个层级和经营管理的各个环节，可形成以市场风险为导向的风险控制与管理的三道防线：

第一道防线，即以相关职能部门和业务单位组成的业务单位防线。

第二道防线，即以风险职能管理部门和风险管理委员会组成的风险职能管理部门防线。

第三道防线，即由内部审计部门和审计委员会组成的审计防线。

三、物流风险管理的方法

物流风险应对，也称物流风险管理策略，是企业风险管理活动的指导方针和行动纲领，是指针对企业面临的主要风险设计的一整套风险处理方案。

（一）物流风险管理策略

风险管理策略主要是围绕企业目标与战略，确定风险偏好、风险承受度和风险管理有效性标准，选择适当的风险承担、风险规避、风险转移、风险转换、风险对冲、风险补偿和风险控制等风险管理工具，确定风险管理所需要的人力与物力资源的配置原则。

一般来说，风险管理策略有两种类型：第一，控制方法；第二，财务方法。前者致力于消除、回避和减少风险发生的机会，限制风险损失的扩大；后者的重点是事先做好风险成本的财务安排，通过财务安排来降低风险成本。

1. 风险自留

所谓风险自留，是指企业自己来承担风险。自留风险的可行程度，取决于损失预测的准确性和补偿损失的适当安排。一般风险发生的概率很低，造成的损失也不大时，多数企业会选择风险自留的方式。

企业选择风险自留策略时，需要大量的资金作为后盾，其可采取的筹资方式有：现有收入、建立意外损失准备金（非基金）、建立专项基金、从外部借入资金，除了筹集资金提高企业自身的抗风险能力以外，企业还可以通过套期保值、加入保赔协会等方式接受风险自留。

2. 慎重管理风险

慎重管理风险，也称损失控制，是指企业有意识地接受经营管理中存在的风险，并以谨慎的态度，通过对风险进行分散、分摊以及对风险损失进行控制，从而化大风险为小风险、变大损失为小损失的风险处理策略。根据方式的不同，它可以分为风险分散、风险分摊和备份风险单位等形式。

3. 风险转移

风险转移是指企业为避免承担损失而有意识地将风险损失或与风险损失有关的后果转嫁给其他企业的一种风险管理方式。常见的有两种方法：第一，转移给保险公司。这是风险转移最主要的方法，是通过保险把风险转移给保险人，一旦发生意外损失，保险人就按保险合同约定补偿被保险人的一种风险管理的方法。第二，转移给另一承担方，比如，可以进行外包、租赁、委托、出售等。

4. 风险避免

风险避免是指放弃某项活动以达到回避因从事该项活动而可能产生风险损失的行为。这是一种不作为的态度。这种方法具有一定的消极性和局限性。比如，在投资项目时，风险高于利益的预期，可能选择放弃。但风险总是伴随着收益同时存在，回避风险就意味着放弃收益。当放弃的机会成本足够高时，物流企业总可以通过提高管理水平的方法降低货物发生损失的概率。实际业务中，可以分情况采取完全拒绝承担、中途放弃承担、改变部分条件等方式。

（二）物流风险管理方案

风险解决方案是对风险管理策略的具体落实。它主要是针对各类风险或各项重大风险制订风险解决方案。一般包括：提出和确定风险解决的具体目标，所需要的组织领导，所涉及的管理与业务流程，所需要的条件、手段以及各种内控制度等，以及风险事件发生之前、之中和之后应该采取的具体应对措施（包括外包方案）以及风险管理工具。

1. 风险管理解决方案制订的前提条件

（1）遵循风险管理方案制订的原则

可考虑的原则主要有：可行性、全面性、匹配性、成本收益性、综合性、灵活性等。

（2）考虑选择风险管理策略的因素

影响风险管理策略选择的因素包括与管理决策有关的因素及风险性质因素。比如，与管理决策有关的风险策略选择因素包括企业的目标与战略、可管理性、资金筹措能力、风险的时间长短、自身管理风险能力等。

（3）明确影响解决方案的主要风险

企业应列出影响解决方案的主要风险，比如，战略风险、管理风险等。

2. 风险管理解决方案制订的程序

制订风险管理解决方案需要经过以下步骤：第一，确定风险管理的目标；第二，设计风险管理解决方案；第三，选择并执行风险管理最佳解决方案；第四，风险管理解决方案效果评价。

在制订风险解决方案的过程中，需要采用一系列的进行风险决策的方法，如风险成本与效益分析等。因此，一方面，要设计好风险应对的措施，同时还要尽量减少风险应对措施的代价；另一方面，在制订风险解决方案时，还必须考虑风险应对措施所带来的收益，要根据收益的大小决定是否需要付出一定量的代价去应对具体的风险，避免得不偿失。

第二节　物流风险的主要类别

一、物流市场风险

（一）物流市场风险的定义

物流市场风险与物流市场的波动具有紧密联系，因此物流市场风险也可以称作物流系统风险，物流市场风险是指未来物流市场的不确定性和其对风险管理主体实现其既定目标的影响。物流市场风险通常具有以下特征：

1. 整体风险发生的概率较小

由于人类认识水平的不断发展、对自然和社会的认识不断加深，对它们的驾驭能力不断提高，对整体性风险发生的防范手段及其发生之后的综合治理办法都不断增强。

2. 分散投资无法消除风险

由于市场风险是个别企业或行业所不能控制的，是社会、经济、政治大系统内的因素所造成的，它影响着绝大多数企业的运营，所以，企业无论如何选择投资组合都无济于事。

3. 风险后果具有普遍性

整体风险造成的后果具有普遍性，各个主体皆不能避免。

4. 产生因素为全局性的因素

例如，经济方面的利率、通货膨胀、宏观经济政策、能源危机、经济周期循环等；政治方面的政权更迭等；社会方面的如体制变革、所有制改造等。

（二）物流市场风险的类别

根据物流业的历史，我们可以对物流市场风险进行分类。下面主要介绍物流企业会遭遇的市场风险。

1. 物流竞争风险

物流竞争风险主要是指来源于竞争对手的竞争风险，也就是被竞争对手战胜的风险。在物流竞争环境中，物流的市场结构、市场透明度、市场竞争程度和市场干预程度等因素的变化及构成情况，直接给物流企业带来不同的风险。以海运企业为例，海运企业在运价、航班次数、转运时间、港口的覆盖范围、服务可靠性、可利用的集装箱、陆上运输服务、客户服务的质量、增值服务和其他客户要求等方面均面临竞争，因而有可能导致海上运价降低。此外，国际海运企业纷纷追求船舶大型化，在船舶科技和信息设备等方面的投入不断增加，在全球加强销售和客户服务网络的建设，这可能在船型结构、服务能力、信息系统、管理效率和分销网络等多方面对海运企业形成挑战。

2. 金融风险

金融风险是指物流企业遭受金融损失的可能性。其主要是由于金融因素，如利率、汇率变动，通货膨胀而引起物流企业实际的收益或成本和预期结果有偏差。

（1）通货膨胀风险/购买力风险

由于物价的上涨，同样金额的资金，未必能买到过去同样的商品。这种物价的变化导致了资金实际购买力的不确定性，称为购买力风险或通货膨胀风险。在发生通货膨胀的情况下，本来并不热销的航运企业股票，将面临更大的购买力风险。

（2）外汇风险

它可大致分为汇率波动风险和外汇管制风险。由于物流企业编制的财务报表以人民币为货币单位，而物流企业大部分业务及经营使用外币结算，相当数量的运营资产同样以外币计价，因此人民币与外币的汇率变动可能对物流企业的资产价值和盈利造成影响。

（3）利率风险

利率水平的变动受经济政策、货币资金需求、货币资金供给、经济周期和通货膨胀率水平等多方面因素的影响。利率上升将直接增加物流企业的财务负担。物流企业可通过适当控制长、短期借款比例，运用各种金融工具等方式积极对现有贷款利率水平进行管理，控制实际支付利息的利率水平，降低利率波动对物流企业盈利的影响。

3. 政策风险

政策风险是指由于国家宏观政策的变化而导致市场行情波动从而产生的风险。经济政策、法规出台或调整，对物流市场会有一定影响，如果这种影响较大，会引起市场整体的较大波动，从而导致物流企业、货主企业遭遇无法预料的变故。

4. 国家风险

国家风险是指由于物流企业运营中东道国各种难以预料的经济、政治和法律等因素变动，导致物流企业投资环境、经营环境发生变化，使其预期成本或利润与实际情况不一致所带来的风险。国家风险主要包括社会风险、法律风险、经济风险和政治风险。

（1）社会风险

社会风险是指由于经济或非经济因素造成特定国家的社会环境不稳定，从而使国际物流企业不能把在该国的收入汇回本国而遭受损失的风险。

（2）法律风险

法律风险是指物流企业缺乏对东道国法律的了解，导致东道国与母国以及与国际法之间的法律冲突所产生的风险。

（3）经济风险

经济风险如东道国实行外汇管制，使东道国货币不可自由兑换，从而限制了国际物流企业的收入流出；或承租方和出租方之间原本以避税为目的的船舶租赁，因税收政策改变，给船东的收益带来的风险。

（4）政治风险

政治风险主要指战争、内乱、政权更迭、国有化没收外资、政府干预等。政治风险具有一定的特殊性，一旦发生往往无法挽救，且后果严重。其后果可能是直接使一物流企业破产，或者使两个国家间发生严重的外交冲突。

5. 物流成本上升风险

由于构成物流成本的许多不可控因素的变化，导致物流成本经常变动，从而使物流企业面临巨大的成本风险。以海上运输企业为例，主要面临船舶租金上升风险、港口费和装卸费上升风险、燃油成本上升风险。

（1）船舶租金上升风险

目前，海运企业的运力中许多是以租船方式持有。由于租船费在过去数年间均呈上涨趋势，海运企业续约或以新租船协议取代现有租船协议时可能会支付更高的费用。同时，由于租约期限过长，当经济周期处于下行期时，物流企业的收费减少而租金不减，会造成较大亏损。

（2）港口费和装卸费上升风险

港口费和装卸费受各种因素影响。例如，货运量的增长、运费上升、工人工资的增长等因素都会推高港口费和装卸费。这将增加物流企业的港口费和装卸费的支出，对物流企业的盈利产生不利影响。

（3）燃油成本上升风险

油料成本，主要是燃油成本，是物流企业最主要开支之一。燃油价格与原油价格密切相关。由于原油产地的关系，原油价格与国际政治的走向密切相关；由于原油在经济中的基础性作用，原油价格与经济起伏也息息相关。

6. 经济周期风险

经济周期会对物流行业造成很大影响。国际和国内经济的周期性波动将影响到物流市场需求和物流市场价格，从而对物流企业的经营效益产生较大影响。

国际经济及贸易因素可能导致物流行业发生需求波动的风险，国际物流业的整个产业链均同国际贸易和区域贸易发展密切相关。全球和各地区的经济增长呈现出明显的周期性特点，从而使国际贸易的增长出现波动。如果经济发生衰退或宏观环境不景气，将对物流业的需求及对企业的业绩造成影响。

为了防范经济周期风险，物流企业应加强对国际、国内宏观经济形势的研究，合理规划业务发展规模，使企业运力发展计划与运量增长保持适当比例，根据市场变化，优化业务结构，提高盈利能力。

7. 物流价格波动风险

物流价格受到多种因素影响，特别是受到供求关系的影响，在竞争激烈的情况下，物流服务的供求关系处于经常的变化中。因而，价格较易产生波动。

8. 运输安全风险

物流行业不可避免地面临着运输安全风险。例如，在海运中，当船舶在海上航行时，存在多种海上特殊风险和人为因素，因而存在着搁浅、碰撞、沉船等各种意外事故的可能，这些风险都会对企业业务运营造成影响，并可能给公司带来损失。再如，飞机飞行中也可能遇到机械故障、机场罢工、雷暴等的影响。事故中产生的污染所带来的赔偿费用也是一笔不小的损失。

二、物流战略风险

物流战略风险是指物流企业在追求短期商业目的和长期发展目标的系统化管理过程中，因不适当的未来发展规划和战略决策可能威胁物流企业未来发展的潜在风险。物流战略风险伴随企业战略的始终和企业发展的全过程，而不仅仅在战略制定过程中产生。具体可以将物流战略风险分为以下几类：

第一，竞争风险。竞争风险包括全球性竞争、市场份额增减、垄断等风险。第二，项目风险。项目风险包括研发失败、拓展业务失败、并购重组失败等风险。第三，行业风险。行业风险包括受经济周期、世界经济形势、政府管制等因素造成的巨大波动风险。第四，客户风险。客户风险是指客户实力增减、过度依赖客户、客户偏好改变等风险。第五，停滞风险，停滞风险包括销量减少、价格下降、不出新产品等风险。第六，技术风险，技术风险包括专利过期、流程过时、更新换代等风险。第七，信息风险。在物流行业中，信息风险主要是指信息不对称造成的风险。第八，品牌风险。品牌风险主要包括品牌变质、品牌崩溃等风险。第九，其他风险。除了以上风险外，财务风险、运营风险、危险事故、自然灾害等均会成为潜在战略风险。

三、物流操作风险

（一）物流操作风险的概念及特点

1. 物流操作风险的概念

操作风险是一种在很久以前就得到公认的物流风险，但是其概念界定却一直没有统一。巴塞尔委员会认为，可将操作风险定义为"由不完善或有问题的内部程序、人员及系统或外部事件所造成损失的风险"。本定义所指操作风险包括法律风险，但不包括声誉风险和战略风险。

操作风险相较于信用风险、市场风险，具有更多的表现形式，情况复杂，风险结果不确定，难以进行完整清晰的描述。但它们之间关系密切，操作风险可能在一定条件下转化为或者导致信用风险、市场风险。

按照巴塞尔新资本协议可将操作风险分为七类：第一，经营中断和系统错误；第二，内部欺诈；第三，客户、产品与业务活动带来的风险；第四，外部欺诈；第五，涉及执行、交割和流程管理的风险；第六，雇佣合同以及工作状况带来的风险；第七，有形资产损失。

可以将物流操作风险定义为：在物流业务运作过程中，因企业不完善或失灵的内部流程控制、人为的错误、制度缺失以及外部事件所产生的直接或间接损失的可能性。

2. 物流操作风险的特点

物流操作风险除了具有风险的一般性特征外，还具有以下特点：

（1）难以测定量化性

由于物流企业操作风险与操作损失之间并不存在简单的数量关系，因此，物流操作风险至今也没有普遍认同的衡量标准，也没有公开的数据库和相应的软件等。这就造成其难以测定。

（2）针对性

每个物流企业都有其自身的、独立的和独特的操作环境。因此，必须考虑企业的具体情况来对物流操作风险进行分析与管理。

（3）表现形式多样

从覆盖范围来看，物流操作风险几乎覆盖了企业经营管理所有方面的不同风险。而信用风险和市场风险的构成则相对较为简单。

（4）难以预测和控制

其原因在于它跟人的关系密不可分，而人的素质、道德水平又难以揣测和控制。因此，人文环境的差异、地方文化特点、商业市场环境等都会对物流操作风险管理产生很大的影响。

（5）可转化性

任何损失事件的发生往往都不是单一风险造成的，国际范围内越来越倾向于将信用风险、市场风险和操作风险等合并起来在整个企业范围内一并考虑。

（6）内生性

物流操作风险属于企业可控范围内的内生风险。而信用风险和市场风险产生于企业外部，更多的是一种外生风险。

（7）"大、小"相对并存性

物流操作风险，既包括发生频率高但损失相对较低的日常业务操作上的风险，也包括发生频率低但一旦发生就会造成极大损失，甚至危及企业生存的风险。

（二）物流操作风险形成原因、损失种类

1. 人员因素

造成物流操作风险的一个主要因素就是人员因素，主要是因员工发生内部欺诈、失职违规，以及因员工的知识和技能匮乏、核心员工流失、企业违反用工法等造成损失或者不良影响而引起的风险。还包括客户（操作失误、欺诈、内外勾结等）、第三人（侵权）等外部人员因素而造成的风险损失。

（1）违反用工法

违反用工法是指违反就业、健康或安全方面的法律或协议，包括劳动法、合同法等，造成个人工伤赔付或因性别、种族歧视事件导致的损失。

（2）内部欺诈

内部欺诈是指员工故意骗取、盗用财产或违反监管规章、法律或公司政策导致的损失。此类事件至少涉及内部人员一方，但不包括性别和种族歧视事件。员工违法行为导致的操作风险主要集中于内部人作案和内外勾结作案两种，属于多发风险。

（3）核心雇员流失

核心雇员是指具备其他物流企业员工普遍不具备的知识，或者能够快速吸收企业内部知识的主要人员。核心雇员掌握企业大量技术和关键信息，他们的流失将给企业带来不可估量的损失。

核心雇员流失体现为对关键人员依赖的风险，包括缺乏足够的后援、替代人员，相关信息缺乏共享和文档记录，缺乏岗位轮换机制等。

（4）知识、技能匮乏

员工由于知识技能匮乏给企业造成的风险，主要有三种行为模式：

第一种行为模式：在工作中，未意识到自身缺乏必要知识，按照自己认为正确而实际是错误的方式工作。

第二种行为模式：意识到自己缺乏必要的知识，但是由于颜面或者其他原因而不向管理层提出，或者声明其无法胜任某一工作，或者不能处理面对的情况。

第三种行为模式：意识到本身缺乏必要的知识，并进而利用这种缺陷。

在前两种情况下，有关人员会按照他认为正确的方式工作，如果他负责交易方面的工

作，可能会给物流企业带来经济或者声誉方面的损失。最后一种情况则属于欺诈。

（5）失职违规

失职违规是指员工因过失没有按照雇佣合同、内部员工守则、相关业务及管理规定操作或者办理业务造成的风险。

员工因失职违规导致的操作风险主要为滥用职权、对客户进行误导或者支配超出其权限的业务，或者从事未经审批的项目等，致使企业发生损失的风险，企业对员工失职违规越权行为导致的操作风险应予以高度关注。

2. 系统缺陷

系统缺陷引发的操作风险是指由于信息科技部门或服务供应商提供的计算机系统或设备发生故障或其他原因，使物流企业不能正常提供服务或业务中断而造成的损失，包括系统设计不完全和系统维护不完善所产生的风险。

系统缺陷引发的风险最典型的是电脑系统风险，企业对此支付巨额费用，对系统和数据需求又提出新的挑战。

3. 运输类操作风险

运输类操作风险主要包括合同主体资信不足，运输合同条款约定的权利义务不合理，合同履行中未及时检验、移交、接收，道路交通事故，海上风险，车辆承包连带责任，货物运输途中保管不当，货物迟延交付等所引起的风险。

4. 仓储类操作风险

仓储类操作风险包括仓储物验收不明的风险；仓储物变质、损毁、灭失的赔偿风险；存货人欺诈风险；交付不当风险。

5. 配送类操作风险

配送类操作风险有配送迟延、误送的赔偿风险；配送货损赔偿风险。

6. 物的因素

物的因素引起的风险主要包括物流企业、客户或第三方所拥有的物流设备设施（载运工具、装卸搬运工具、港站设施、仓库）或其他设施的不当操作、企业计算机系统失灵和系统漏洞以及因所承运或储存的商品自身特性而给物流企业带来的损失等。

7. 内部流程

由于物流企业业务流程缺失、设计不完善，或者没有被严格执行造成的损失，称为内部流程引起的操作风险。这主要指管理制度不健全、岗位设置不合理、内部流程无序、流程执行失败、控制和报告不力、文件或服务合同缺陷、抵押担保管理不当、服务产品存在缺陷、服务质量不规范、与客户有纠纷等。

管理信息不准确、管理信息不及时、未保留相应文件、项目未达到特定目标、项目资金不足、流程发生冲突、流程中断等，这些都需要有专人专门机构监管，否则流程执行下去很困难。

8. 外部事件

外部事件引起的物流操作风险是针对企业的外部环境而言的。物流企业的经营是在一定的政治、经济和社会环境中发生的，经营环境的变化、外部突发事件等都会影响物流企业的正常经营活动，甚至发生损失。具体包括，因外部人员故意欺诈、骗取或盗用企业货物及违反法律而对客户、员工、资源或声誉可能或者已经造成负面影响的事件。该类事件可能是内部控制失败或内部控制环节薄弱，或是外部因素对企业运作或声誉造成的"威胁"。

在外部事件引起的物流操作风险中，外部欺诈、盗窃是给物流企业造成损失最大、发生次数最多的操作风险之一；业务外包引起的风险也要控制，主要是要有严格的合同协议，并有专门机构监管执行；由于自然灾害等因素造成的损失，也使物流企业的业务受到很大影响；政治风险也要考虑进去，征用、政府行为、公共利益集团或极端分子活动引起的风险，也偶有发生。

9. 物流保险类操作风险

物流保险类操作风险包括保险合同无效的风险；保险免责条款风险；保险索赔证据不足、手续不全被拒赔的风险。

第三节　企业物流与供应链风险管理

一、供应链风险的类型

（一）供应链内生风险

供应链内生风险是针对供应链内部的各个环节而言的风险，主要来自组成供应链系统各环节之间的关系，它由各环节之间潜在的互动博弈与合作形成。供应链中各成员企业作为独立的市场主体有各自不同的利益取向，相互之间因为信息不完全、不对称，又缺乏有效监督机制，为了争夺系统资源、追求自身利益最大化而展开激烈博弈。同时，在部分信息公开、资源共享的基础上，又存在一定程度的合作。

1. 结构风险

这是指因受供应链系统的约束、内耗、不稳定、牛鞭效应等因素的影响而产生的风险，是供应链所独有的风险。

2. 物流运作风险

物流活动是供应链管理的纽带。供应链要加快资金流转速度，实现即时化生产和柔性化制造，离不开高效运作的物流系统。这就需要供应链各成员之间采取联合计划，实现信息共享与存货统一管理。但在实际运行中这是很难做到的一点，导致在原料供应、原料运输、原料缓存、产品生产、产品缓存和产品销售等过程中可能出现衔接失误，这些衔接失误都可能导致因供应链物流不畅通而产生风险。例如，运输障碍使原材料和产品不能及时供应，造成上游企业在承诺的提前期内无法交货，致使下游企业的生产和销售受到不利影响。

3. 生产组织与采购风险

现代企业生产组织强调集成、效率，这样可能导致生产过程刚性太强，缺乏柔性，若在生产或采购过程的某个环节上出现问题，很容易导致整个生产过程的停顿。

4. 道德风险

道德风险是指由于信息的不对称，供应链合约的一方从另一方那儿得到剩余的收益，使合约破裂，导致供应链的危机在整个供应链管理环境中，委托人往往比代理人处于一个更不利的位置，代理人往往会通过增加信息的不对称，从委托合作伙伴那里得到最大的收益。如供应商由于自身生产能力上的局限或是为了追求自身利益的最大化而不择手段，偷工减料、以次充好，所提供的物资达不到采购合同的要求给采购带来风险。

5. 企业文化差异产生的风险

供应链一般由多家成员企业构成，这些不同的企业在经营理念、文化制度、员工职业素养和核心价值观等方面必然会存在一定的差异，从而导致对相同问题有不同的看法，进而采取不一致的工作方法，最后输出不同的结果，造成供应链的混乱。

6. 信息传递风险

由于每个企业都是独立经营和管理的经济实体，供应链实质上是一种松散的企业联盟，当供应链规模日益扩大、结构日趋繁复时，供应链上发生信息错误的概率也随之增多。信息传递延迟将导致上下游企业之间沟通不充分，对产品的生产以及客户的需求在理解上出现分歧，不能真正满足市场的需要。同时会产生牛鞭效应，导致过量的库存。

7. 分销商的选择产生的风险

分销商是市场的直接面对者，要充分实施有效的供应链管理，必须做好分销商的选择工作，在供应链中，如果分销商选择不当，会直接导致核心企业市场竞争的失败，也会导致供应链凝聚力的涣散，从而导致供应链的解体。

（二）供应链外生风险

1. 意外灾祸风险

这主要表现在地震、火灾、政治的动荡、意外的战争等都会引起非常规性的破坏，影响到供应链的某个节点企业，从而影响到整个供应链的稳定，使供应链中企业资金运动过程受阻或中断，使生产经营过程遭受损失，既定的经营目标、财务目标无法实现。

2. 政策风险

当国家经济政策发生变化时，往往会对供应链的资金筹集、投资及其他经营管理活动产生极大影响，使供应链的经营风险增加。例如，当产业结构调整时，国家往往会出台一系列的产业结构调整政策和措施，对一些产业的鼓励，给供应链投资指明了方向；对另一些产业的限制，使供应链原有的投资面临着遭受损失的风险，供应链需要筹集大量的资金进行产业调整。

3. 市场需求不确定性风险

供应链的运作是以市场需求为导向的，供应链中的生产、运输、供给和销售等都建立在对需求准确预测的基础之上。市场竞争的激化，大大增强了消费者需求偏好的不确定性，使准确预测的难度加大，很容易增加整个供应链的经营风险，如果不能获得正确的市场信息，供应链无法反映出不断变化的市场趋势和顾客偏好，一条供应链也会由于不能根据新的需求改变产品和供应物，而不能进入新的细分市场。最后，市场机会也会由于不能满足顾客快速交货的需要而丧失。

4. 法律风险

供应链面临法律环境的变化也会诱发供应链经营风险。每个国家的法律都有一个逐渐完善的过程，法律法规的调整、修订等的不确定性，有可能对供应链运转产生负面效应。

5. 经济周期风险

市场经济的运行轨迹具有明显的周期性，繁荣和衰退交替出现，这种宏观经济的周期性变化，使供应链的经营风险加大。在经济繁荣时期，供应链在市场需求不断升温的刺激下，会增加固定资产投资，进行扩大再生产，增加存货、补充人力，相应地增加了现金流出量。而在经济衰退时期，供应链销售额下降，现金流入量减少，而未完成的固定资产投资仍需大量资金的继续投入。此时，市场筹资环境不理想，筹资成本加大。这种资金流动性差的状况就增大了供应链的经营风险。

二、供应链风险管理

（一）理解供应链

很多企业内部存在一个普遍性问题，就是缺乏对供给/需求网络的更宽广认识。而企业只是这一网络中的一小部分，它们往往对通向市场的下游路径有着较好的了解，然而当涉及位于上游的一系列供应商时，情况却绝非如此。初级供应商们为了保持其连贯性，往往要依赖第二甚至第三层供应商。

克莱斯勒公司曾经对切诺基公司 V8 发动机的上游供应链进行考察，其描绘了全部数百件零配件的流动路线，结果发现这些零配件之一——Eaton 公司生产的一种滚轴提升阀门是由当地一家铸造厂制造的。当克莱斯勒公司小组考察了那家铸造厂后发现，用来生产铸件的黏土的唯一来源竟然是一家将要破产并意图停止经营的供应商。

企业想要科学有效地减低和管理风险，就必须全面、深入地了解供应链。当不能全面了解复杂供应链或者整个网络的时候，唯一合适的方法就是仔细考察"关键路径"。

（二）改善供应链

从实践的角度来说，改善企业供应链实际上就是要科学地简化供应链，要提高过程的可靠性，降低多变性和复杂性。对于那些由来已久的企业，可以毫不夸张地说，它们很少全面计划和设计供应链。它们曾经只是稍微系统地发展了对于需求和时机的反应机制，例如，供应商被选中，是因为它们迎合了低价格的要求，而不是因为它们供应的可靠性。

正因为过程存在多变性，导致供应链风险发生的可能性增加，变化意味着结果是不能被预测到的一个波动过程。在降低供应链过程的多变性方面，六西格玛方法是一种非常有效的手段。

（三）确定关键路径

供应网络是一个十分复杂的网络，它由一个个"节点"和"连线"相互连接而成：节点代表企业实体或者设施设备，如供应商、批发商、工厂和仓库等；"连线"是指节点间的连接方式，可能是物流、信息流或资金流等。供应网络的薄弱程度正是由这些节点和连线决定的。

供应网络是由数以千计的节点和连线构成的，供应链风险管理的挑战就在于确定其中哪些是"关键的使命"，换言之，即一旦失败对供应链的影响将有多严重。企业必须有能力去明确需要进行管理和监督的关键路径，以确保供应链的连贯性。关键路径可能会有若干特征：

第一，可辨别的高风险（即供给、需求、过程、控制和环境风险）。

第二，供应商和客户的高度集中。

第三，对特定基础设施的依赖，如港口、运输方式或者信息系统。

第四，较长的前置时间，比如重新添置零配件所花费的从订购到送货的时间。

第五，原材料或者产品必须流经的瓶颈或"紧要点"。

第六，短期内别无选择的单一供应源。

为了帮助确定在何处优先进行供应链风险管理，一种非常有用的方法是失败方式和影响分析（Failure Mode and Effect Analysis，FMEA）。FMEA 的目的是通过一种系统的方法来确定在一个复杂的系统中，为了降低失败的风险，应该着重关注什么地方。这种方法更多地用于全面质量管理（Total Quality Management，TQM），但却格外适用于供应链风险管理。FMEA 始于对每个节点、每条连线的考察和对三个问题的思索：

第一个问题：哪儿会出错？

第二个问题：一旦出错会有什么后果？

第三个问题：失败的关键原因是什么？

在回答了以上三个问题后，就需要参考一定标准科学地评估每一种可能的失败结果，需要回答以下几个问题。

第一，失败的后果有多严重？

第二，失败发生的可能性有多大？

第三，失败被检查出的可能性有多大？

在此基础上，对照下面的等级计分系统，将三个分数相乘来计算一个综合的优先级分数，如表 6-3 所示。

表 6-3　风险分析技术系统

S——严重性	①对营业服务水平没有直接影响 ②对营业服务水平有较小的负面影响 ③明显降低营业服务水平 ④严重恶化营业服务水平 ⑤营业服务水平趋于零

O——发生的可能性	①几年发生一次 ②几月发生一次 ③几周发生一次 ④每周发生 ⑤每天发生
D——检查出的可能性	①可以被检查出的概率非常高 ②发生之前有明显的预兆 ③发生之前有一定的预兆 ④发生之前只有很少的兆头 ⑤几乎不能被检查出来

（四）管理关键路径

在确定了供应链中的关键节点和连线后，之后就需要解决如何降低或消除风险的问题，很显然，这一步骤应该包括制订应对偶然事件的计划，一旦失败就要采取相应行动。情况极端严重的话，重新设计供应链也是必要的，如果必要的话，应该采用合理的统计过程控制方法来监控供应链上的关键环节。

企业可以利用"因果"分析法确定引起问题的原因，以此为基础可以有效地消除或避免成因。这一方法寻求将表面症状和原因分离，它是通过一个不断深入的质疑过程来实现的，即所说的"询问'为什么'（五次）"的方法。

如果问题的成因是瓶颈问题，那么决策时就必须进行慎重抉择。瓶颈能被消除吗？是否会因增加容量或抑制库存而削弱？很多情况下，瓶颈可能是一个能力受限的主要供应商。如果短时间内没有其他可选货源，那么就有必要通过采取战略存货来应对瓶颈问题，以使通过下游节点的物流活动得以继续。

虽然在生产过程中推行零部件的通用性和生产平台的标准化可以帮助降低复杂性，但正如前文所述，如果零配件或平台来自单一供应商，则同样会增加风险。

（五）提高网络的可见性

显然，很多供应链的可见性十分有限，也就是说，网络中的某个实体在供应链中发展时，并不了解上下游的营业水平和存货流动情况。这样的话，问题往往要在几周或几个月之后才能被发现，此时可能因为已经太迟而无法采取有效的行动。从经常被引用的诺基亚和爱立信的案例中可以看到供应链可见性带来的益处。

通过供应链突发事件管理可以更好地辨别发生意外事件（或者不发生的计划事件）的潜力。诸如此类的方法可以明显地降低供应链的不确定性，并因而降低了额外缓冲库存。另外一种新兴的可以极大提高可见性的技术是无线射频标识（Radio Frequency Identification，RFID）技术。

RFID 标签是当前在供应链中普遍应用的技术，它可以在供应链中充分发挥"跟踪和定位"的功能。标签既可以是"主动的"，也可以是"被动的"。主动标签发射信息到接收站，被动标签在供应链中移动时能够被扫描器读取。随着标签成本的下降和越来越多的企业要求它们的供应商必须使用 RFID，这一技术被加速推广。

随着科学技术的不断发展，卫星跟踪技术也开始运用到物流行业中，该技术可以在很大程度上协助供应链物资全球化管理。集装箱以及卡车上可以安装这样的设备，使它们的地理位置可以通过卫星来监控，其中还包含诸如温度之类的其他多种信息。

需要注意的是，技术应用的技术并不在于技术本身，而是需要供应链中的企业间产生共享信息的强烈愿望，当然，也包括那些不利的信息。

（六）建立供应链连贯性团队

防止或消除供应链风险，开展积极有效的管理必须有人来执行。因此，企业应该建立一个长久的供应链连贯性团队。

当前已经有很多企业在合适的地方建立了企业连贯性团队，但是这些团队的关注范围通常比较有限，主要集中在 IT/IS 上。其他企业则主要通过财务状况来预测风险。所有这些活动都是必需而且非常重要的，但是，我们在此所讨论的是，考虑到经营连贯性的最大风险位于更广阔的供应链中，这些团队应该扩大他们的关注范围。

从理论层面来说，应该保证这些团队具有多功能性，也就是说他们需要掌握一切供应链管理需要的技能，以保证他们能够成功完成那些错综复杂的分析，以及顺利执行供应链风险管理过程。团队应该编制一本"风险录"，记录可能的薄弱点，以及为了减少风险而准备采取的措施。

为了确保供应链风险管理可以得到最大的优先权，团队应该向决策层经理汇报工作，如果供应链总监或副总裁身在其列就再好不过了。

第七章　物流管理人才培养

第一节　物流管理专业改革试点概要

一、改革试点的必要性和可行性

（一）开展试点的必要性

"双证融通"即通过学历证书与职业资格证书两类证书内涵的衔接与对应，实现学历教育与职业资格培训的融通，实现"一教双证"。它是构建现代职业资格框架体系的基础，是在职业教育新形势下应运而生的教学改革举措，是对传统职业教育和职业资格鉴定内涵的调整和充实。

试点专业在开展"双证融通"人才培养改革前，也曾试图通过课程叠加和考证结合的方式实现双证融通，但因为职业资格培训与学历教育分属两个系统，目标和方式很不相同，学生只能通过额外培训和程序化考核获得证书，这就使原本完整的课程体系被割成几段，融通流于形式。因此深感必须在教委、人保局顶层设计下，将职业资格标准、培训过程和职业资格考核与专业教学标准、教学过程和教学考核环节融合，学历证书和职业资格证书获得过程统一，才能实现真正意义上的"双证融通"。

试点专业对应证书的专业技术性强、证书体系完整，很多鉴定内容与专业课程内容有对应关系，方便实施融通。同时，通过实施融通试点，可以大幅减少重复学习和考核的内容，减轻学生的时间成本和经济负担，可以更高效地实现人才培养目标，增强择业能力。

（二）开展试点的可行性

深化职业教育人才培养模式改革的重要内容是实现专业课程内容与职业标准对接、教学过程与生产过程对接、学历证书与职业资格证书对接，充分体现职业属性。通过在试点专业实施"双证融通"改革，将课程教学内容与职业资格鉴定要求结合，有利于推动职业院校按照国家职业标准和岗位（职业）调整课程结构、设计课程内容、组织课程教学、建设课程资源，缓解高职教育课程体系与培养目标不相适应的顽疾，提高人才培养质量。

坚持以科学发展观为指导，以服务为宗旨，以就业为导向。通过"双证融通"改革试点，调整课程结构更新课程内容，实现三个有效衔接，即专业课程设置与企业的岗位需求对接；专业课程内容与职业标准对接；教学过程与生产、工作过程对接，真正把职业岗位所需知识、技能及其职业素养要求等融入学校的专业课程体系以及专业教学的全过程。积极探索人才培养与企业用人需求紧密结合的新途径，努力提高学生综合素质和职业能力，增强学生就业本领，使学生更加符合行业、企业等用人单位的需求，更好地服务经济社会发展和学生终身发展。

通过物流管理专业"双证融通"改革试点，结合学校课程评价和职业技能鉴定考核的特点，建立两者融通的学业评价机制。优化评价与考核的方式方法，把职业资格证书的终结性考评转变为学历教育教学过程中的形成性评价，学生在通过专业课程考核后，达到相应职业资格证书的考核要求，在获得学历证书的同时，取得相应的职业资格证书。

二、改革试点工作目标

通过在试点专业实施"双证融通"人才培养模式改革，目标是实现"使证书对应的职业标准内容、职业培训过程和职业技能鉴定过程与融通课程的教学标准、教学过程和教学考核环节融合，推动专业教学改革和内涵建设的深化，提升试点专业人才培养水平"。

（一）构建"双证融通"课程体系

按照分层化的国家职业标准理念和基于工作任务的课程开发方法，梳理、优化和构建课程体系，在突出"双证融通"课程重要作用的同时，体现与其他专业课程的融合。

（二）聚焦"双证融通"课程改革

按照《人才培养改革试点实施办法》和《工作指南》要求建设"双证融通"课程，包括课程教学文件的编制，理论考试题库和操作考核样卷的开发，教学资源和实践条件建设等。在融通课程教学中探索以任务引领等行动导向型教学模式改革。

（三）完善保障条件和机制建设

通过外引内培、校企合作等方式加强"双师型"师资队伍建设，以"双证融通"课程任课教师为重点提升教师教学水平和专业水准；建设和改造培训和考核设备，满足"双证融通"课程培训和考核需要，提升设备建设和管理能力；在教学、学生、人事等方面建立配套的管理机制，保证改革试点的顺利推进。

三、改革试点基本任务

在试点实施期间要完成的具体工作主要包括以下几个方面：

第一，对"双证融通"试点工作开展职业资格证书和岗位职业能力调研、分析和论证，为科学有效地推进试点工作奠定基础。

第二，梳理、比较和分析试点专业对应职业（工种）的国家职业标准与专业教学标准，确定"双证融通"课程，按分层化国家职业标准的理念为指导确定课程体系，制订专业人才培养方案。

第三，分三步建设"双证融通"课程，每一步均要编制"双证融通"课程的课程标准、教学实施方案和考核方案，重点做好课程资源建设和考核题库开发。探索以项目为主线的综合素养保养和评价方法。

第四，组织实施"双证融通"改革试点。按照"双证融通"人才培养改革的要求，采用任务引领、教学做一体化等方法，把职业技能标准、岗位技能、职业素养要求融入教学过程，根据课程特点做好职业核心能力和职业道德的培养。

第五，收集整理试点过程中产生的数据、文本等资料，做好归档工作。为全面推行和向同类专业推广做好准备。

第二节　物流管理专业（双证融通）人才培养方案

一、培养目标与人才规格

（一）培养目标

本专业主要培养面向采购、运输、仓储、配送、通关、货代、物流项目运营等行业的企事业单位，掌握扎实的物流管理专业知识和较强的专业技能，具备良好的职业道德和可持续发展能力、良好的理解与沟通能力、团队协作能力，主要从事现代物流企业中市场开发、商品采购、仓储管理、运输调度、配送分拨、物流质量监控、信息管理、客户服务、报关报检等岗位，具有良好职业精神和综合素养的技术技能人才。

（二）人才规格

1. 知识要求

经过在校期间的理论和实践学习，学生在知识结构方面达到以下要求：①具备管理理论基础知识和物流管理专业理论知识；②具备仓储作业管理、配送作业管理、物流信息技术应用和客户服务与项目管理的基本理论；③具备与物流专业相关的知识。

2. 能力要求

经过在校期间的理论和实践学习，学生在能力结构方面应达到以下要求：①能够进行货物入库、移库、流通加工、盘点、出库作业和仓储作业优化。②能够进行货物的分拣、补货、出货、退货作业和配送作业优化。③能够应用条码技术、射频识别技术、数据库技术、GPS 与 GIS 技术、EDI 技术、EOS 利 POS 技术和物流信息系统。④能够应用客户服务与项目管理进行，能够记录客户订单信息查询及反馈中的异常情况；能够及时处理客服人员上报的投诉事件；能够组织客服人员开展客户满意度调查工作；能够对客户满意度调查结果进行分析并形成报告；能够制定关键绩效考核指标并进行考核；能够制定四种产品采购策略操作；能够处理库存过量和不足操作。

3. 素质要求

经过在校期间的理论和实践学习，学生在素质结构与素质提升方面应达到以下要求：①具备一定的职业精神和职业处理问题的能力；②具备职业管理人员所必需文化素质和基本能力素质等；③具备良好的心理素质和健康的体魄以及承担专业工作所需的身心条件；④具备管理所需的人际关系沟通能力。

二、就业岗位

就业岗位：仓储管理主管、运输调度主管、客户主管、物流项目主管。

延伸岗位：货运代理；商品采购。

发展岗位：仓储管理经理、运输调度经理、客户经理、物流项目经理。

三、师资配备

（一）专业带头人

除满足专任教师应具备的基本条件外，应具有 5 年以上累计企业工作经历和深厚专业背景，能把握行业发展动态，在本专业具有较高的能力和影响力；能统筹规划和组织专业建设，引领专业发展，能够主持专业的教改科研、技术服务等工作。

（二）专业教师

第一，具有良好的职业基本素养和现代职教理念，三年以上职教经历。

第二，具备较长的企业实际工作/实践经历。

第三，持有高级/三级工以上（含高级/三级）且与融通证书一致的职业资格证书，具备双师素质。

第四，主讲/主带过双证融通课程对应的中、高级职业技能鉴定模块，考证通过率较好。

第五，专业教师每隔五年到企业实习不少于6个月。

（三）兼职教师

包括课程任课教师和实习指导教师。聘请具有工程师、技师职称的技术人员、能工巧匠，现岗在企业及连续工作3年以上，在专业技术与技能方面具有较高水平，具有良好语言表达能力，通过教学法培训合格后，主要承担实训教学或实习指导教师工作。

第三节　"仓储作业管理"课程标准

一、课程设置

（一）课程定位

"仓储作业管理"课程既是物流管理专业的一门专业核心课程，又是一门培养仓储作业管理与实践能力、异常情况处理能力、作业优化能力的"双证融通"课程。该课程的学习可以为物流信息技术、配送作业管理课程提供前期准备；同时适应部分学生拓展学习的需求，助其成长为高素质的物流服务师，体现终身发展的理念。

（二）设计思路

课程遵循分层化国家职业标准的理念，采用基于工作过程的课程开发方法设计，即以就业为导向，以提高学生的职业技能与职业素养为目标，对物流专业所涵盖的仓储作业管理类岗位群进行工作任务和职业能力的分析，并以此为依据确定课程的内容。同时，适应学生全面发展的需求，在教学内容和教学环节中贯穿"安全""探究""协作"职业素养的培养。

二、课程目标

课程教学的关键是以仓储作业流程和操作设备为载体，结合应用，创设工作情境，以"一体化教学"为模式，以学生为主体、教师为主导，以技能实训为主线，以综合职业能力为培养目标，紧密结合职业技能证书的考核要求，开展现场教学。

（一）知识目标

通过学习，学生应具有以下知识：①掌握入库作业组织与管理的基本操作、流程规范及相关知识；②掌握移库作业组织与管理的基本操作、流程规范及相关知识；③掌握流通加工作业组织与管理的基本操作、流程规范及相关知识；④掌握盘点作业组织与管理的基本操作、流程规范及相关知识；⑤掌握组织安排出库作业并处理异常的基本操作、流程规范及相关知识；⑥掌握仓储作业优化的基本操作、流程规范及相关知识。

（二）能力目标

通过课程的学习，学生应具有以下职业能力。

①能熟练描述出仓储作业管理的基本流程及注意事项；②能够恰当完成入库作业、移库作业、流通加工作业、出库作业、盘点作业的组织与管理；③能够恰当完成仓储作业及配送作业的优化；④能熟练操作仓储管理信息系统；⑤能恰当处理在仓储作业管理过程中遇到的突发问题、异常问题。

（三）素养目标

在教学中将学生的素质教育始终放在首位，通过精心设计多种教学方法，充分利用多种教学手段，激发学生主动积极地参与到课堂活动中来，在学习专业知识和专业技能的同时，注重培养他们的如下素养：①培养学生的沟通能力；②培养学生的全局意识、归纳总结能力；③培养学生探究问题的能力；④培养学生的团队意识与合作能力；⑤培养学生运用专业知识和技能解决实际问题的能力；⑥培养学生的信息处理能力、创新能力等。

三、实施建议

（一）教材使用

第一，依据"双证融通"课程标准，结合学生基础、实训设备和专业特点选用、编写或补充教材。

第二，教材编排充分体现任务引领等行动导向型课程设计的思想，内容体现先进性、通用性、实用性。用典型工作任务为载体提升学生的职业能力及职业基本素养。

第三，教材应图文并茂以提高学生的学习兴趣，加深学生对仓库设备的认识。教材文字表述必须精练、准确、科学。

（二）教学建议

第一，在教学过程中，应立足于加强学生对仓储出入库作业流程的理解，结合仓储出入库操作设备，采用任务驱动的教学方法，以工作任务为引领，借助互联网教学云平台的互动教学游戏，激发学生完成课题的成就感，逐步引导学生认识专业，喜爱专业，提高学生学习主动性和积极性。

第二，课程教学的关键是以仓储作业流程和操作设备为载体，结合应用，创设工作情境，以"一体化教学"为模式，以学生为主体、教师为主导，以技能实训为主线，以综合职业能力为培养目标，紧密结合职业技能证书的考核要求，开展现场教学。

第三，教师示范指导，学生实践操作，师生互动开展仓储出入库作业、盘点作业、流通加工作业的教学活动。教师注意积极引导学生提升职业素养，提高职业道德。通过模块训练，实现教学的知识目标、技能目标、态度目标，提高学生的岗位适应能力。

第四，在教学过程中，要关注本专业领域新技术、新工艺、新设备发展趋势，贴近生产现场。为学生提供职业生涯发展的空间，努力培养学生的创新精神和职业能力。

（三）教学评价

第一，严格根据《改革试点实施办法》的要求，确定"双证融通"课程的教学评价方式。

第二，严格执行程序化考核，确保"双证融通"课程的考核结果与社会化鉴定结果等值。

第三，知识和技能考核参照程序化鉴定的模式，主要采用总结性评价；综合素养评价采用过程性评价，考核过程体现流程、规范、动作标准、职业习惯等形成性评价要素。

（四）资源利用

第一，依托本专业对应的中央财政支持的仓储与配送实训中心建设，创建一体化的课程教学实训环境，满足学生综合职业能力培养的要求。

第二，注重实训项目、实训指导手册的开发和应用。

第三，加强课程资源的开发，建立多媒体资源库，积极开发和利用网络课程资源。

第四，利用产学合作开发实验实训课程资源，充分利用本专业的合作企业资源，满足学生的实习实训需求，同时为学生的就业创造机会。

第四节　物流实训基地的建设

一、物流实训基地资源共享的原则

（一）区域辐射学生为主体原则

物流实训基地的搭建最终目标就是为了更好地培养出高素质技能型物流人才，实训基地应该以学生为中心。实训条件、内容、方式、策略等的创新与转变，应始终秉持把学生培养成才的理念。学生是实训中心的主体，没有学生主动、积极地参与，任何好的教学条件都会导致实训基地的失败。因此，物流实训基地必须坚持以学生为本，提升基本素质、激发学习动机、掌握专业能力，调动其积极性和主动性，培养出合格的技能型人才。

（二）社会性原则

实训基地一方面为校内学生提供实训场所，另一方面要充分面向社会人才培训和行业企业员工培训、行业协会、社会培训机构和其他职业院校开展实训和鉴定。在本区域范围内，实训基地应努力发展成为集教学、科研、生产、培训多种功能于一身的场所。

（三）规范管理原则

实训基地管理工作包括基地规划与发展、实训过程管理与改革、仪器设备管理及维护、职业技能鉴定、固定资产采购与报废等诸多方面，涉及财务、总务、基建、教务、科研、专业系部等部门。另外，在资源过程中涉及人员繁杂、部门众多，因此，科学化管理是实训基地资源有效共享的前提。

（四）前沿性原则

先进性指区域共享型实训基地在实训设施设备、实训环境、技术要求等方面与行业企业发展同步，以行业科技和社会发展的先进水平为标准，软、硬件建设与国际接轨，在技术、设备、管理、教学手段等方面体现先进性与前瞻性。

（五）政校企互惠原则

能否在资源开放过程中实现政校企互惠，是实训基地资源共享可持续发展的关键。企业的规模不断壮大，生产工艺的日趋先进，企业应为学校更新日益陈旧的实训设施、更新教学内容，学校的教学水平得到提高。同时，在学校日益提高的教学水平背景下，为企业培养出所需的高素质、强能力、技术娴熟、适应快的技能型人才，使企业增强了参与市场竞争的能力，同时也为政府解决农民工技能扶贫、待就业人员安置工作，这样直接为企业的发展产生了效益，为政府建立了信誉。政校企互惠、良性循环、实现双赢是实训基地资源共享可持续发展的基础。

二、物流实训基地资源共享的若干保障研究

（一）政策引导机制

高职教育人才培养涉及国家健康发展，是一项长期艰巨的任务。因此，要实现区域内实训资源的共建共享，首要是建立覆盖社会的配套政策引导机制，通过强有力的政策引导保障实训资源区域共享的可持续发展。

1. 加大资金支持力度

对国内先进实训基地发展过程进行分析发现，无论上海公共实训基地，还是深圳等地的先进实训基地，之所以能够获得较快的发展，无不主要依靠政府的强有力的投资加以保障实现。因此，政府加大资金支持力度是物流实训基地达到区域共享水平的关键。因此各级政府应根据财政收支情况，每年安排专项资金用于实训基地的进一步发展与维护。

2. 对行业企业提供一系列优惠措施

充分引导与调动企业参与校企合作共建共享实训基地的积极性。

（1）加强税收支持

政府应对积极投入到校企合作，切实共建共享实训基地的企业，暂免或部分征收增值税、营业税、关税。

（2）加强融资支持

采取业务补助、增量业务奖励等措施，引导担保、金融和外贸综合服务等机构为积极投入到校企合作的企业提供融资服务。鼓励银行业金融机构单列此类企业信贷计划，鼓励各大银行设立服务此类企业的专营机构。

（3）加强财政支持

对校企合作企业，给予社会保险补贴；高校毕业生到此类企业就业，由市、县公共就业人才服务机构免费保管档案。

（4）加强宣传推广

政府以购买服务等方式，为此类企业免费提供市场开拓、品牌推广等服务。

（5）加强扶持此类企业开展信息系统建设

方便企业获得政策信息，运用大数据、云计算等技术提供更有效服务。

（二）战略联盟机制

一般认为，战略联盟是指由两个或两个以上有着共同战略利益或各具经营特色的职业院校和实体企业（或特定事业和企业部门），为达到共同拥有高素质员工、共同使用资源、共同拥有（人才或产品）市场等战略目标，同时结成的优势互补、风险共担、生产技术双向或多向流动的一种松散型合作组织。战略联盟多为自发的、非强制的。联盟各方仍旧保持着原有职业院校或企业组织的经营独立性，但可以联盟共建共享共管实训基地。

可见，战略联盟是职业院校之间、院校与企业组织之间的一种中间组织形态。其内部既有实训教学的运作体制，又有企业的组织调控机制。它形成于职业院校与企业组织间的相互渗透。又与经济和人才市场有着密切的联系，是一种有发展前景的校企合作组织。它依托联盟各方共同的或各具行业特色的资源优势，提高资源利用效率，产生"1+1>2"的人才培养效应。战略联盟的意图主要有：第一，掌握行业人才需求风向标，需求指向有助于制定决策发展的方向，促进当下教学课程改革；第二，实训专项技能，提高就业竞争实力；第三，吸纳现代企业管理经验，提升办学水平；第四，共享资源优势，规避市场风险，产生合作效应，提高设施设备的利用率，解决实训资金，培养紧缺人才。

具体可以从纵向与横向两个维度开展政校企战略联盟。

1. 第一维度

主要依托市政府机关建立专门的联盟管理职能部门，培养或选拔联盟经理，大力发展和争取区域内从事高职教育、实训实践、鉴定认证的高职院校、企事业单位加入共享战略联盟。政府加强对战略联盟的指导，维持协调联盟关系，适时开展联盟绩效评价工作。

2. 第二维度

制定校企联盟管理流程和方法，利用联盟成员可专享"会员级"特色资源或待遇的方式，争取和吸引区域内各实训需求主体加入共享战略同盟。

（三）资源整合机制

建立实训资源整合机制，目的是尽可能最大限度地有效利用全社会实训资源，提升产出投入比值，最大限度发挥实训资源的经济效益及社会效益。针对各种各类资源的不同属性，整合实训资源，既要解决当前各实训单元的条块分割、自成体系的问题，还须重点关注隐形资源的互融共享问题。整合内容涉及的范围非常广泛，有实训仪器设备、实训项目、实训数据与软件等显性资源，还须包括职业实训教育人才、技术和研究经验等隐性资源。实训资源的整合可以从两个方面开展：

第一，依托互联网平台构建数字化资源库，旨在整合区域内各共享机构的实训仪器设备、实训项目等显性资源，并以静态形式提供资源共享、点播及查询；第二，搭建适时互动交流平台，旨在对于一些无法直接转化成为成果使用的，需要进一步提炼的经验知识等隐性资源，通过 BBS、合作室、项目单元合作、研究探讨等多种渠道，使实训主体间轻松便捷地建立起互动与交流的桥梁，促进隐形资源的传播与共享。实训联盟成员可在平台上发布项目实训需求、探讨问题等，与他人进行互动与交流，高效便捷地获得实训所需的信息以及实训资源或人力资源。

（四）技术支撑机制

技术支撑机制，是通过建立、完善社会服务体系，实现面向各院校、企事业单位和社会提供职业技能培训、鉴定服务，是加强与政、校、企合作，提高实训基地运作效率的重要窗口与媒介。该机制是通过系统或软件的方式，将实训资源在各联盟成员间共享，提升实训资源获取、转化和共享的综合效益，促进实训资源在共享主体间顺畅、广泛的互联互通。着力改善技术支撑机制，重点搭建四大服务平台，提高面向区域需求的服务能力。

1. 搭建面向在校生的职业技能实训服务平台

该平台旨在充分发挥实训资源的教学功能，为区域在校生提供实训服务。增强专业知识系统性构建，重点培养岗位需求的实际操作能力，增强毕业生的专业核心能力和综合素质。平台负责发布教学相关信息，如实训进度与安排、实训成绩评估、在校生预约实训、在线学习、在线自测、在线答疑。

2. 搭建面向社会的职业培训服务平台

该平台的搭建，使实训基地可以迎合社会发展、个人发展的需求，根据实际闲置情况适时对外发布职业技能培训信息，吸纳社会培训需求者前来参加技能培训，这不仅提升了实训资源的使用率，具有一定的经济价值，而且提升了社会技能人才的技术水平，满足了部分人员的职业发展需求，具有一定的社会价值。

3. 搭建面向社会的技能鉴定服务平台

通过该平台使实训基地与区域内人社局、教育局、质量技术监督局等部门实现无缝衔接，充分发挥现有实训基地鉴定站、考评点的作用，为校内实训生、企业技能员工、下岗工人等提供良好的技能鉴定软、硬件环境。平台对外发布鉴定安排与进度、鉴定等级、政策法规、区域鉴定工作相关统计报表等。

4. 打造技术创新发展平台

该平台旨在使校内教育教学与产业发展紧密结合，产学研环节紧密结合，以职业化人才培养为纽带，形成横向多元化、纵向多层次的校企合作新境界。通过平台的创建将真正打破企业技术人员与校内实训教师的隔阂，以项目研讨的形式共同推进技术研发与创新工作，不仅为企业解决技术难题，同时提高教师实训教学的综合素质与能力，共同完成校企合作项目的技术研发任务。

（五）管理运行机制

实训基地管理运行机制既包括各实训主体间的有效协调，也涉及各类实训资源的管理、维护与控制。因此亟须从立法强制、政策引导、制度约束等不同层面，建立起共享保障体系。

1. 组建实训基地统一协调、管理机构——实训基地管委会

管委会以教育部门、人社部门、相关院校、行业专家为主体。主要成员由政府直接任命，按照管委会章程开展工作，最终形成管委会统一组织协调，统筹安排指导，各责任院校具体贯彻落实的组织框架结构。管委会统一指挥、协调组织，整体调控实训基地的整体运行情况。

院校为实训优先提供各种资源如师资、资金和生源等，同时有权按职业教育目标要求，设置若干指标如学员考证合格率、学员就业质量、项目研究成果、市场满意度和财政

业绩等来考核实训管理机构；实训机构管理人员和师资的招募考评、部门具体设置以及资金运作等事务，一概由管理部门负责。

2. 完善全过程监控与管理体系

第一，在实训共享联盟期限内，建立配套的制度性体系，以规章制度或会员章程等形式明确各成员的职责与任务，约束各成员的行为，指导和管理各参与单位以及共享资源的正常运行；第二，加强联盟成员的资格审查，防止低劣实训主体、实训资源的掺入，不断审核各类实训主客体、保证共享成员的素质，保证共享资源的质量；第三，加强实训资源使用的过程控制和反馈控制，主要是通过加强实训过程监视、监管环节，设备盘点、检测、维修专人负责，台账登录及时、翔实，保证共享过程的可靠性、稳定性和有效性。

3. 稳固与发展师资队伍

第一，按照"加强校企合作、引聘技术专家、培养教师骨干"的原则，通过"内部培养，生产实践，同行交流，企业引进"等方式，构建实训基地教师交流双向机制；第二，建立兼职教师资料库；第三，制定实训基地实践教学管理办法和基地教师能力考核办法，建立实训教学监控体系；第四，加强专业办公软件、实训教材与大纲等的软件建设。要想充分发挥人才培养效应，需要有好的软件做支持，如：专业软件、实训大纲、实训教材等。

（六）利益激励机制

利益激励的关键在于，使不同主体能够持续从中获取自己的关注点，因此针对校企实训资源共享利益激励可以采取以下措施。

在校企合作的过程中，企业可以借助定性与定量相结合的一套指标评价体系，评估院校的实训贡献度，决策是否为实训基地贡献特色资源；校方可评估量化企业的实训贡献度，并根据各企业贡献度的不同将联盟中不同主体划分若干等级。企业等级高的好处：第一，政府政策性扶持的力度大；第二，校方将推荐优秀的人才到企业实习或就业；第三，实训基地优惠甚至无偿为该企业人员提供技能拓展培训。

第八章 物流智慧化发展

第一节 智慧物流与供应链

供应链是围绕核心企业，通过对信息流、物流、资金流的控制，从原材料采购开始，到制成中间产品及最终产品，最后由销售网络把产品送到消费者手中的由供应商、制造商、分销商、零售商直到最终用户所连成的一个整体的网链结构。智慧物流是智慧供应链的重要一环，其以大数据及互联网为基石，可以实现对供应链物流的科学管理和精细化运营。智慧物流的发展已蔚然成风，而物流作为供应链的重要环节，未来智慧物流向智慧供应链的延伸也必然成为一大趋势。通过智慧物流的技术，对信息流、物流、资金流进行一体化运作，连接产业的上下游，实现供应链智能化管理。

一、智慧物流助推供应链升级

智慧物流建设正处于加速期。物流互联网逐步形成，大量托盘、集装箱、仓库、货物等物流设施通过传感器接入互联网，超过400万辆重载货车安装了北斗定位装置。物流大数据也正成为现实，如菜鸟网络推出智能路由分单，实现包裹与网点的精准匹配，使得分拣效率提高50%以上。人工智能逐渐运用到物流领域之后，实现了智能配置物流资源、智能优化物流环节、智能提升物流效率。在无人驾驶、无人仓储、无人配送、物流机器人等前沿领域，国内一大批企业如菜鸟网络、京东、苏宁等已相继开展试验应用。物流效率的大幅提升极大地提高了电商企业的供应链效率。

智慧物流的发展不仅提高了供应链的效率，还能带来额外的附加值。智慧物流相关技术的发展为供应链的整合奠定了基础，将引领智慧供应链变革。互联网企业凭借靠近用户的优势，以智慧物流带动互联网深入供应链上下游，以用户需求倒逼供应链各环节加强联动和深度融合，助力协同共享的智慧供应链生态体系加快形成。如电商企业通过挖掘预测用户需求、消费习惯以及用户喜好，以此指导供应链上游的选品、制造、定价、库存以及下游的销售、促销、仓储、物流和配送，打造智慧高效供应链。

随着经济高速发展，各行各业竞争加剧。无论制造行业或者互联网电商企业都希望能进一步降低物流成本，这就要求企业必须从更高的层次和角度来对待物流问题，能够从具体的物流运输环节的管理逐步转变到对整个物流供应链的整合优化上来。

二、推进智慧供应链发展

目前，与某些发达国家相比，中国的企业供应链管理水平较低。很多企业生产品种、用户需求、原材料采购、生产量、库存量等都是依靠经验决策，容易导致供需错配、库存高企，从而导致资源浪费、成本增加。供应链的高效协同对降低实体经济成本和社会资源效益最大化成果显著。

面对愈演愈烈的国际产业竞争和中国制造转型升级的迫切需要，提升中国供应链管理水平已迫在眉睫。但目前企业对物流供应链应用的意识还不深入。对很多企业来说，供应链管理还是个新名词，实践应用程度不够高。信息化在消费端"风风火火"，在生产、运输环节还是"冷冷清清"。各生产企业之间缺少开放共享的信息化平台，都是"信息孤岛"、各自为政，物流供应链的主干没有打通。

党的十九大报告提出，在绿色低碳、共享经济、现代供应链、人力资本服务等领域培育新增长点、形成新动能。国务院出台了《关于积极推进供应链创新与应用的指导意见》，对供应链创新发展做出了全面部署。

智慧物流通过大数据和物联网等手段将供应链上的各环节联结成一个整体，可以对各区域内物流相关信息进行采集与传递，为生产、销售企业及物流企业等的信息系统提供基础物流信息，实现供应链智慧化管理与协同。当前各行业中，物流企业贯穿供应链上下游，向供应链服务转型具有先天优势。应重点鼓励具有平台基础和信息化优势的物流企业加快延伸服务链条，提供供应链增值服务，率先向智慧供应链服务商转型。目前，部分物流企业已经开始布局供应链建设。

实施智慧供应链管理是降本增效的最佳选择，物流业与实体产业的融合将从单纯以第三方物流替代自营物流、利用第三方资源整合的网络化优势优化原有物流，到第三方物流延伸拓展至整个供应链，实现物流成本达10%~20%的节约。所以，推进智慧供应链管理是大势所趋，对提高中国制造业的成本、降低物流总成本至关重要。

第二节　智慧物流与大数据

智慧物流以信息技术为基础，在物流的运输、仓储、包装、装卸、配送、信息服务等环节不断提高智能化水平。在"互联网+"的发展环境下，智慧物流成为一致追求，大数据相关的技术就是智慧物流的基础。以大数据为基础的智慧物流，相比传统物流在效率、成本、安全和用户体验等方面将具有极大的优势，也将根本改变传统物流运行的模式，"双11"就是典型的案例。

一、大数据是构建智慧物流的基础

大数据时代的到来，使得云计算、大数据技术加速向物流业渗透，逐渐累积海量物流大数据，涉及运输、仓储、搬运装卸、包装及流通加工等物流关键环节中的数据信息。将物流供求双方、货物流通数据以及第三方物流公司的数据进行有效整合，就可以形成一个巨大的即时信息平台，从而实现快速、高效、经济的物流。此外，人与物流设备之间、设备与设备之间在大数据技术的支持下可以实现更为紧密的结合，最终形成一个功能强大的智慧物流系统，实现物流作业与物流管理的自动化与智能化。可以说，大数据技术是构建智慧物流的基础。通过大数据分析可以提高运输与配送效率、减少物流成本从而更有效地满足客户服务要求。

京东商城依托自建物流的优势快速崛起，目前已经成为自营 B2C 电商的领头羊。其整个物流系统日处理数量达到百万级，大促销期间甚至高达上千万，物流操作人员多达数十万，庞大的业务规模下，智慧化物流系统成为迫切需求。青龙系统作为支撑京东物流的核心，除了保证京东物流的准时高效，更保证了极高的用户体验，在京东的不断发展过程中，青龙系统从研发版本 1.0 到目前的 6.0 的演进过程中，以大数据处理为核心的系统始终是构建智慧物流的关键。从青龙系统看，每天处理亿级数据，具有海量信息的数据规模；支持快速的数据流转，实现了物流各个节点实时数据监控优化；系统处理多种多样的信息，包含了结构化和非结构化数据；数据拥有极大的价值，如能推动系统成本和效率优化 1%，就可以节约上亿元成本。

二、大数据技术下智慧物流功能需求

（一）数据传输与共享

大数据技术支持下的智慧物流，首先要解决的就是企业物流信息流畅通的问题，所以特别需要实现企业的供货方、采购方、物流企业和政府工商部门等的信息交换和共享，将他们的各类数据平台，如信息、商品发布及运输监控系统中的数据整合在一起。其中最大的难题之一，就是要解决不同部门不同平台数据异构的问题。

（二）物流信息实时管理

在卫星定位技术、大数据技术和物联网技术的支持下，智能运输调度、货物追踪以及物流安全监控功能将很容易实现：可借助物联网技术实时采集车辆和货物数据，然后经由互联网上传至智慧物流信息平台商，最后运用算法实现车辆的优化调度和货物自动跟踪处理；对货运车辆实时监听监控，可以使被监控车辆的安全系数大幅度提高，全方位保障货物运输的安全性。

（三）数据收集与分析

基于云平台的数据分析技术，可对实时收集的物流数据利用模糊分析、数理统计模型和数据挖掘技术，较为深入地挖掘有助于企业决策的信息，如可用于物流数据统计分析、最佳配送路径分析、物流经济发展趋势预测等。例如京东商城借助大数据技术，可以实时演示物流数据信息，及时地了解物流的运行状况，实时分析整个运输过程，及时预估和缩短企业的送货时间，合理建立可行的站点进行配送路程的最优化处理。

三、大数据在智慧物流中的应用

物流在线化产生大量业务数据，使得物流大数据从理念变为现实，数据驱动的商业模式推动产业智能化变革，大幅度提高生产效率。大数据在智慧物流上有多种应用场景，包括运力的个性化、精准化匹配、车队智能管理、高效协同的多式联运、支持区域经济决策等。比如，菜鸟推出智能路由分单，实现包裹跟网点的精准匹配，准确率可以达到98%以上，分拣效率提升50%以上，大大缓解了仓库爆仓压力。大数据技术通过对物流数据进行有效处理与分析，发掘对物流运营有价值的信息，从而支持科学合理地进行管理决策，是物流企业的普遍需求。其典型场景包括：

（一）数据共享

实现物流基础数据互联互通，比如供应链上下游各方共享货物、车辆等基础数据，避免物流信息的重复采集，消除物流企业的信息孤岛，提升物流服务水平和效率。

（二）销售预测

收集商家历史销售、用户消费特点等海量数据，借助大数据预测分析模型，对订单、促销、清仓等多种场景下的销量进行精准预测，为仓库进行商品备货及运营策略制定提供科学依据。

（三）网络规划

利用历史大数据、销量预测，构建成本、时效、覆盖范围等多维度的运筹模型，对仓储、运输、配送网络进行优化布局。

（四）库存部署

在多级物流网络中科学部署库存，智能预测补货，实现库存协同，加快库存周转，提高现货率，提高整个供应链的效率。

（五）行业洞察

利用大数据技术，挖掘分析电子、家电、服装等不同行业及其仓配、快递、城配等不同环节的物流运作特色及规律，总结最佳方案，为物流企业提供有价值的解决方案。

四、大数据技术在物流业的发展趋势

随着数据时代的到来，数据的价值逐渐凸显。新技术的出现，往往伴随着行业新革命，这是社会经济发展的必然。以大数据技术为基础，以云计算为平台，以物联网技术为纽带的多种新技术紧密联系，正在引领整个物流行业的深刻变化。这正是智慧物流时代发展所必需的，也是智慧物流时代发展的必然。智慧物流是未来物流的发展目标，物流行业如能利用好这些技术，将能真正从变革中受益。

总结起来，智慧物流将作为经济发展的新社会基础设施，一端连接着广大消费者，努力满足消费者多样化的需求，通过提供更好的消费体验，不断促进消费升级；另一端连接着供应商，使得物流发展不断向供应链深入。所以智慧物流的发展有着极其广阔的前景，相信未来将会有更多的大数据精彩应用。

第三节　智慧物流与协同创新

智慧物流贯彻协同共享理念，打破企业边界和信息不对称问题，实现对闲置资源的充分利用。比如，近年来涌现的一批车货匹配、仓货匹配的互联网平台，实现了供需双方的在线对接和闲置资源的实时共享，有效降低了社会物流成本，从根本上改变了传统物流的交付方式。

智慧物流基于海量精准的数据、智能技术的融合及全面开放的生态，来构建高效的物流环境与平台，实现开放创新、协同创新的智能物流新业态。智慧物流的核心是"协同共享"，这是现代智慧物流区别于传统物流，并爆发出无穷创新活力的关键之处。协同共享理念克服了传统物流在各个环节脱节不协调的问题，通过整合市场需求、资源供给、仓储、运输、配送及信息传递，联系供应链上下游，打破了传统物流企业边界，深化物流各部分的分工协作，实现了物流效率和物流成本的最优化。例如，菜鸟驿站整合高校、社区、便利店、物业等社会资源，有效解决末端配送的效率和成本问题。

一、物流信息共享助力协同创新

智慧物流信息平台通过汇集全社会各处物流信息，为建设物流协同服务奠定信息化基础。可以从以下四个方面进行有机整合：

（一）整合政府部门涉及的物流信息，提高政府全面监管能力

公路、铁路、航空、水运、邮政、海关、检验检疫、食品药品、工商、税务、公安、商务等部门的物流信息资源，都可以在智慧物流信息平台上加以整合并进行深度开发。

（二）整合重点物流行业

公路、铁路、航空、水运、邮政等电子单证信息可以在智慧物流信息平台上有效地协同，将有助于综合运输体系建设和多种运输方式的一体化发展。

（三）整合物流全过程

物流企业在智慧物流信息平台上展开基于供应链一体化的物流服务，对物流各环节进

行紧密结合，对货物实现智能化管理，推动物流服务的智能化水平进一步提高。

（四）整合其他物流信息平台资源

通过与其他物流信息平台形成联动网络，拓展物流信息网络的覆盖范围，促进专业化物流信息服务业的规模化发展。

通过物流信息平台在部门与企业之间建立规范、顺畅的信息互通和协同运作机制，打通政府部门、物流重点行业（航空、铁路、公路、邮政等）、物流企业之间的关系，做好信息沟通、集中管理及共享的组织与制度保障，逐步营造信息共享的良好环境。通过信息共享可以有效配置全社会运力，避免运力过剩而导致出现物流资源闲散浪费，实现运力与货源的有效对接，有效推进智慧物流生态圈，降低全社会物流成本。

二、"互联网+"高效物流助力协同创新

近年来，"互联网+"物流服务成为实现协同共享理念的典型场景。利用互联网思维和互联网技术，推动互联网与物流业深度融合，重塑产业发展方式和分工体系，为物流企业转型提供了方向指引。其典型场景包括：

（一）"互联网+"高效运输

通过构建互联网平台，实现货运供需双方信息的在线匹配和实时共享，将分散的物流运输市场进行有效整合，改进运输的组织方式，从而大幅提升运输的运作效率。

（二）"互联网+"智能仓储

通过开发全自动仓储系统，利用智能仓储机器人，完成货物的上架、拣选、打包、贴标签等操作，大幅提高仓储管理的效率和水平。还可通过仓储信息的集成、挖掘、跟踪与共享，有效实现取货自动化、进出货无缝化和订单处理准确化，带动物流行业高端转型升级。智能分仓利用大数据技术预测未来销售情况，可以把货物预先安排到离消费者最近的仓库备货，从而大大缩短了运距。例如，菜鸟构建的全国智能骨干网络，可使绝大多数包裹的运距缩短至 500 km 之内。菜鸟仓内实施仓配一体化，为商家提供仓储与配送的一条龙服务。物流订单生成后，货物可以从菜鸟仓内直接分拣、包装并交给合作企业配送，大大提高了物流链路的整体效率。

（三）"互联网+"便捷配送

通过互联网平台，搭建城市配送运力池，开展集中配送、智能配送、共同配送等先进

模式，有效解决物流配送"最后一公里"的痛点。一批专注于城市配送的平台型物流企业，如日日顺、速派得、云鸟配送等，纷纷搭建城市货物运输平台，利用信息技术创新共同配送模式。美团、饿了么等企业的外卖即时配送模式，已成为城市配送的重要组成部分。

（五）"互联网+"智能终端

随着本地生活服务的需要，整合末端人力资源、服务网络和智能终端，实现资源的分布式布局和共享式利用，提升资源利用效率和用户服务体验。

三、企业战略联盟与跨界合作助力协同创新

物流行业应是一个充分共享的行业，一旦实现互联共通，可以使社会物流总成本大大降低。在当前技术和资本的双驱动下，产业间的协同共享更加紧密，智慧物流产业集群正在显现。

面对新一轮技术革命，如何推动物流企业更好地拥抱互联网，持续构建智慧物流生态体系，形成"协同共享"的产业新生态，将会是智慧物流下一个新机遇。

第四节　智慧物流与运输组织

在成本和效率方面，智慧物流对作为重要环节的运输提出了更高的要求。为适应智慧物流的需要，必须进一步发展创新运输基础设施建设、运输组织管理模式、货运服务方式、企业组织形态和政府管理等。同时要加快转变物流服务与运输组织相分裂的传统思维，将运输组织管理深入物流各环节，进一步优化运输组织管理，不断创新运输组织方式，全面提升物流运输服务效率，助力智慧物流发展。

影响物流成本的关键性因素包括运输流程合理性、服务体系的便利性和有效性等。围绕这些决定性因素，就必须考虑基础设施的配置、运输方式的组合、流程节点的简化以及体制机制的灵活性、商业模式的支持度等，这实际上就是一个综合物流服务体系建立的过程。互联网时代下，物流行业与互联网的深度结合，改变了物流行业原有的业务流程与市场环境，推动产生了一批新的物流和业态模式，比如车货匹配、众包运力、多式联运等。新的运输模式正在加速形成，与之相适应的智慧物流也呈现出了快速增长的趋势。

一、运输组织改革制约因素

（一）运输产品

物流运输在很大程度上是按照运输组织的自身情况来设计运输产品类型，很少考虑用户的要求和市场需求，缺少定制化产品设计的实践经历。

（二）运输组织效率

物流运输环节繁杂，从受理、接货、装车、挂运到卸车、送达、交付等，无法实现全程无死角监管。另外，指挥调度体系的不完善，极大地影响了货物运输的时效性，降低了运输的效率。

（三）运力资源的配置

中国还有部分区域运能较为紧张，货运装卸滞后，物流运输的装备在集装和机械化方面水平较低，导致物流功能不够完善。

（四）物流信息化建设

现有的运输信息管理系统相对分散，没有统一的运输信息管理集成平台，相关数据信息无法实现广泛的互联和共享，致使无法实现对物流服务全过程的监控和追踪。

二、运输组织管理创新

（一）优化运输组织模式

以市场为导向，因地制宜，引导运输企业加快组织、经营、运力结构的调整，创新发展多式联运、甩挂运输、无车承运、"三车组合"等先进货运组织方式和运输组织模式，扩大有效供给，促进货运物流业"降本增效"，真正实现货畅其流。

（二）发展定制化服务的运输新模式

探索差别化和多样化的组织模式，积极推动专业配送模式，促进物流企业转型升级。物流企业可以依托当地产业优势，积极发展农业、工业、商贸服务业等专业化物流组织模式；依托区位优势，积极发展城市配送型、产业基地型、行业分拨型的物流组织模式。鼓励发展即时配送、冷链配送、城乡一体化配送等专业运输配送模式，满足用户对物流多样化、专业化的服务需求。

（三）构建城乡运输服务体系

探索创新"定时、定点、定线"的农村物流货运班线新模式，发展农批对接、农超对接、直供直销等物流组织新模式。引导物流运输企业与大型连锁超市、农产品批发市场、农资配送中心、专业大户、家庭农场、农民合作社等直接建立业务合作关系，构建产、运、销一体化的物流供应链服务。打通农村物流"下乡与进城"的双向快捷通道，大力提升城乡物流一体化发展水平。依托现有乡镇汽车站、邮政快递服务站、农业合作社等各行业在农村物流发展中的基础设施和优势，加强资源整合共享与合作开发，推进"多站合一"物流节点建设，形成"场站共享、服务同网、货源集中、信息互通"的物流发展新格局，全面推进城乡物流配送体系建设。

（四）发展多种运输方式衔接模式

加强不同运输组织方式间的融合发展。如要加强公路与铁路、航空、水运等其他运输方式的融合、衔接，建立健全各种运输方式信息资源共享机制，实现公铁、公航、公水等多式联运，满足对物流运输"无缝隙衔接"的服务需求，建设优势互补、共同发展的综合交通运输网络，有效降低运输成本。

（五）加强新技术与物流的深度融合

充分利用大数据、人工智能等现代信息化技术，积极推动互联网与物流运输组织的融合创新发展。充分发挥"互联网+"在货物运输转型升级中的引领作用，积极打造货运物流服务平台，加快物流信息资源跨运输方式、跨部门、跨区域的信息互联共享，全面提升货运物流服务品质，破解货运物流实载率低、运输成本高的难题。

第五节　智慧物流与人工智能

人工智能将对物流行业发展产生一系列深远影响。如果说互联网的发展构建了地球村，那人工智能的发展正在点亮智慧地球村。党的十八大以来，党中央和国务院将人工智能确立为国家发展战略，中国人工智能快速崛起。作为新一轮产业变革和科技革命的核心驱动力，人工智能正在释放超过历次科技革命的巨大能量，在物流领域快速催生出一大批新产品、新服务、新业态。在人工智能的创新驱动下，自动货物分拣系统、智能配送机器人、无人机无人仓等新技术正引发物流行业新一轮智慧化变革。未来物流行业的竞争将会是人工智能领域的竞争，智慧物流 2.0 时代正全面开启。

一、人工智能对物流行业的主要影响

"人工智能+物流"正在进入高速发展期。中国物流行业正面临着如何提升效率的难题，而人工智能技术是帮助物流企业提升效率的关键。在无人驾驶、无人仓储、无人配送、物流机器人等人工智能的前沿领域，菜鸟、京东、苏宁等一批领先企业已经开始开展试验应用，有望与国际电商和物流企业从同一起跑线起步。人工智能通过赋能物流各环节、各领域，实现智能配置物流资源、智能优化物流环节、智能提升物流效率。人工智能在物流行业主要在以下几个方面对物流行业产生重要影响。

在仓储环节，对于物流企业仓库选址的问题，人工智能能够根据顾客流量与需求、供应商和生产商的地理位置、运输经济性等条件给出最优的选址方案。人工智能可以减少人为因素的干扰，使选址更加精确，使物流企业的运输成本大幅降低，提升企业利润。

在库存管理上，人工智能通过分析用户历史消费数据，准确预测用户不同时间内的用户需求，进而动态调整库存水平，保持企业存货的有序流通，避免企业盲目生产的成本浪费，使企业始终能够提供高质量的生产服务。

在货物分拣、装卸、搬运环节，物流机器人的应用直接提高了物流系统的效率和效益。例如在货物分拣环节，可通过计算机视觉技术以及智能机器人进行自动识别、分拣和搬运。

在物流配送方面，人工智能通过整合道路交通信息，可以规划出最佳运输路径，物流配送的时效性将逐步提高。随着无人驾驶等技术的成熟，未来的运输将更加快捷和高效。智能快递柜的广泛使用也极大地提高了物流末端配送的效率，大大降低了行业对人力的依赖。未来人工智能还可以通过数据分析优化配送体系，调配无人配送设备。

二、人工智能在物流行业的具体应用

近年来，货物跟踪定位、无线射频识别、电子数据交换、可视化技术、机器人技术、移动信息服务和位置服务等一批新兴技术在物流行业得到广泛应用。可以预见，物流智能化设备的应用有望在一定程度上缓解"用工荒""用工贵"等难题。目前，越来越多的仓库采用大型自动化流水线和智能机器人。自动化流水线改变了传统作业模式，把"人找货"变成"货找人"，不但提高了作业效率，还减少了人工投入，提高了一线人员工作效率和降低了工作难度。据测算，采用手动作业的拣货员日均行走里程超过 10 km，而借助自动化流水线，同样的拣货数量一天行走里程仅 1 km 左右。以下具体介绍了几种物流中常用的智能化设备。

（一）无人仓

自动化立体仓库，是当前无人仓技术水平较高的形式。自动化立体仓库的主体由货架、巷道式堆垛起重机以及操作系统组成。钢结构的货架是标准尺寸的货位空间，应用计算机和条码技术，巷道堆垛机穿行于货架之间的巷道中，完成存货、取货的工作。

（二）穿梭车

穿梭车是一种智能机器人，通过计算机控制可以实现自动化放置和运输服务，不同穿梭车之间还可进行通信，实现大规模穿梭车作业防止防撞和拥堵。各大公司纷纷加强对物流未来科技的研发投入。如菜鸟网络研发的仓内智能搬运机器人可以自动驮着拣货车前往指定货架，360 度运行的缓存机器人可以瞬间从 500 个箱位中准确找到包裹，播种机器人可以通过真空吸盘把货品投入消费者的快递箱。申通义乌分拨中心试验 350 个机器人在 2 000 m² 的仓库同时作业，1 小时可分拣 18 000 个快件。苏宁物流积极开发全自动仓储系统，使用智能仓储机器人，充分利用仓储信息，优化订单管理，大幅提高仓储作业机械化、自动化、信息化和数据化水平。

（三）配送机器人

配送机器人每次可运送 10~20 个包裹，可根据目的地自动生成合理的配送路线，在行进途中避让车辆，减速通过缓冲带，绕开障碍物，到达设定停靠点后就会向用户发送短信提醒通知收货，用户则可通过验证或者人脸识别开箱取货。配送机器人还处于发展过程中，需要发展创新智能感知、智能控制、目标识别、避开障碍和自动导航等方面的技术。

（四）无人机快递

通过利用无线电遥控设备或者自备的程序操纵无人机低空飞行运送包裹，其主要的优点是可以解决偏远地区的配送问题，提高运送效率并减少物流成本，但也会受恶劣天气无法运送的情况，同时也无法保证运输过程中不受到人为破坏。目前还未大规模投入使用。

三、物流行业拥抱人工智能

人工智能将有效地提升物流行业的效率，已是无可争辩的事实。智慧物流即将高速发展，不仅取决于下游市场的需求，更是智慧物流技术上的挑战，只有不断进行技术革新，才能真正推动智慧物流的发展与普及，从而帮助用户解决问题。人工智能技术的门槛较高，不同于传统的信息化建设，必须具备足够的技术和人才力量。这对于传统物流企业而言，是机遇的同时，更是挑战。相关企业要大力投入资金进行人工智能方面的技术人才发展，针对企业自身的具体业务场景、物流所涉及的各种业务链条，针对具体的目标逐步进行智能物流应用开发。

从总体上看，人工智能解决的是如何在物流流程、操作和管理上实现精益和高效的管理问题。未来智慧物流会从自动化向智能化发展，将有更多物流企业实现全面、准确的数据采集和分析应用，帮助客户提高效率，降低物流成本，并实现整体优化。

第六节　智慧物流与城市"大脑"

随着技术的发展，给机器装上人工智能"大脑"已经很常见。如今，人工智能直接作用于城市管理开始逐渐进入人们的视野。

一、给城市一个智慧"大脑"

一座城市离不开水、电、气、路，它们无限交织，为城市运转提供源源不断的资源。而今，还有一张巨大的无形之网——数据。数据已成为城市最重要的资源之一，城市"大脑"就是对数据进行有效运用，实现城市的科学治理和智慧决策。据了解，城市"大脑"项目于2016年10月正式启动，参与项目公司包括海康威视、大华股份、银江股份、数梦工场、浙大中控、阿里云等。城市"大脑"打通政府部门和企业间的信息关卡，成为城市治理建设的共享数据大平台。城市"大脑"的核心在于采用人工智能技术，对整个城市进行全局实时分析，自动调配公共资源，最终将进化成为能够治理城市的超级人工智能。

未来城市"大脑"将对城市治理发挥非常大的作用。城市"大脑"项目组建设的第一步是将交通、供水、能源等基础设施全部进行数据化，连接分散在城市各个单元的数据资源，打通城市的"神经网络"。能够让数据帮助城市来思考和决策，打造出一座能够自我调节、与人类良性互动的城市。以交通为例，数以百亿计的城市交通管理数据、公共服务数据被集中输入杭州城市"大脑",通过智能调控全市红绿灯治理交通拥堵。相比人脑,该"大脑"的优势是:全局分析、响应速度快、智能化。并且人工智能拥有人类无法比拟的一个天然强项,它可通过机器学习不断迭代及依靠外部系统插件等进行优化,随着运行时间增加可计算出更"聪明"的方案,处理问题变得越来越顺手。城市大脑基于丰富的数据资源,对城市进行全局的实时分析,高效合理地调配公共资源,有助于完善社会治理,推动城市可持续发展。

二、城市"大脑"为智慧物流建设添引擎

对一个城市来讲,智慧物流应当放在优先发展的位置。城市居民的生活、生产与建设,时时刻刻都离不开物流。当前物流运作不集约、供需不匹配等问题,使物流成本居高不下,同时现代物流对物流运输时间、运输效率、运输安全性等方面的要求越来越高。在智慧物流的驱动下,基于大数据和物联网,城市"大脑"可以对整个城市物流的各个环节进行动态监控、管理和优化,构建端到端的数字供应链,打造数字、安全、信用的智慧物流中枢体系。城市"大脑",也因此成为助推智慧物流发展的新引擎。

城市"大脑"的重要优势之一就在于能够充分整合城市不同部门、不同行业的数据和信息。城市"大脑"可以利用物联网技术,整合海关、交通、银行、工商、科技、商务、税务、质检等部门物流信息,建立公路、水路、铁路、航空、邮政等运输物流服务综合信息网络。为物流企业、流通企业、制造企业、行业监管等部门提供信息交换、信息共享服务,建设智慧物流综合信息平台。从而城市"大脑"将分属不同行业、不同企业的国内外物流资源共享,提高综合利用效能。

城市大脑可以借助全球卫星定位(GPS)、运输管理系统(TMS)以及地理信息系统(GIS)三大系统,实现物流线路动态规划、车辆管理、车辆跟踪和绩效管理等一系列功能,大幅提高配送效率,降低配送成本。

城市"大脑"还可以根据司机数据,实时地理位置、车型、车辆状态,历史交易数据,社交数据等,进行指派评估,为货主找到合适的司机。而对于司机来说,城市物流"大脑"同样会对他们进行智能画像,依据他们在平台的运输信息,对数据标签进行分类:专业技能、服务领域、驾驶安全度、活跃区域、行驶里程、服务态度等。城市大脑帮助物流系统更好地服务用户和货主双方,提供个性化的服务。

我们可以期待未来城市"大脑"可以为城市物流建立一个高智商、能决策的智能中枢,去提升物流各环节的效率,打造更加智慧、智能化的物流系统。

第七节　智慧物流与枢纽经济

当前在互联网经济业态不断创新，综合运输和物流枢纽不断发展的支撑下，以城市为载体的枢纽经济发展正呈现出全新的格局。国内诸多城市依托独特地理条件、区位条件，创新发展枢纽经济，主动融入全国城市网络建设，提升城市发展能级，增强参与产能协作竞争力，为建设全面体现新发展理念的国家中心城市提供重要支撑。

一、枢纽经济的形成与发展

枢纽经济是借助经济要素资源聚集平台（交通枢纽、物流枢纽、物流服务平台、金融平台等）对商流、物流、资金流、信息流、客流等进行集聚、扩散、疏导等的规模化产业发展模式，具有高度的供应链、产业链、产业集群化组织特征。通过聚集具有区域辐射能力的经济要素，主要是具有"流"的特征的经济要素，城市经济总量扩张、产业层次跃升、发展地位提升的路径正在发生改变。

目前，中国城市发展枢纽经济的诸多基本条件初步具备，一方面是国家主干综合交通网络基本形成，一般性中心城市均具备承载各种经济流的能力和条件；另一方面，中国全面小康社会建设将带来内需扩张引领的经济流集聚发展，以及"一带一路"倡议实施带动新的国际经济双向辐射经济流的集聚扩张。为此，枢纽经济在未来的发展中将具有基于通道、城市和产业三个层面进行组织的特点，形成不同类型和格局的经济枢纽，经济枢纽的发育必将在空间上重构中国经济版图。

二、智慧物流助力枢纽经济发展

现代物流具有越来越鲜明的网络化和规模化特征，这决定了要提升特定区域的物流业发展规模和水平，就必须成为物流网络的枢纽节点，以便吸引和承载更多的物流资源，实现物流的规模化发展。

随着"一带一路"倡议的实施，中国打通了陆向辐射通道。比如新疆位于面向中亚和欧洲的前沿位置，在物流产业发展战略上具有面向国内、国际方向的辐射功能，对新疆打造国际化物流枢纽极其有利。特殊的地理优势，可以提升其在"一带一路"倡议实施中的物流枢纽地位，推动新疆成为国内经济和产业向西辐射的物流服务组织中心。而由此带来的物流要素聚集效应，将助力新疆实现物流业的规模化发展。

　　物流业的规模化发展将营造效率高、成本低、服务优的物流产业发展环境，为特定区域能够充分利用自身资源优势、进行大规模产业发展以及面向国际以及国内输出创造了条件，极易突破当地经济产业低端、小规模发展的瓶颈。尤其是在物流产业要素聚集和供应链环境改善的基础上，特定区域可以发展产业链结构完整、产业集群化发展能力强的优势产业，既提高产业的起步发展质量和水平，又切实提升产品的辐射、服务能力。由此首先需要发挥包括公、铁、水、空、管在内的多种运输方式的优势，立足区域产业基础和物流需求，加快形成集交通运输、仓储配送、流通加工、信息网络等功能于一体的现代物流体系；其次，培育发展第三方物流，提升作为区域性物流枢纽节点的能级，将交通区位优势加快转化为产业发展优势，有效提升其发展、服务能力，实现物流枢纽建设、产业布局发展和枢纽经济培育一体化发展。另外，还可以不断创新城市的交通、物流组织模式，强化国际铁路港、国际航空港的枢纽功能，延伸陆上、空中物流在国际国内的触角，提高枢纽经济发展的业态层次。

第九章 新零售时代的智慧物流模式

第一节 新物流的概念内涵、特征与架构体系

一、新物流模式的概念内涵

在第二次信息革命与第三次全球产业转移的背景下，我国数字经济及以数字经济为基础发展起来的产业逐渐迈进第二发展阶段，物流业有望实现爆发式增长。在近十年的发展过程中，我国城镇化速度不断加快、政策比较宽松、人力成本较低、传统商贸模式比较落后、数字经济规模庞大、产能极大，在这六大条件的支持下，电商实现了迅猛发展。

现如今，人口红利逐渐消失，快递成本不断增长。我国劳动力人口供给负增长趋势已持续 5 年，对物流行业产生了直接影响。根据阿里研究院提供的调研数据，目前，部分快递企业的人力成本在以年均 10%~25% 的幅度增长，场地租金在以年均 30% 左右的幅度增长。2017 年"双 11"前夕，韵达、中通等快递企业上调了快递价格。此前，在十多年的发展过程中，快递企业一直以降低价格的方式来获取竞争优势，这次价格上调说明整个快递行业对成本的耐受程度已经达到了极限，快递价格触底反弹。

另外，我国居民的消费习惯很难改变，物流规模的扩大与物流碎片化现象都使物流成本有所增长。目前，随着移动互联网实现普及应用，电商的定义愈加模糊，线上与线下融合发展趋势愈加明显，越来越多的线下门店开通了"门店配送"服务，快递需求进一步增长。该问题已超出物流行业的范畴，演变为在居民消费习惯不变、物流成本不断增长的情况下，现有数字消费模式能否实现可持续发展的问题。要解决这个问题，降低成本、提升效率是关键。在此形势下，物流行业亟须进行智慧升级，实现自动化、可控化、可视化、网络化。

现如今，"智慧"一词在物流领域频频出现，属于供应链管理文献中的高频词汇。相对而言，新物流是一个新词，尚未形成统一的定义。下面，我们对新物流的概念进行梳

理，从而对新物流做出科学界定。

"智慧地球"倡导将新一代 IT 技术引入各行各业，将传感器安装到日常生活的常见物体上，让他们相互连接形成"物联网"，并利用超级计算机与云计算对该网络进行整合，进而将网上数字地球、物理系统、人类社会整合在一起。如此一来，人类生活、生产都将实现精细化、动态化，从而实现智慧化。

"智慧地球"这一概念自提出以来就引起了诸多效仿，出现了"智慧医疗""智慧企业""智慧城市""智慧校园"和新物流等诸多新概念。

具体到实践层面，新物流的发展主要体现在信息化建设方面，也就是将信息技术引入物流领域。因为发达国家的信息化水平较高，各种信息技术在物流行业实现了广泛应用。而在我国，新物流的发展主要体现在两个方面：第一，通过采购、运输、仓储、配送等环节实现信息化，让整个供应链实现信息共享；第二，借传感器、GPS、RFID 技术、自动化物流设备打造自动化、智能化、可视化物流。

总体来看，新物流不是物流行业发展到某一特定阶段必然出现的形态，也不是某种至高无上的形式，而是层次丰富、富有活力与创新力、动态发展、能使资源实现集约利用的物流集合。

通过上述分析我们发现，新物流系统包含以下几个重要组成部分与关键维度，分别是自动物流、产品智能、智能交通系统、物联物流产业的演变路径网、自组织物流。

综上，新物流是将物联网、互联网、云计算、人工智能等信息技术的深度应用与传统物流的自动化、机械化、标准化相结合，满足用户的个性化物流需求，将企业的资源利用潜力充分发挥出来，具有透明、协同、柔性、即时反应等特征，能为商业创新提供有效支持，提升物流效率，推动物流实现绿色、安全运行。

从本质上看，新物流就是原有物流要素的升级与重构，以供应链的数字化为前提，以流通设施及物流网络的完善为基础，以物联网、云计算等新技术的应用为支撑，以网络伙伴间的协同共享为关键。

二、新物流模式的主要特征

在经济发展进入新常态、科学技术不断进步、商业模式持续升级的形势下，消费者购买行为与购买习惯发生了极大的改变，对服务业，尤其是物流业的智慧化、数字化提出了更高要求。下面通过对国外研究成果及企业实践情况的分析，对新物流发展模式进行梳理。

新物流模式具有四大特征，下面进行具体分析：

（一）动态性

新物流是一种实时变化发展的创新业态，具有动态性的特征。从根本上来看，新物流的动态性主要体现在以下两个方面：

1．"智慧"的变化发展

随着大数据、物联网、人工智能等新技术快速发展，"智慧"的内涵愈加丰富，物流的"智慧"水平有了大幅提升。

2．"物流"的变化发展

随着供应链协同及物流整合趋势不断加强，共享物流与信息平台进一步发展，物流行业实现了转型升级与创新发展。

（二）系统性

现阶段，新物流最常见的发展形势就是信息技术在物流行业的应用，所以人们对新物流的认识尚处在技术层面，具有一定的局限性。虽然物流的发展确实离不开技术的进步与应用，但其发展还需要其他条件的加持。

准确来说，新物流是一个复合型的系统。在整个系统中，技术支撑仅是其中的一个层面、一项内容。除技术外，新物流的发展还涉及了很多问题，比如体制问题、管理问题、组织问题、系统运行问题等。在这个系统中，新技术发挥的作用比较重要，但也需要系统的整合、组织、管理与运作。也就是说，新物流的发展是上述因素共同作用的结果。

（三）普适性

物流涵盖了众多领域，物流产业本身也涵盖了众多行业，但目前，各行业发展良莠不齐。起初，那些获取了领先优势的行业最先出现新物流，之后这些行业发挥示范、带动作用，形成了具有普适性的新物流。

具体来看，新物流的普适性主要体现在以下两个方面：

1．物流产业全方位普适

新物流的发展刚刚起步，该形态多出现在行业或企业对新物流的探索实践中。随着积累的经验不断增多，物流企业间的协作共享不断增强，可以带动其他行业或企业全方位推动物流产业实现智慧升级。

2．价值创造的普适性

新物流发展的意义主要体现在两个方面：第一，新物流可提升企业绩效，拓展市场份额；第二，新物流能为顾客创造价值，给经济、社会、民生带来巨大的益处。

（四）渐进性

对于我国物流行业来说，全面实现新物流是一个比较理想的战略规划。这一战略的实现需要整个物流行业共同努力，对目标任务进行细分，推动其按部就班地落地实施，整个过程必须脚踏实地、循序渐进。具体来讲，新物流的落地实施必须由物流企业从技术升级、管理升级、装备升级、系统升级等方面着手实现。

一直以来，企业经营与交通运输环境都深受物流成本的影响，同时，物流运输方式也因新商机、新零售、新技术的出现发生较大变革。但目前，我国部分物流企业仍没有建成物流管理信息系统，物流信息技术与设备比较落后，整个行业的运营效率较低，没能与客户实现深度合作。在此形势下，物流行业亟须通过智慧升级提升发展水平，增强核心竞争力。这一点体现了新物流的核心要义：

第一，通过云计算、大数据、人工智能等信息技术在物流企业的深度应用提升企业的信息化水平。

第二，与传统物流标准化、机械化、自动化的特性相结合，使物流实现智慧化配送。

第三，在满足用户个性化需求的基础上，通过对资源潜力的充分调动，构建一个透明、协同、柔性，能实现即时反应的综合物流企业。

第四，以支持商业创新为目标，推动整个物流行业实现绿色、安全、高效的运行。

（五）新物流模式的逻辑架构

通过对国内外相关成果及我国新物流发展现状的研究，我们构建了新物流模式的逻辑架构。从总体来看，新物流的逻辑结构可分为三层：第一，数据感知层；第二，决策分析层；第三，应用层。其中，数据感知层主要为新物流提供基础功能支持，决策分析层主要确定新物流的智慧升级模式，应用层主要呈现新物流具体的发展形态。

1. 数据感知层

新物流技术层以数据感知为基础，尤其要获取关键数据，包括人、场、地等数据，通过这些数据让物品信息实现数字化，借助卫星定位、RFID 等技术实时获取物流信息，如物流车辆所处位置、货物配送状态等。

新物流技术层以智慧流通基础设施为重要支撑，该设施包括物流基地、公共配送中心、分拨中心、末端配送网点等。同时，物流基础设施的信息化改造也为新物流的实现提供了强有力的保障。新物流技术层以物联网、自动化、物流云为核心，通过新技术的推广应用，仓储、配送、客服等环节的自动化，整个物流过程可实现自动化。

2. 决策分析层

要想将技术层获取的数据连接起来，进一步打通这些数据，必须借助基本的算法模型、基础协议与标准、行业判断、竞争策略与发展定位。

通过决策层的构建，数据挖掘与信息处理等技术可在物流管理与配送系统实现广泛应用，可对客户需求、物流数据、商品库存进行有效分析。具体来看，决策层有三大作用：第一，能计算出最佳仓储位置，规划出最优仓储路径；第二，能使物流仓储与配送决策实现智能化；第三，能对货物进行精准定位与追踪管理，将物流信息实时反馈给客户及管理者，从而对商品产地及流通信息进行追溯。

（六）应用层

新物流的落地需要政府、行业、研究机构共同作用。现阶段，新物流的应用具体表现在以下几个方面：

1. 多式联运

比如入选"第一批多式联运示范工程项目名单"的公铁联运、公铁海河多式联运、集装箱公铁水联运、集装箱水铁联运等。

2. 车货协同

比如用户可通过货拉拉 APP 叫车，实现同城即时货运，享受优质、高效、专业的物流配送服务。

3. 末端共享

比如共享第三方代收平台、智能快递柜等基础设施，开展共同配送等。

4. 智能仓储

比如苏宁借助"业务+仓储+技术"的零售仓储体系管控模式，以多元化的零售场景为核心，构建多种多样的仓储形式，如 DC 仓储、FC 仓储、门店仓、微仓等，从而满足电商、品牌商、零售商的业务需求。

三、新物流模式的服务体系

数字经济时代，数据成为企业参与市场竞争的重要战略资源，订单处理与查询、出入库、物流计划、物流运输、客户交付等各物流环节都要有数据提供的强有力支持。以物流计划为例，物流计划的制订离不开货物订单数据，物流计划的执行离不开物流资源要素数据。

货物订单提供了货物种类、数量、交付时间与地点等重要数据，是物流服务需求具体化的直接体现。货物订单数据覆盖了订单的整个生命周期，然而传统物流对这方面数据的采集、分析及应用缺乏足够重视，难以制订出科学合理的物流计划，主要就是管理者根据自身积累的经验制订，有较强的主观性，难以实现对物流资源的高效配置，无法响应客户的个性化需要。

新物流基于包括物流订单数据在内的海量数据制订物流计划，可以对所有订单需求进行整合，综合考量送货时间、地点、成本等多种要素，使物流计划更具科学性、灵活性、适应性。

物流计划的执行不仅是由物流订单的要求决定的，更受到物流资源要素的直接影响。当物流资源要素数据缺失、滞后甚至出现错误时，在车辆与仓库选择、运输线路实时优化等方面很容易遇到各种问题，进而降低物流效率，提高物流成本。

数据驱动将会成为物流业的主流趋势，为此，我们必须要加快研究大数据、云计算、人工智能等新一代信息技术在物流领域的落地应用。未来，随着新物流模式日趋成熟，物流企业日常经营管理、仓储、运输、最后一公里配送等数据都会被实时收集，并存储到数据库中，应用数据分析模型深度发掘其潜在价值，实现物流数据在供应链上下游企业之间的高效流通共享，提高整体供应链运行效率，为目标用户创造更高的价值，最终实现多方共赢。

四、新物流具有三重性

新物流具有三重属性，首先是物理属性。物流就是物的流通，所以它的物理属性很好理解，无须过多讨论。

新物流的第二重属性就是数据属性。这一属性经常隐藏在物的流通轨迹背后，很难被发现，它回答了物的来源、物的构成、物的流通环节与目的地、目标消费群体类型、物的获取场景与方式等问题。

整个物流过程会产生大量数据，借助这些数据可对物流出口端的客户行为做全面分析，增进物流商对客户的了解，甚至让物流商比消费者自己更了解自己。同时，借助这些数据还可对物流入口端的物品进行追溯，让物流商了解物品的来龙去脉。物品流通过程自然也有物流商存在。由此可见，物品的全生命周期管理都实现了数据化。

经数据链接与传导，新物流又产生了第三重属性——服务属性。在物品流通过程中，物流企业不仅为顾客提供拆零分拣、包装定制、搭配重组、场景设计等服务，还为其提供配套的金融服务，推动服务与文化不断增值。

五、新物流生态的前台、中台、后台

新物流生态的前台是多样化的场景，社群众多，消费者无处不在，可以根据大数据精准画像为消费者提供按需定制服务；产品只是企业与消费者的接触点，与消费者沟通交流的工具。物理空间、时间维度都得到了有效延展，消费者打破了时间、空间、店铺位置的限制，商品打破了内容、种类、数量的限制，消费者体验、商品交付打破了物理形态的限制。

新物流生态的中台是整个服务体系的核心，主要为商家赋能，包括柔性制造或柔性物流，智能制造或智能物流，各种各样的特色服务，等等。整个服务体系不是由一家企业包揽的，而是由多家企业共同构建的，企业各展所长，最终打造精准、丰富、及时的新物流服务。

新物流生态的后台是基础设施，具有软硬兼施、人机匹配的特点。对于线上来说，这个后台系统就是 SaaS 云；对于线下来说，这个后台系统就是快运快线网络与关键的连接枢纽。京东的无人机、无人车、无人仓、334 工程也好，菜鸟的 ACE 计划也罢，都是试图通过新物流基础设施的构建在未来的市场竞争中占尽先机。

第二节　新零售时代以消费者为中心的商业变革

一、新零售：颠覆传统零售格局

近年来，新零售的概念逐渐进入大众视野，在这样的大环境下，包括传统零售企业、网络企业、跨界企业在内的实力型企业都在新零售领域展开了布局。

在同质竞争异常惨烈、消费升级的背景下，传统电商的流量成本不断攀升、服务及体验缺失等短板越发凸显，而在电商强烈冲击下陷入关店潮的实体零售也陷入发展困境，如何借助技术、模式及管理创新推动自身的转型升级，抢滩新零售风口，成为零售企业亟须解决的重点问题。

线上、线下相结合及现代物流构成的新零售模式崛起，给企业提供了广阔的发展空间。亚马逊的无人零售 Amazon Go 及阿里巴巴的 VR 购物 "BUY+" 等诸多新零售项目，让我们充分认识到了新零售的惊人潜能。与传统电商过度依赖线上渠道不同，新零售涵盖了线上、线下，能够以人们的本地化生活场景为切入点，在满足人们个性化需求的同时，

带来极致购物体验。

新零售模式出现后，相当多的传统实体零售企业对其充满了期待，希望通过充分发挥自身的线下资源优势，借助新零售风口夺回被电商企业蚕食的市场份额。

传统电商及实体零售企业的积极布局，使新零售虽然发展时间较短，但增长势头十分强劲，线上流程优化完善、物流效率不断提升、传统实体门店被改造成为体验中心等行为预示了新零售时代即将来临。云仓储、智能机器人配送等新零售衍生业态，颠覆了人们对零售业的认知。此前，很多人认为新零售只不过是传统电商及实体零售企业为了破解发展困境而炒作新概念，并不会独立创造出一种新的事物。

新零售模式不仅给零售业带来了新技术、新设备，更引入了新思维、新理念，将会对零售业及物流、制造、服务等关联产业产生深远影响，给人们的日常生活及工作带来诸多便利。

新零售的概念有很多特征，其中最关键的莫过于两点：以消费者为中心，以数字化为核心驱动力。为了跟上新零售时代的步伐，实现线上、线下渠道的一体化运营，参与其中的零售企业需要重塑商业模式，革新传统物流及供应链运营体系，在这个过程中，始终要坚持将消费者放在核心地位，并充分发挥数字化技术的推动作用。

二、新零售驱动下的数字化转型

整个零售行业的发展过程可分为三个阶段：第一，传统零售阶段；第二，现代零售阶段；第三，电子商务阶段。现代零售是以传统零售为基础发展起来的，实行标准化运营、规范化管理，使整体运作效率得以大幅提升。但在这个阶段，零售商对商品、消费者都不甚了解，商品品类管理较为粗放。

到了电子商务阶段，一些问题就得到了有效解决，开展电子商务的商家开始主动了解客户需求，提升商品管理质量与效率。但从另一个方面来讲，电子商务也存在一些缺陷，比如无法让消费者获得真实的购物体验、物流速度比较慢等，这给新零售的出现和发展造成了一定的影响，这种影响主要体现在以下两个方面：

（一）对消费者层面的影响

首先，通过线上业态与线下业态的结合满足消费者随时购物的需求；其次，通过线上数据与线下数据的结合对消费者做出全面把握，满足消费者个性化的购物需求；最后，通过构建分散化的渠道、多元化的场景、多种多样的支付方式让消费者享受整个购物过程。

（二）对商业层面的影响

新零售对商业的影响主要包括提升整个供应链的智能化程度、对商业模式进行创新、构建现代化的商业业态、提升物流流通效率与商品品类更迭效率。

新零售供应链建设需要时间，需要克服计划、网络、配送、仓储等方面的挑战。在新零售模式下，企业要为此做出两大战略调整：

1. 从以产品为中心转向以消费者为中心

在新零售模式下，商家不仅要满足消费者对产品功能的需求，还要满足消费者对服务体验的追求，将关注重点从选址、货架转向购物体验，优化消费者体验，全面提升消费者的认同感、参与感，将服务变成消费者的消费内容，让消费模式对生产流通模式产生逆向牵引作用。

2. 将数字化打造成核心驱动力，重新构建产业生态链

线上渠道、线下渠道的打通与多渠道的构建需要不断提升数字化技术。从传统意义上讲，数字化指的就是某个环节的数字化。但从长远来看，数字化指的不是设计、生产、营销等环节的数字化，而是端到端的数字化。

将数字化打造成核心驱动力需要很多条件，如大数据、新平台、新技术、新制造、新金融等。零售行业要提升所掌握的用户数据的质量，形成用户洞察，对设计、生产、采购、物流等环节进行有效引导。

为实现数字化转型，品牌商、物流商、零售商要解放思想，调整战略思路，从以内部为主导、自行研发、技术私有，转向对外合作、技术共享。此外，品牌商、物流商、零售商还要借第三方机构与科技公司的力量参与生态圈构建。

自新零售出现之后，线上零售企业、线下零售企业、跨界零售企业都对其开展了积极探索，参与者大致可划分为三种基本类型，每种类型都有自己的优势。第一，线上电商拓展线下业务。电商在技术、数据方面有明显的优势，但缺乏线下资源，线下运营能力不足。第二，传统线下零售企业拓展线上业务。这类企业掌握着丰富的供应商资源，在商品管理、网络终端经营方面有自己的独到之处。第三，跨界企业，这类企业最典型的就是物流企业。物流企业负责商品流通，与新零售的资源优势相契合。

三、智能技术驱动零售效率优化

除了线上、线下融合及现代物流外，新零售还涉及物联网、大数据、云计算等新技术应用，对商业逻辑进行颠覆性重构，对用户体验进行升级改造。它对零售企业提出更高的

要求，也为其商业探索提供了几乎没有天花板的想象空间。

淘咖啡、缤果盒子、F5 未来商店、Amazon Go 等无人便利店项目，让广大消费者充分认识到了新技术在零售领域应用后，对提高购物效率、降低购物成本所创造的巨大价值。人脸识别及支付，将会显著提高客户响应效率及支付安全性，同时解决传统实体零售中的排队付款、人力成本过高等问题。工厂直通消费者的 C2M 模式，通过减少流通环节显著降低交易成本，同时结合预售定制模式实现低库存甚至零库存，促使供需更趋平衡。

流量从线上到线下回流是新零售发展的重要驱动力。电子商务具有的商品品类更为丰富、价格更低、打破购物时间和空间限制、送货上门等优势，使流量从线下转移到线上，从 PC 端转移到移动端。但在消费升级背景下，电子商务的服务和体验缺失、物流时效差、无法保障产品品质等短板越发凸显。

把集中在线上的流量向线下转移，确实是打破电商发展困境的有效方式，它能给电商行业的发展增添新动能，使广大线上卖家及平台借助流量红利获得高额利润回报，是新零售模式的一大重要特征。但它并不是新零售发展的唯一驱动力，如果新零售仅是将流量从线上转移至线下，根本无法促使零售业完成转型升级，在优化用户体验方面也不会取得实质突破。

应用新技术优化用户体验，进行商业模式创新来提高零售效率，发挥物流、服务等关联产业的协同联动作用等，都是新零售发展的重要驱动力，也是新零售风口所带来的红利。

新零售将会给人们的日常生活带来深远影响，电商尤其是移动电商崛起，使人们从逛街转变为逛网店。而由于模式限制，传统电商无法迎合持续升级的消费需求，这些问题经过微信、微博等社会化媒体的扩散后，给传统电商企业的经营管理带来诸多阻碍。

新零售模式的出现，使传统电商模式造成的用户痛点有望得到有效解决，新技术的应用改善了用户体验，提高营销转化，帮助企业深度发掘潜在消费需求。事实上，新零售更深层次的意义在于，它给人们带来了一种全新的生活方式。

就像当前人们热衷于使用智能手机进行网络购物一样，未来随着新零售不断走向成熟，刷脸支付、无人配送、无人零售等将会成为人们购物生活的重要组成部分，并推动零售业不断发展壮大。

电商崛起对传统实体零售形成了强烈冲击，也让很多实体零售企业对电商企业积怨颇深。而新零售时代，电商和实体零售从对立走向统一，二者都回归服务用户的商业本质，并给人们带来新的生活方式。

四、流通供应链商业模式的转型升级

新零售重构了流通业参与主体之间的关系，也将带来流通供应链商业模式的转变，这主要体现在以下几个方面：

（一）流通供应链的核心竞争力发生了改变

传统流通供应链以企业为中心，在新零售驱动下，其商业模式转变为以消费者为中心，据此其核心竞争力也发生了变化，须围绕消费者价值主张来整合各方资源，进行技术和管理方面的创新，为消费者提供超预期的服务。通过供应链的柔性化和数字化可以迅速为消费者提供个性多样的需求，提升自身的核心竞争力。

（二）流通供应链的商业模式在客户服务上发生了改变

传统商业模式输出的是单一产品、单一的流通渠道、单向的信息传递，而在新零售驱动下，供应链提供的是"产品+服务"的综合性服务，以消费者为中心，深入挖掘其消费需求，与之构建互动关系，建立社群，增强用户黏度。在此模式下，流通供应链需要共享化和数字化，这样才能整合各主体的产品和服务，融合线上线下渠道，为消费者提供全面的服务，将价值理念精准传达给消费者。

（三）供应链的运营管理模式产生改变

参与主体从原本的竞争运营模式改变为合作共赢的管理模式。由于客户服务模式的改变，各个企业间需要进行资源共享和数据共享来实现合作共赢，因此其原本的企业间进行博弈的经营模式必须改变，转而在客户间寻求资源、零售终端、物流资源、采购策略等方面进行整合和共享，在缩短供应链的同时，降低运营成本，实现合作共赢。

（四）盈利模式发生变化

传统流通供应链的商业模式是通过产品交易中产生的差价来盈利，而在新零售背景下，供应链的盈利主要是通过为消费者提供更多的增值服务而实现的。这种增值服务的供给是建立在消费者需求之上的，供应链的各个参与主体也成为功能互补的服务主体，通过满足消费者的个性化、多样化需求来提高自身的盈利能力。

（五）利益分配模式的改变

在传统零售的供应链模式中，获利方式是单向通过卖库存获利，且利益割裂，供应链下游利益分配呈递减趋势；而在新零售的供应链模式中，利益获取是通过价值共享，且利益共享，供应链的利益分配开始向末端倾斜。在新的商业模式中，可以根据供应链参与主体对消费者的价值贡献大小以及投入多少来划分利益分配比例，并且充分认识到零售终端在整个供应链中的重要作用，其为消费者提供体验度极佳的服务，与之建立持续互动的关系，这为整个供应链的良性运转提供了保障，因此在利益分配上也应适当向末端倾斜。

第三节　深度揭秘新物流与新零售的逻辑关系

一、新物流：新零售落地的关键

新零售全面铺开：阿里巴巴、腾讯开始加速线下布局；传统零售企业开始加速转型升级，积极布局新零售；创业公司也不甘落后，试图借新零售快速崛起。短短几年时间，新零售火爆发展，"餐饮+超市"等新零售项目及无人超市、无人货架等无人零售业态遍地开花。

通过观察可以发现，无论是"餐饮+超市"模式还是无人零售业态，抑或是向新零售转型的传统电商与零售商，都对物流提出了全新的要求，都在强调新物流。现阶段，对于零售商来说，对库存进行精准控制、开展智能配送已成为其提升坪效与购物体验的重要环节。由此可见，新零售的发展离不开新物流的支持。从某种层面也可以说，新物流是新零售落地的关键，没有新物流，新零售就无从谈起。

新零售是以消费者体验为中心的数据驱动的泛零售形态。新零售的定位是以较低的成本对资源进行实时、高效配置，对客户需求进行深度、精准挖掘，通过直播、社交、反馈带给客户更加优质的体验，贯穿生产、销售、物流等各个环节，积极引入人工智能、虚拟现实（VR）、机器人等新兴技术。

零售行业的发展趋势：从以产品为导向向以消费者为导向转变。新零售的核心价值在于使全社会流通零售业的运转效率得以全面提升，并提出"零售二重性"这一新概念。零售二重性指的是，现阶段所有零售主体、商品、消费者既具有物理属性，又具有数据属性，需要从二维角度对新零售进行全面思考。

二、新零售与新物流的逻辑关系

基于数据属性，新物流最终可发展为柔性物流；基于服务属性，新物流最终可发展为与商品增值服务对应的专业物流或在物流、信息流、商流联合的基础上形成的商物流。在整个过程中，物流的物理属性始终是外在体现。

正是在这个由物流、商流、信息流构建的立体系统中，才能由物流带来数据流，最终走向资金流。从这个角度来看，新物流可称为"生态物流"。未来的商业竞争不再是企业之间的竞争，更多的是生态系统之间的竞争。之前发生的顺丰与菜鸟竞争事件就是两个生态物流系统间的竞争。

正是在这个新物流体系的支持下，新零售领域的"零售物种大爆发"才有可能实现，新零售远景（任何时间、任何地点、任何主体、任何内容）才有可能构建。说得更直白一点，新零售就是新物流的呈现方式。任何时间体现了物流在新零售领域的不可或缺性。事实确实如此，新零售物种出现的同时，消费者的物流体验有所提升，对物流精准度的要求也有所提升。零售基础设施革命是一场数据驱动的物流前置革命，最终目标是实现单未下，货先行。

事实上，很多新零售业态都将"物流前置"作为核心发展点，主打丰富、新鲜、精准、便捷，在不同的覆盖半径内布局，让"单未下，货先行"的设想真正实现。新物流与新零售密不可分，新零售无法脱离新物流生存、发展。

在新零售业态下，人、货物都将实现数据化。过去是生产决定消费，现在是消费者参与产品设计与生产；过去是品牌商、零售商主导供应链，现在以互联网为媒介，小品牌也能直接让产品触及用户。互联网、云计算、大数据等技术的作用就是改造传统的商业基础设施，只有改造完成，人、事、物、时间、地点才能实现连接，实时互动，真正进入新商务时代。

在新零售时代，供应链不再是单一的链状结构，要向数字化网状结构发展。

三、新零售时代的物流模式升级

与传统零售相比，新零售的商品提供、消费场所、消费行为等都发生了明显的变化。在这样的大背景下，企业需要对消费端进行改造，进一步提升消费体验；新零售物流则需提供更优质的商品、更好的体验、更高的性价比、更快的物流，并以客户为中心开展整体运营。

（一）更好的商品：产地直采+生鲜直达+产品溯源

在消费升级时代，人们的消费水平及消费能力逐步提高，希望自己能够买到更加优质的产品。为了向市场输出品质可靠的商品，企业选择通过产地直采、海外直采等方式布局新零售领域。在这个过程中，物流发挥着不可替代的作用。物流的价值集中反映在三个方面：

首先，实力型物流企业在发展过程中形成了完善的全球化物流网络，可采用整合方式加速在各个环节的运转；其次，物流企业在世界范围内实施采购计划，能够将质优价廉的商品推向市场；最后，经由实力型物流企业运输的产品，在品质方面拥有更加可靠的保证。借助物联网等先进技术手段，品牌商能够及时掌握供应链的整个运作流程，在实际运营过程中不断进行调整优化，并提高消费者对产品的认可度。

（二）更好的体验：逆向物流和售后服务

随着消费渠道、消费选择增加，企业越来越重视逆向物流的建设和售后服务的完善，这也是企业向新零售发展过程中必须经历的环节。

逆向物流是从消费者到生产者或商家，在进行商品退换货或返修时通常会用到这项业务。通过网购方式购买的产品，具体包括衣服、化妆品、电子产品等，会通过逆向物流进行退换货操作，这种业务对时效性的要求不高。有些商品在使用过程中出现问题，也可通过逆向物流进行返修，这类商品的价值通常比较高，商家完成返修后需要将商品再次寄给消费者。在新零售时代，选择网购方式的消费者数量持续增多，电子产品更新换代的速度也越来越快，企业要重视逆向物流及售后服务的建设与发展。

在具体建设及发展过程中，企业应着重提高以下三个方面的能力：

第一，推出上门取件服务，对于消费者寄来的维修产品，在结束维修服务后发件提醒，邮件到达后提醒消费者取件，满足消费者对便捷服务的需求。

第二，对于消费者急需的商品，推出加急运送等相关服务，在时效性方面满足消费者的需求。

第三，如果商品本身的价值含量较高，则须避免在运送途中出现损坏，推出相对应的理赔服务，提高安全保障。

（三）更高的性价比：优化的供应链成本

与传统物流不同的是，新零售时代的物流具有多样化、碎片化的特征，还有些物流服务对时效性的要求比较高，这些因素都提高了企业的物流成本。而企业要想降低成本，就要加快物流环节的运转，实现更大范围内的资源整合，建设新物流。现如今，国内物流总体成本居高不下，物流基础设施的利用率较低，物流成本较高是很多企业面临的问题。

企业可采取如下措施来降低物流成本：

第一，利用先进的扫码识别技术、无人机、智能拣货机器人、末端配送机器人等代替传统的人工劳作，减少物流环节的成本消耗。

第二，进行多方资源整合，提高物流运能的利用率，共享仓储空间、数据资源、平台资源等，提高社会力量的参与度，进而降低企业的物流成本。

第三，对物流路径、运作流程实施调整与优化，加速整体的运转。

四、以消费者为中心的物流变革

何为"消费者画像"？即依据消费者档案进行内容定制，对消费者的相关信息、购物行为等进行把握，分析消费者的行为特征。

如果零售企业能够充分了解人们的消费行为特征，就能优化营销环节，并据此进行运力调度，完善物流服务体系。在战略上，企业要根据客户相关信息，综合考虑自身的特点，制定合理的营销战略；在品牌上，要参考客户相关信息，对客户的内在需求进行分析，据此选择合适的品牌发展模式；在价格上，要根据消费者的承受能力制定合理的价格；在营销上，要根据客户的需求，选择相对应的渠道开展个性化营销。

为了吸引消费者购买商品，还应根据客户的消费习惯，在商品陈列（包括线下商品陈列及线上商品陈列）环节突出企业服务的独有特色。在物流环节，企业应该做到两点：一点是，在充分把握客户需求的基础上制订物流服务方案，方案内容包括给客户送货的时间、提供的配送方式等，提升其整体消费体验；另外一点是，提前预测物流需求，提高物流系统运营的灵活性，参考客户需求信息，事先做好库存准备并制订配送计划，继而提高物流环节的运营效率。

（一）基于需求链的高效供应链

在对消费者信息进行收集与分析的同时，还要实施需求链数据管理，在此基础上制订合理的存储计划，加速供应链的运转。

（二）用 C2M 生产模式代替以注的 B2C 模式

在新零售时代，企业对传统生产模式进行了改革，开始采用 C2M 模式，围绕客户需求，在了解客户相关信息的基础上，对生产链架构进行改革，推出定制化服务，更好地对接消费者的个性化需求。

在 B2C 模式下，生产企业占据主导地位，企业采用批量化生产方式，在开发、采购、生产、营销、售后等环节遵循统一的运作流程，供应链各个环节各自为政，经常出现企业产能无法消化的情况。

以淘宝、京东为代表的电商企业采用 B2C 模式，借助互联网平台直接与消费者进行交易互动，在给消费者提供多元化选择的同时，能够降低成本消耗，并能够参考消费者数据的分析结果优化企业的生产。但从根本上来说，企业的运营仍然离不开库存的支持。不同的是，采用 C2M 模式的企业会根据需求数据制订生产计划，推出切实符合消费者个性化需求的产品与服务。

第十章 新零售时代供应链变革

第一节 构建新零售时代的智慧供应链模式

一、新零售供应链与传统供应链

新零售是一种泛零售业态,消费者体验在其发展过程中占据主导地位,与此同时,企业还要发挥数据价值。在新零售具体运营过程中,除了通过创新消费场景来提升人们的购物体验之外,企业要更加注重消费内容的生产及整体的运营,为此,企业必须根据新零售的发展需求,对传统供应链体系进行改革。

从根本上来说,"传统零售"及"新零售"都应该将消费者放在核心位置,企业要做的就是为消费者提供符合其需求的产品和服务,并使其获得优质的体验。

在向新零售发展的过程中,有些零售企业采用O2O模式开展全渠道运营,有些零售企业注重与体验式消费的结合发展,还有些企业聚焦于建设产业生态链,这也是企业未来发展的三大方向。虽然演变路径不同,但从根本层面上来说,零售还是围绕"人、货、场"这三个元素展开。与此同时,企业会依托互联网平台的优势,对相关元素进行整合,从而加快整体的运转。传统模式下,零售业主要靠数量优势取胜;如今,企业的竞争开始聚焦于成本及效率。为此,企业必须改革传统的商业模式,通过提升效率来体现自身的优势,不断巩固市场地位。

进入新零售时代,供应链管理的本质被保留了下来。也就是说,企业需要促进供应商、仓库、经销商、终端零售等供应链上各个环节之间的配合,在把握消费者需求的基础上,及时为其提供种类、数量正确的产品。在这个过程中,零售企业要不断完善自身的服务体系,并进行成本控制。

进入新零售时代后,供应链管理的本质会表现得更加突出。在传统零售时代,企业本身在运营过程中占据主动位置,消费者则处于相对被动地位,企业为促成与消费者之间的交易会采取多种措施，并尽力提升销售额。如今，这种传统的运营模式对消费者的吸引力已经大大降低，企业应该将消费者需求放在核心位置，供应链管理同样如此，这也是新型供应链区别于传统供应链的地方。

（一）新零售时代的供应链不仅仅是供应链

传统零售模式下，供应链的功能集中体现在供应链后端，也就是采购、生产、物流功能。企业难以实现对不同销售渠道的统一运营，与消费者之间的接触也十分有限，导致供应链上各个环节之间的运营相互独立，供应链的灵敏度不高。

在新零售时代，消费者需求开始占据主导地位，消费者、商品、竞争者、价格因素等时时刻刻都处在变化之中，企业应该改变传统的运营模式，促进不同环节之间的连接，发挥整体的协同作用来对接消费者的需求。在这种大环境下，供应链应该变被动为主动，强化与消费者之间的沟通互动关系，在选品、趋势预测、商品价格制定与调整、商品供应及优化、商品采购等方面发挥作用。在零售企业的日常运营过程中，要发挥不同职能部门之间的协同作用，从整体角度出发，将供应链管理及运营、企业营销及大数据应用结合起来。在这个过程中，供应链上的各个环节都应该明确自身的职能定位，培养全新的思维方式并形成习惯。这也意味着新零售企业要对传统组织架构进行改革。

（二）新零售时代的供应链是消费者驱动的

缺货问题及服务效率低下，导致新零售业态难以提升消费体验。而在产品快速更新、同类产品纷纷涌现的市场环境下，消费者对即时性的要求明显提高。零售企业要想满足消费者的需求，就要提高库存管理能力，避免出现缺货现象。在新零售时代，越来越多的企业倡导实现"零库存"，而现有的供应链体系无法做到这一点。为了解决这个问题，企业必须实施精细化的供应链管理，根据消费者的个性化需求为其提供相应的服务，在这个过程中，要充分把握消费者的需求，在准确对接其需求的同时，有效降低企业的库存。

另外，企业在处理消费者退货问题时需要耗费大量成本，超过八成的国内零售企业都面临这个问题，消费者退货导致零售企业的利润规模下降。购买之后选择退货，说明消费者对体验不满意，要减少因商品本身导致的退货，就要注重对商品质量的把关、品类结构的管理、各个门店的运营等，还要打通退货流程与销售流程，通过这种方式来提高企业的利润所得，进一步提升消费者的体验，树立良好的品牌形象。

综上所述，进入新零售时代后，供应链依然保持其原有的本质，但须围绕消费者开展运营，并为消费者提供满意的服务。为此，企业要对传统供应链进行改革，跟上新零售时代发展的步伐，以提供优质的消费者体验为出发点，不断提高消费者对自身运营的认可度与满意度。

二、技术驱动的智慧供应链建设

为了适应新零售时代的发展需求，企业在构建供应链体系的过程中，除了要引进优秀人才、优化现有流程、采用先进设备之外，还要进行数字化改造，运用先进技术手段提高供应链的智能化、现代化水平，进行以下三方面的建设：

（一）供应链可视化

在实现供应链可视化的基础上，企业能够将采购、开发、营销、物流配送等不同环节的运营连接起来，发挥协同效应，促进运营过程中产生的库存信息、市场需求信息、销售情况、物流等信息的高效传递与共享，提高供应链的响应能力。

随着新零售的发展，除了上述环节的可视化发展之外，店员、商品品类、消费者等相关信息也将在供应链范围内实现共享。与此同时，企业将建设云计算体系。企业依托可视化信息平台，能够根据自身业务发展需求制订相对应的战略计划，促进供应端与需求端之间的对接，在降低库存的同时不断完善自身的服务体系。

（二）供应链人工智能化

新零售业态在日常经营过程中会产生多样化的应用场景数据，具体如商品数据、市场数据、库存数据、消费者数据等，根据业务发展需求及具体的场景，包括市场需求预测、商品价格制定、品类管理、营销活动、商品供应、库存管理、不同门店之间的资源调度及分享、物流规划等，结合相应的算法，就能运用数字模型对各个场景进行科学的分析。如此一来，企业就能在收集数据、分析数据的基础上，进行数字建模，对市场变化趋势进行把握，为自身的决策制定提供参考。

对新零售时代的供应链运营来说，人工智能的应用模型分为两种：预测模型与决策模型。

其中，前者是在掌握海量数据的前提下，通过构建统计模型，结合相应的算法，推测市场需求状况的发展变化趋势；后者是利用科学的算法及运筹模型，根据企业发展需求及具体场景，为企业的决策制定提供有效参考。

从根本上来说，预测功能是人工智能的价值体现，预测本身并不是运用这项技术的目的，而是为了给企业的决策制定提供参考，减少企业因缺乏经验而产生的决策失误。

（三）供应链指挥智慧化

在零售企业的运营及发展过程中，运营指挥控制系统发挥着核心驱动作用，为此，企业应对自身的业务进行分类，并建立不同类别的运营指挥系统。不同业务类别对应着不同的功能，为企业提供其日常经营过程中产生的各项数据，包括产品供应情况、销售情况、退货情况、订单完成进度、库存周转情况等，并促进不同环节之间的配合与连接，运用合适的数学模型进行数据分析，在综合考虑多项因素的基础上为企业的决策制定提供精准的参考信息，帮助企业优化选品，合理定价，提前预测，及时供货。

在新零售时代，企业将不断扩大决策自动化的品类适用范围。如此一来，供应链管理者只须获取数据信息、确定市场需求、与目标用户展开互动、整合内部资源、促进企业改革创新即可。

三、零售企业供应链的转型路径

新零售时代的消费内容与之前存在明显的差异，在这样的大环境下，企业在构建新供应链的过程中要做到以下几点：

（一）商业内容体系的重构

第一步应该对商业内容体系进行准确定位。在此基础上，才能明确供应链的定位。目前，市场上涌现出许多专业店并呈现出迅猛发展趋势，体现出新零售的发展之快及其专业化水平的提高。

接下来要实现不同运营体系之间的对接。在零售行业中，供应链的运营会随商品的变化而改变，生鲜产品的运营则对企业提出了更高的要求。现阶段，很多企业在采购、产品生产、市场运营等环节都已经发生了变化，却仍然固守传统的运营思维及管理模式。

提起供应链，传统模式下更多地集中于企业对源头的建设；现如今，新供应链的内涵已经大大拓宽，将资本、技术、数字化等都包含在内。企业除了发挥内部资源力量之外，还可以与第三方合作，建立多方协作网络系统。

（二）数字化改造

未来，零售业及供应链都要向数字化方向发展。所有企业都想提高竞争力，但其发展会受到多方面因素的限制。

零售企业在与供应商进行合作的过程中，为了获取通道利益，通常会给供应商提供有限的数据信息；另外，生产企业需要经历许多中间环节，才能与市场终端完成财务、库存、物流等方面的对接，在这个过程中会遇到许多阻力。所以说，企业在向智慧零售转型的过程中，需要突破传统思维的束缚，并克服诸多方面的阻力才能实现。

目前的零售业尚未形成各个环节之间连接顺畅的一体化运营模式。在后续发展过程中，企业需要进行数字化改造。在进行源头采购的过程中，企业应该优先选择与已经完成数字化改造的供应商进行合作，对于那些停留在传统运营模式下的供应商，要利用数字化技术对两者之间的合作过程进行管理，提高企业在生产、制造、物流、存储、营销等各个环节的信息透明度。

企业要构建新供应链，就要实施数字化改造，要突破传统思维的束缚，根据新时代的发展需求进行内容、技术等方面的改革，积极运用网络技术、人工智能技术、大数据、云计算、物联网技术等，不断完善供应链体系，弥补传统供应链存在的不足。

（三）新发展模式的实施

新发展模式的诞生及实施有赖于各方参与及推动，具体如平台型企业的实施、资本市场的支持、相关法律政策的保障等。

现阶段，不少企业对新零售和新供应链的认知比较有限，对业务协同、全渠道运营、商业整合、数字化升级的了解也不多。在今后的发展过程中，企业会利用先进的技术手段提升整体运营效率，并带动整个行业的变革，在此期间，供应链体系也将发生相应的变化。

在进行供应链改革的过程中，企业要获取数据资源、引进技术设备、进行标准化建设、开展各项运营，这些环节都需要企业提供足够的资金。在具体实施过程中，很多企业都面临着业绩难以提升的问题，运营成本也居高不下。

企业在构建新供应链的过程中面临如下问题：思维模式陈旧、人才短板、理论多于实践等。目前只能对新供应链的总体发展方向进行推测，要想深入剖析"人、货、场"之间的关系，就要发动多方力量进行全方位的研究。

企业在向新零售发展的过程中，必须对传统供应链体系进行改革。若企业的变革仅限于产品包装、门店装修等浅层次上，则只能在短期内获得成效。立足于长远发展角度来分析，企业应该进行全方位的数字化改造，进行模式创新，丰富营销内容，通过构建新供应链，不断向新零售方向靠近。

四、我国智慧供应链的发展趋势

在消费升级驱动下，我们开始迎来以用户为中心、重视消费体验的新零售时代。新零售模式强调供给与需求实现精准对接，为此需要打造智慧供应链。移动互联网、物联网、大数据、云计算等新一代信息技术的快速发展，为打造高效、精准的智慧供应链体系奠定了坚实基础。

在开放、共享的移动互联网时代，越来越多的供应链上下游企业开始通过共享数据、设备、人力等资源，积极打造智慧供应链体系。但从实际发展情况来看，我国供应链仍处于发展初期，效率低下、信息化建设滞后、标准化体系缺失等痛点，在造成供应链成本高企的同时，给智慧供应链建设带来了诸多困扰。

（一）供应链结构向网状结构转变

在个性化需求大量涌现，数据规模越发庞大，数据结构越发复杂的局面下，建立网状结构的智慧供应链，可以充分发挥网状结构的灵活性及高效率优势，赋予供应链动态调整能力，提高供应链响应及时性。在网状结构的智慧供应链中，同一个企业可能属于多个供应链，而纵横交错的供应链网络，使其管理难度显著提升，想要解决这一问题，需要借助信息化及智能化技术对供应链管理体系进行优化改造，大幅度提升供应链运行效率，为供应链体系的持续稳定运行奠定坚实基础。

（二）灵活敏捷将成为供应链的显著特征

移动互联网时代，人们的购物消费呈现出强烈的移动化、碎片化、个性化特征，而打造灵活敏捷的供应链有助于充分满足用户需求，使企业能够快速感知市场动态，并高效整合优质资源进行研发、生产、配送、补货、供货等，有效解决传统供应链模式造成的库存积压、成本高企问题。

（三）"供应链+"将会实现大规模推广普及

智慧供应链将不再局限于传统意义上的采购、生产、仓储、配送及售后，其产业链的深度及广度将会得到极大的拓展，同时借助大数据、物联网等新一代信息技术，实现集成化供应链管理。同时，智慧供应链将会和物流、制造、金融、服务、信息、农业等产业高效协同联动，服务制造强国等重大国家级战略，促使中国企业从全球产业价值链低端环节迈向中高端环节。

第二节 我国物流企业的供应链转型升级路径

一、组织重构：促进供应链优化

在新的时代背景下，人们的需求层次逐步提高，越来越注重消费体验。因此，新零售要通过改革传统零售方式满足人们的体验需求，提供符合消费者需求层次的产品或服务。

伴随着总体环境的发展，人们的需求层次也会提高；与此同时，消费渠道将由集中走向分散，消费场景由单一走向多元，消费需求由大众化走向个性化。作为一种内需，消费需求是整体经济发展的重要推动力，为刺激内需，我国实施了供给侧结构性改革，目的是促进产业链各个环节之间的协同发展，通过实施供给侧结构性改革，促进经济结构的完善。

供给侧生产供应链的形态能够提升企业的服务效率。在改革过程中，最重要的是围绕用户需求，借助先进的数字技术，改革传统的资源配置方式，从而提高服务水平，满足用户的体验需求，并达到节约成本的目的。要注重挖掘用户的内在需求，采用定制化方式为用户提供针对性的产品和服务，实施精细化运营，在恰当的时机提供服务。在此期间，要敏锐洞察目标用户的消费需求，对市场需求变化的趋势进行科学分析，做好供应链规划工作，提供相关物料及足够的资金支持等。

用户需求分为两种：显性需求与隐形需求。在消费升级时代，消费者的显性需求层次不断提高，很多隐形需求正逐渐转变成显性需求。在这种大趋势下，企业须对原有的产品、渠道乃至品牌进行改造升级，要使价值创造符合价值需求，积极改革原有的组织结构，以提高自身对外部环境变化的应对能力。

企业进行组织改革的目的是加速整体运营并提高自身效益。面对迅速变化的市场需求，企业要提高内部组织的灵活性，为此，要注重以下几点：①能够根据用户需求为其提供富有价值的产品；②敏锐感知市场需求的变化；③加强内部各个部门之间、企业与外部环境之间的沟通；④切实执行企业战略，落实企业制订的发展规划。

企业进行组织改革之后，就能提高整体的运营效率，促进供应链的优化升级，为合作方及商家创造更多价值。通过进行组织重构，企业能够用网状结构代替传统的结构模式，更加快速、准确地获知市场变化，促进企业与外部环境的交流。以阿里巴巴为例，企业除了改革内部组织外，还十分注重加强供应商、渠道商、物流商等之间的沟通互动，进一步促进阿里生态系统的平稳运行。

企业可根据自身发展需求及具体情况，选择建设小组制组织、利润中心制组织或社群形态的组织。小组制组织能够满足用户多元化的价值需求，体现产品的差异性与独特性；利润中心制组织将利润放在核心地位，企业会划分各个部门的职能，为增加企业的利润所得共同努力；产品型社群的打造及运营能够调动用户的参与，促进企业与用户之间的接触，对用户需求进行准确把握，在此基础上为消费者提供相对应的产品。

二、产品升级：企业平台化转型

很多企业须通过产品来满足消费者的需求，从产品形态的角度来分析，产品升级需要经过四个时期：最初是比较基础的功能性产品，然后是具备情感价值的专业性产品，之后过渡到创新型产品，最后是个性化定制产品。为了满足消费者升级变化的需求，企业须相应地进行产品升级与优化。目前，多数消费者的消费层次已经达到了第二个阶段，也就是具备情感价值的专业性产品，希望自己能够获得优质的体验服务。

为此，企业要注重产品管理，通过强化产品在生产环节、供应环节、存储环节、物流运输等环节的管理，进一步提高产品等级，使其更符合消费者的需求。具体而言，在生产过程中，企业可打造数据平台与信息服务平台，拉近企业与用户之间的距离，依靠丰富的数据信息分析用户的内在需求，据此制订产品生产计划，运用先进技术手段加速企业的整体运转，更好地对接市场需求；在产品供应过程中，根据市场需求信息，优化现有的供应关系；在产品存储与物流运输方面，进行信息化、数字化建设，促进各个流通环节之间的信息共享，缩短产品配送时间，降低企业的库存压力。

在新零售环境下，企业要想在激烈的市场竞争中立足，就要根据自身的实力基础，选择转型为生态平台或融入生态平台中。其中，实力型企业通常选择前者，后者则适合中小企业。

生态平台能够促进供给端与需求端之间的对接，平台应该提前确立企业在加入、对接、服务等环节中需要遵循的原则，拓展增值服务，体现生态平台的价值；也可以建设互联网生态平台，在平台上集中进行产品开发、生产、营销，依托先进的技术手段和工具设备，对企业传统的供应、生产模式进行改革，促进企业与第三方之间的合作。在这个过程中，企业不妨采用外包方式，将自己不擅长的业务或者非核心业务交给合作伙伴来完成，集中精力发展自身的核心业务。

在企业进行需求与供给管理的过程中，要注重对供给者、生产者、需求者、服务提供者之间的价值关系的处理。生态打造及运营能够帮助企业促进不同参与者之间的价值平衡。具体来说，企业怎样进行生态打造及运营呢？

（一）全渠道收集需求信息，提高产品匹配度

连接及融合是生态化运作的重点，从这个角度来说，实现线上、线下对接的全渠道运营也属于生态运营的范畴。在实施过程中，企业能够借助移动互联网工具，通过网络渠道开展营销活动，收集目标用户的需求信息，据此提供相对应的产品和服务，进行全渠道铺货，利用数据技术和智能技术提高营销针对性。未来，企业在实施单品战略的过程中将更多地采用这种方式开展运营。

（二）全品类产品的提供

在这方面，企业须打造 B2B 网络平台，为消费者提供符合其需求的全品类产品。平台企业要对目标消费群体的核心需求进行准确定位，在此基础上建设服务平台聚集用户，对不同渠道的资源进行整合，在进行数据分析与处理的基础上，对传统供应流程进行调整与优化，省去传统模式下产业价值链条的层层中间环节，加速整体运转，实现成本节约。与此同时，企业还可以加强与第三方的合作关系，采用资源共享方式实现共赢。举例来说，不同品类的商品可以相互搭配，共同推出，满足消费者的多元化需求。

身处新零售时代的企业，能够依托互联网平台的优势，促进"人、场、货"之间的匹配与连接，利用大数据、人工智能等先进技术手段对企业的商品信息展示、网上交易、产品存储、数据收集、研发生产等环节进行改革，通过构建企业生态平台，促进不同业务之间的协同发展。

三、模式创新：整合供应链管理

立足于供应链层面来分析，以往，零售企业采用的是多级分销体系，新零售是对这种传统模式的彻底变革。而供应链物流要想适应新零售时代企业的发展需求，就要做到以下几点：①物流要拉近与终端消费者之间的距离；②要尽量减少库存；③要进一步提高物流整体的响应能力。

传统模式下，品牌企业通过实施规模化经营，能够有效控制运输成本，并同时与多个零售商、供货商达成合作关系，形成自己的合作网络。但在这种价值链模式下，无论是物流运输、零售运营，还是商品采购都不是企业自己完成的，而品牌商与消费者之间的接触并不多，难以快速洞悉市场需求的变化。

另外，因为与品牌商合作的第三方能力有高有低，企业无法对交付环节实施有效的监

管，而信息流通不畅，具体如货物流向不确定、渠道库存信息流通迟滞等问题，都会导致品牌企业难以制定准确的决策，无法实现业绩的提升。

随着新零售时代的到来，企业开始对传统运营模式实施改革，聚焦于设计业务的发展，能够打通供应商与终端消费者之间的通路，跨越中间的多个环节，实现物流直达。在这种情况下，企业对物流的诉求也呈现出新的特点。

目前，国内企业对于销售渠道的整合还比较有限，但部分品牌企业已经在着手整合下游的供应链，以期通过这种方式提高供应链的信息开放程度与服务质量。传统模式下，企业的产品须经过多个层级的经销商配备的物流体系流向终端消费市场；如今，已经有部分企业通过设立区域集中配送中心，对传统供应链物流运营模式进行改革。在新的模式下，经销商仍负责配送中心的库存管理，能够有效精简流通环节，优化对虚拟库存的管理，打通集中配送中心与零售终端之间的通道，同时加快信息流通。

传统模式下，企业多采用 B2B 模式开展运营，无论是库存管理还是物流相关的供应链管理都是静态的，不同库存之间、不同运输线路之间相互独立。如今，企业开始在 B2C 领域进行业务拓展，在后续发展过程中，企业将逐渐打破不同库存、运输线路之间的隔绝状态。

一般来说，实施静态管理模式的企业，运输单线货运规模比较大，货量变化较小，能够提前进行准确预测；采用固定的路线规划及库存管理模式，各个分拨中心在管理方面各自为政，缺乏协同性，企业会将运输管理与库存管理工作交给不同的第三方物流企业来承担。

采用 B2C 模式开展运营的企业则须采用动态调配模式。在这种模式下，运输单线的货运规模较小，订单量无法提前预测；在库存与路线规划方面要改变之前的静态管理模式，促进不同分拨中心之间的协同运营，将物流运输与库存管理结合起来，在不同分拨中心之间进行资源调度。

第三节　基于数字化的供应链协同管理与优化

一、供应链协同的内涵及其分类

近来，随着惠普、戴尔等企业在供应链管理方面取得一系列成就，供应链管理再次引起了各行各业的关注，甚至被视为提升企业核心竞争力的重要方法。随着管理理念的更新，企业逐渐认识到一点，相较于降低成本来说，提高顾客满意度更重要。要实现这一目标，企业必须建立供应链协同，提升供应链的竞争力，满足顾客需求。

（一）从决策时间与范围分类

供应链协同可以划分为不同的类型。从决策时间与决策范围切入，可将供应链协同相关的研究划分为三层，分别是战略层、战术层、操作层。

1. 战略层

战略层属于最高级别的供应链协同研究，该层次的研究主要是以概念模型与协同管理思想为依据，从战略层面对供应链协同进行研究。

2. 战术层

战术层研究是供应链协同研究的中心课题，主要内容是对供应链企业间的协同策略进行研究，是把握供应链协同运作的重要环节。

3. 操作层

操作层研究是供应链协同实现的基础，对供应链同步运作需要的信息技术做了充分研究。对于供应链协同的实现来说，信息协同发挥着至关重要的作用。

（二）从内容和运作流程分类

从内容和运作流程方面切入，可将供应链协同划分为物流协同、供应链关系协同、信息共享协同、供应链网链结构规划与参数优化协同。

1. 物流协同

物流协同包含了生产过程协同、产品类型与产量分配协同、库存优化协同、配送协同、补货协同等。

2. 信息协同

信息协同包含了工作流协同建模、跨组织信息系统设计与信息共享、客户需求协同预测等。

3. 供应链关系协同

供应链关系协同包含了激励和保障机制、合作与信任机制、契约机制、渠道收益的分配机制、风险分担机制等。

4. 供应链结构规划与参数优化协同

供应链结构规划与参数优化协同包含了供应链成员选择、供应链拓扑结构选择与构建、成员设施选址、最优销售价格、订货策略等。

二、供应链协同优势与影响因素

（一）供应链协同的优势

供应链协同是为了通过对供应链资源进行整合而缩短响应顾客需求的时间，提升服务水平与质量，让顾客更加满意，从而增强企业及供应链的整体竞争力，降低企业及供应链的运行成本，提升企业及供应链的利润。具体来看，供应链协同的优势大致包括以下几个方面：

1. 获取优势互补资源

汇聚企业优势资源不是供应链企业合作的最重要的优势，将企业间具有互补性的资源汇聚在一起，让它们产生协同效应，产生"1+1>2"的效果才是。获取优势互补资源能增强供应链企业的市场竞争力，这种效益非企业合作不可得。

2. 快速响应客户需求

在经济迅猛发展、消费不断升级的市场环境下，客户需求越来越多元化，对单一产品及服务的忠诚度越来越低。客户不仅对产品的性价比提出了较高的要求，还要求服务完善，产品与服务具有个性化特征，能及时满足客户需求等。为此，企业要想更好地满足客户需求，提升客户满意度，与客户建立稳定且持久的关系，就必须加快响应速度，即时响应客户需求。

3. 提高服务水平

建立供应链协同之后，供应链各节点企业可对原材料采购、产品生产、产品运输等环节进行有效跟踪、控制，对整个供应链计划进行科学调整，以降低运作成本，获取市场价格优势，使供应链服务质量得到有效提升。通过对各企业的优势进行整合，供应链企业能以更低的成本、更快的速度为顾客提供比竞争对手更优质的服务。

4. 通过企业分工获得比较优势

面对激烈的市场竞争，因为资源有限，所以企业不可能自行经营所有业务，只能将为数不多的核心业务掌握在手中，集中企业的优势资源推动其发展。另外，企业可以通过专业化分工在某些方面获取竞争优势，利用外部资源满足其他方面的需求，通过多渠道发展避开市场竞争。当然，达成合作的各企业之间也可以实现协同发展。

（二）供应链协同的影响因素

供应链系统比较复杂，系统内的企业都保持着独立运作，有自己的运作目标和价值取向，相较于整体利益来说更关注个人利益，与整个供应链的发展目标相背离。根据相关研究，有以下几个要素会对供应链协商造成影响：

1. 供应链主体的利益冲突

在影响供应链协同的各种因素中，利益是最重要的一个因素，已达成合作关系的企业因利益冲突导致合作破裂之事时有发生。具体到供应链来说，只有在供应链上各企业的利益达成一致，且整体利益大于个人利益的情况下，供应链协同才能实现。如果各供应链企业没有共赢意识，供应链协同就无法实现，自然也无法取得供应链协同效益。

2. 缺乏信息共享

对于供应链协同来说，信息共享是关键影响因素。在现有的供应链模式下，供应商只能获得下游企业的订货信息，对于销售、库存等信息一无所知，也经常因信息不对称诱发"牛鞭效应"，导致上游企业无法对市场做出全面了解，难以对生产经营活动进行有效组织，从而导致资源浪费，成本增加。只有实现信息共享，位于供应链上游的企业才能对市场发展动向做出精准把握，对库存进行科学管理，进而降低供应链运行成本。

3. 供应链环节不确定

因为客户需求、供应链环节运作实时改变，所以供应链各个环节都具有不确定性。再加上供应链设计、信息夸大等因素的影响，供应链协同更难实现。同时，一条供应链往往涉及多家企业，每家企业都经营着多项业务，每项业务又有多个环节。所有的供应链活动都需要供应链上的企业协作完成，所有的企业都有权利对自己的业务、资源进行处置，所以，整个供应链活动都处在实时变化状态，使整个供应链协同过程变得越发不确定。

4. 思维误区

现如今，几乎所有的企业都存在思想误区，认为信息是对供应链协同产生影响的关键因素，于是投入巨额资金从国外引进先进设备，盲目追求先进的信息技术，但基本上都没有取得预期的成果。事实上，对于供应链协同来说，信息技术只是一种工具，拥有先进的信息技术未必能实现供应链协同。所以，要想真正实现供应链协同，就必须对影响供应链协同的各个因素的尺度进行有效把握。

三、物流服务供应链的协同模式

采用协同运作模式的开放式供应链系统，其各个组成部分之间会相互影响，并以整体形式创造出一定的价值，也就是通常所说的"集体效应"这种价值产生方式符合"1+1>2"的规律，即整体效应大于各个部分相加的总和。值得关注的是，物流供应链协同效应不只发生在生产分销、货品供应环节，还包含了生产厂家、分销商、供应商之间的交易互动关系。

在物流服务供应链协同运作过程中，系统内部的客户、商家，在彼此交易及互动过程中会产生多样化的协同运作关系，这决定了系统的各个运营方式也呈现出不同的特点。对这些形态各异的协同关系进行对比分析能够发现，目前国内物流服务供应链协同运作模式主要包括三种：点链式协同运作、线链式协同运作、全链式协同运作。

（一）点链式协同运作

现阶段，国内物流供应链系统中，不同成员间进行的浅层次协同运作即为点链式协同运作。虽然这些成员积极寻求彼此之间的合作，但各个成员从自身角度出发考虑问题，追求其最高利润的实现，难免会出现企业利用信息不对称，谋求自身利润最大化的情况。在具体运营过程中，可聚焦于自身核心业务的发展，实施专业化服务模式，并与集成商家达成合作关系，将非核心业务交给合作方来完成，进而更好地满足客户的需求，促使客户、集成商都实现自身的利益目标。在这个过程中，集成商要想获取更多资源，就要通过多元化渠道为客户提供更加优质的服务；并联手功能商，在服务于客户的同时，尽可能地扩大双方的利润空间。在点链式协同运作模式下，客户、功能商之间为双重委托代理关系。

（二）线链式协同运作

物流供应链系统中，不同成员之间展开的较高层次的协同运作即为线链式协同运作。在这种模式下，各个成员之间的独立性依然较强，在产生某种特殊需求时，成员个体会从集体角度出发考虑问题。线链式协同运作关系中，成员个体对供应链总体发展的关注度比较有限，会积极提升自身运营的规范化程度。

从细分角度来说，线链式协同运作又包括两种：集成商与客户联盟，集成商与功能商联盟。在集成商与功能商协同运作的关系中，其内部节点能够促使客户制定未来的经济利益获取目标，如此一来，集成商与供应商就能获得进取动力，致力于提高供应主体的利润所得。以往，客户与主体之间存在的是委托代理关系，在该模式实施过程中，两者之间将体现为合作联盟关系。

（三）全链式协同运作

全链式协同运作是物流链系统中成员之间的高层次协作。各个成员的信息开放程度比较高，所以不同成员之间能够在合理范围内实现信息共享，并共同设置专业的决策团队，用于提高物流决策的科学性与准确性。在具体运营过程中，要优先考虑物流供应的利润获取问题，并根据自身发展需求采取针对性的策略，同时考虑供应链的长期发展。另外，在全链式协同运作模式下，要从宏观角度出发，充分发挥先进技术手段的作用，从整体上提高供应链管理及控制能力。

四、物流服务供应链的协同机理

和独立作业相比，处于协同运作机制下的开放式供应链系统中的结构单元价值创造能力将显著提升。物流服务供应链协同运作的影响并不限于简单的生产分销、货物供应等，生产商、供应商、分销商、零售商及物流服务商等产业链上下游主体都将获得更多的收益。

由于物流产业链参与主体的多元化，导致物流供应链协同运作体系将会催生多种类型的协同运作关系及流程。从不同节点参与主体的协同关系状态角度，我们可以将我国物流服务供应链协同运作过程分为以下几种：

（一）点链式协同运作

这是一种物流供应链中各节点参与主体的低层次协同运作模式，各参与主体虽然想要实现合作共赢，但为了达成盈利目的，专注于自身的利益最大化，机会主义大行其道，无法为合作伙伴提供必要的数据、人才等资源支持。

这种模式的逻辑在于企业将自身的资源与精力集中到核心业务领域，给客户提供最优质的服务；将非核心业务外包给第三方企业，而第三方企业通常会与其他企业合作，共同为目标用户提供服务。

（二）线链式协同运作

这是一种物流供应链中各节点参与主体的中层次协调运作关系，各参与主体虽然也重视自身的利益，但在部分场景中会为了整体长期利益牺牲自身短期利益。不过，它们在供应链整体效率与质量优化方面还存在较大的提升空间，更多的是针对局部环节提出较为严格的标准。

（三）全链式协同运作

这是一种物流供应链中各节点参与主体的高层次协调运作关系，各参与主体坚持共创共建、共赢共享原则，能够做到数据、人才、技术、资金等资源的高度共享，甚至组建专业团队统一制定物流服务管理决策。物流供应链整体利益最大化是首要目标，尊重各参与主体的差异化利益诉求，可以为了物流供应链的长期稳定发展，牺牲局部利益。

五、物流服务供应链的协同策略

（一）主动构建健全完善的沟通交流机制

企业充分发挥优势技术的力量，打造物流供应链交互运作系统，保证系统内知识流、信息流的畅通，提高整个沟通环境的开放程度，便于系统内各个环节之间进行高效沟通，构建健全完善的沟通交流机制。在此基础上，物流供应链各个节点的企业就能获得更多的运营指导，解决传统模式下不同企业之间信息不对称的问题，并促进企业之间的沟通互动，减少后期的盲目决策。在具体实施过程中，应该着眼于细节，注重以下几个方面：①打造交流基础性平台，服务于企业之间的沟通交流；②不断扩大信息共享的范围，实现深层次的沟通交流；③促进各个节点之间的经验交流，为供应链运营提供指导；④倡导不同企业在文化层面的沟通互动。

（二）快速衔接科学灵活的利益分配体制

从长远发展角度来分析，物流企业应该从各个方面谋求自身利益，才能长久地立足于市场上。从本质上来说，各个经济利益参与者以特定方式对其他参与者产生影响，即为利益机制的体现。利益分配方式的作用就在于，能够对各个利益主体之间的利益关系进行协调，并促进其利益的实现。在现代物流供应链系统中，各个节点之间存在一定的利益关联是很正常的，要想促进整个供应链体系的发展，就应该协调好不同节点之间的利益关系。现阶段，虽然国内物流供应链非常重视整体发展，但各个节点上的企业仍然习惯于谋求自身利益，而其价值取向、利益诉求之间都存在明显的区别。为了让局部发展方向与整体发展方向保持一致，应该做出如下几个方面的努力：

1. 进行利益制衡管理

设定相应的制衡机制，对供应链系统内各个成员间的利益关系进行管控与制衡。

2. 制定并实施灵活的利益分配机制

由于协同运作方式能够提高整个供应链的盈利能力和服务质量，其应用范围不断拓宽。但如果供应链运营所获利润得不到科学有效的分配，在其后续发展过程中则会挫伤企业参与合作的积极性，甚至有可能引发成员之间的矛盾和冲突，对整体发展产生不利影响。针对这个问题，有必要制定合理的利益分配机制，提高利益分配的效率及其公平性。

3. 建立人性化利益补充机制

在实施协同运作的物流供应链体系中，客户想要实现自身利润的最大化，则无须考虑物流服务工序流程方面的问题。因此，要采取适当的发展措施，为客户提供相关的利益保障，并在此基础上提高供给方的利润所得，制定并实施人性化利益补充机制，处理好企业与供给方之间的利益关系。

总体来说，在现代化供应链系统中，企业之间、企业与客户之间都存在协同关系，不同的关系处理方式会对最终的协同效应产生不同的影响。在具体运作过程中，应该充分发挥优势技术的力量，对物流供应链包含的各类协同关系进行优化，致力于实现各个参与主体的最大化利益。

●●●●第十一章 供应链管理智慧化发展

在当今全球化、网络化热潮中，企业之间的竞争已经变成与其相关的供应链之间的竞争。"智慧供应链"是结合物联网和现代供应链管理的理论、方法和技术，在企业中和企业间构建的，实现供应链的智能化、网络化和自动化的管理，是一种信息技术与现代管理模式融合的综合集成体系。构建智慧供应链是社会经济发展的需要，也是企业增强核心竞争力的重要途径。智慧供应链具有技术渗透性、可视性、信息整合性等优点，能够有效提高未来供应链的绩效和解决目前供应链管理中存在的诸多难题。

集装箱运输是运输史上革命性的举措，它直接推进并刺激了贸易及许多现代技术的进步和发展，已成为智慧供应链和物流的重要手段。目前，全球贸易的90%通过集装箱运输完成，集装箱也成为应用最广、最标准化的物流基本容器单元。集装箱运输链可以充分发挥各种运输模式（如海运、内河、铁路、公路）的长处，实现优质门到门的服务，大大降低了转运、装卸、仓储费用成本和货损，也降低了整个运输过程的碳排放，是最环保的运输方式之一。近年来，全面应用现代物联网和移动计算等智慧技术的智能集装箱开始出现。

第一节 智能集装箱

随着全球化的迅速发展，国际贸易的增加，全球集装箱吞吐量增长速度激增。面对如此大规模、国际性的货运运输流通载体的集装箱，其箱号识别、信息采集、集装箱的跟踪与管理大都是通过人工或手工完成。由于箱号识别的不准确、数据人工抄录的错误、信息传递的延误等，造成了集装箱供应链数据的紊乱。调查显示，集装箱物流数据中实时且准确的一般只有65%，35%的信息存在丢失或不准确的情况。而且，集装箱特别是特种集装箱（如冷藏箱）内的物理参数如果没有得到实时监控，会造成巨大的货物损失。

智能集装箱通过RFID电子标签实现对集装箱箱号的无线自动识别，通过智能集装箱安全设备实现对集装箱安全状态的监测，通过 GPS 技术实现集装箱定位，通过 MEMS（微电子机械系统）等传感技术实现集装箱状态的自动监测，通过 RFID/WLAN/GPRS/卫星通信等方式实现数据的远程传输，通过智能集装箱公共数据平台实现集装箱信息的自动采集与管理，实现集装箱在整个物流链上的信息透明化，从而大大提升现代物流的效率、效益和资产调度与管理水平。

一、智能集装箱的概念和功能

智能集装箱是指应用自动识别、安全和物理参数监控技术，以及与之相关的定位、无线通信、机械技术于一体的现代化集装箱及其管理系统。智能集装箱运输系统由集装箱多式联运系统涉及的各类硬件设施和软件管理系统组成。完整的智能集装箱运输系统应具备以下功能：

（一）自动识别功能

自动识别集装箱，使其与作业系统进行快速的信息交换，减少手工录入及单证流转过程中的差错，同时提高通关速度。

（二）安全监测功能

探测并记录集装箱的非法入侵事件，识别并记录经授权的开/关箱门操作，提供报警功能，协助海关及客户进行快速查验，确定安全责任划分。

（三）定位和追溯功能

通过管理信息系统和定位技术手段，记录和查询（或自动报告）集装箱位置，当与预先设定的运输路线不一致时发出警报信号，同时可以追溯集装箱运输过程中的历史状态。

（四）状态监测功能

利用传感器和网络通信技术，实现对运输过程中集装箱状态的实时监测。

（五）集装箱堆场自动作业功能

由于智能集装箱具有自动识别能力，因此堆场机械能在无人操作的情况下，自动找到对应的集装箱，并根据系统提供的信息，将集装箱放在计划的堆场位置上。

（六）信息服务功能

自动记录集装箱的关键信息，如箱内货物、箱号、提单号等，并通过与后台信息系统的数据关联，实现经授权的信息管理和查询功能。

（七）集装箱设备维护和管理功能

记录集装箱的生产商、生产日期、规格、维护情况、箱主等信息，集装箱管理人（箱主或租箱人）可以据此安排集装箱设备的维护和保养计划。

二、关键技术和装备

智能集装箱是多种软/硬技术集成的产物，主要涉及自动识别技术、集装箱安全和状态监测技术、定位技术、无线传输技术等多个领域和学科。

（一）自动识别技术

它是指在整个集装箱运输链上各操作环节中对集装箱的唯一性标志（如箱号）进行自动化识别的技术。例如，在供应链监控管理过程中集装箱装/卸车、船，进/出码头、堆场或仓库，以及某些途中地理位置（如车站或 GPS 测量点等），都需要及时采集它的动态并予以处理，而这些动态感知都需要首先识别集装箱号并把动态（或位置）与其关联，形成完整的动态（或位置）信息送到监控管理平台进行处理。

由于集装箱在长途运输，特别是多式联运中基本上都是露天操作，容易污损，而且往往在持续移动中，因此条形码并不适合于集装箱的自动识别。OCR 技术也是一种光学识别技术，在集装箱运输上的应用指由电子设备（如数码相机）对箱体上的集装箱号进行图形扫描，然后对获得的图像文件进行分析处理，获取数字化的文字信息的过程。该技术的不足之处是对天气、光线的要求较高，在大雾或夜晚条件下难以实现较高的识别率，但有些码头的闸口会在较好的光照条件下使用此技术对箱号进行识别，并辅以人工校正。

集装箱电子标签可以实现非接触式操作，支持远距离数据存取；可重复使用，应用便利，无机械磨损，寿命长；穿透性好，读/写距离远；抗污染能力和耐久性强，可以在恶劣环境下工作；并且可以同时读取多个标签。典型的集装箱电子标签是一种技术上最为简单可靠的特高频（UHF）无源电子标签，在写入箱号及拥有人等基本信息后可以终身无维护。

（二）集装箱安全和状态监测技术及装备

智能集装箱实现自身安全监测主要依靠两种技术原理：第一，通过安装电子铅封来监测箱门开关状态，以代替传统的铅封；第二，通过在集装箱内的传感装置来监测箱体和货物安全。还有一种集装箱安全装置（CSD）则利用各种技术综合对集装箱的安全进行更完善的监控。

电子铅封是一种能够自锁、防开启、带识别芯片的集装箱封印。每个封印都具有唯一的编码，包含供智能手持终端识别的条形码或二维码、RFID 芯片，以及供人眼识别的编码。电子铅封采用非接触式自动识别技术，可以自动识别目标，获取相关数据，并能智能读/写和通信转换，实现计算机管理。电子封印标签数码 ID 具有全球唯一性，通过 RFID 读/写器完成施封、解封管理过程，数据下载及远程传输。

对集装箱的内部状态监测主要通过速度传感器、碰撞传感器、倾角传感器、压力传感器、液位传感器、气体传感器、开关传感器、温度传感器、湿度传感器等装置，实现对集装箱状态的数据采集，如加速度、压力、液位、温度、湿度等。这些参数通过集装箱外部的天线或无线通信单元，利用无线传输技术传送到集中监控平台上进行处理。

（三）定位技术

集装箱的定位目前多采用全球定位系统（GPS）。

（四）无线传输技术

集装箱数据的近距离无线传输往往组合应用多种无线传输技术。在较固定的物流操作场地使用移动设备时，Wi-Fi 技术通常是进行近距离数据传输的首选方式，如在码头、堆场、查验点等地使用手持智能终端对电子铅封进行合法性检查，或进行施封/开封操作。由于应用环境不同，也可采用其他短距离无线传输技术，如集装箱堆叠在一起时，可以采用具有自组网特性的 ZigBee 技术。

为实现智能集装箱与远程监控平台之间的数据通信，目前智能集装箱的远程通信大部分采用 GPRS/3G/4G 移动网络技术，在特殊要求情况下（如沙漠、海上等地区对集装箱的连续检测跟踪）也必须使用卫星技术。很多智能集装箱系统采用两者结合并以卫星为备用的通信方式。

（五）集装箱安全装置（CSD）

还有一种被称为集装箱安全装置，这是将上述各种技术融于一体的装置，结构类似门夹式电子铅封，但同时具备识别、安全、定位和集装箱内参数监控等功能。这种装置分内/外两部分，外部包括定位装置、通信模块及天线，内部具有光敏传感器。当箱门或任何一侧的箱体被打开时，光传感器即被触发，如非正常解封，箱体即自动将当时的GPS地理位置和时间通过外部通信模块向监控平台发出报警信息。内部还有对箱内温度、湿度等参数进行监控的各种传感器，其测量结果加上GPS的定位信息，按照预先设定的时间间隔，自动向平台发送。

三、智能集装箱管理系统架构

智能集装箱系统一般采用无线传感网络架构，通过分布在集装箱内的传感器节点收集和采集各种信息，然后通过集装箱外部网络传输这些信息到基站，最后由后台处理器对数据整合，做出功能性判断，还可以提供可视化服务。

（一）数据源（采集）层

在集装箱内部或外部安装不同的传感器，用以采集包括标志（如电子标签标示的箱号）、位置（卫星或基站定位）、温/湿度或压力、光线等物理参数测量、箱门（锁）开/关状态等。应用这些传感器实时感应和采集集装箱的状态信息（如位置、通过闸口、门或锁的开/关状态等信息）以及其内部的环境数据，这样可以快速及时掌握集装箱的整体动态和内部的物理状况。

（二）数据传输链路（网络通信）层

由于集装箱在储存和运输过程中空间和时间的跨度都很大，而且箱体是金属制造的，所有的信号都被屏蔽，所以如何把箱子信息传给基站是至关重要的。数据传输链路层往往是多种网络通信技术的混合结构。一般的链路都会自动首选成本低、传输可靠的移动通信手段，主要利用各移动通信公司提供的GPRS移动网络。而在移动信号无法覆盖的荒漠、山区和海上则需要采用比较昂贵的卫星通信手段。

（三）公共数据平台层

其核心功能是对由分布在世界各地的智能集装箱所采集，并通过通信链路层传输上来的数据进行收集、管理和服务。平台接收到智能集装箱的数据后，通过筛查集装箱的属性和箱号等判断该集装箱的性质和拥有人，然后送到相应的应用系统进行处理，如将相应的信息通过 EDI 等手段传送给拥有人的系统，或把位置信息展示在相应的电子地图上，或根据采集的参数值来判断是否需要报警及报警对象和处理升级顺序，等等。

（四）用户端系统

它是各种智能集装箱用户获得信息的门户，其后台管理包括：终端（如 PC 或手机、手持终端等）接入控制、接入安全管理、用户权限管理等，以及安装在终端的应用程序（客户端 APP）。

四、物联网下舰船供应链运输集装箱的智能调度

针对我国集装箱码头调度方法进行调查和分析，发现当前我国采用的多数集装箱调度方法基本属于"岸桥+集卡+场桥"的调度模式。该方法可以有效实现对码头集装箱的水平运输和集卡配置的目标，但由于操作相对较为复杂，会直接对集装箱的装卸效率、作业成本等产生极大的影响。因此需要对船舶供应链集装箱调度方法进行优化。

（一）集装箱智能调度适应算法

结合自适应算法对舰船供应链运输集装箱调度特点进行采集并建立优化模型，并利用模拟退火算法对优化调度算法进行求解，从而简化计算步骤，提高计算精度，达到调度数值收敛最佳的效果，同时也可以在一定程度上缩短作业时间，提高作业效率，降低作业成本。其具体算法如下。

$$F_{\min} = R \sum_{i=1}^{R} \sum_{i \in k} \sum_{j \in s} d_{ij} x_{ij} + P_i^k (s_{ij}^k) + k \qquad (11-1)$$

式中：R——为采集到的资源调度特征；

K——为迭代过程；

场桥的移动成本为 d_{ij}、S_{ij} 和 x_{ij}，分别表示集装箱调度过程中的等待集卡和工作时间；P_i^k 表示智能调度的均衡性控制参数。

以上参数都可以对集装箱调度方案进行约束。基于上述算法对集装箱智能调度适应性进行计算，以作为集装箱调度过程中的参考数值。结合集装箱调度总数及安全性参数要求，对其标准的配送任务时间进行计算。设调度过程中，集装箱的标准配置时间为 AT，而最长配置时间为 QT，Q 为调度处理过程中的差异值，则

$$f(t) = \begin{cases} Q \to +\infty, \ t \leqslant e \\ v(AT - t), \ AT \leqslant t \leqslant QT \\ 0, \ AT \leqslant t \leqslant QT \\ k(t - QT), \ 1 \leqslant t \leqslant QT \\ A \to +\infty, \ t \geqslant r. \end{cases} \tag{11-2}$$

式中：e 为可接受的最高集装箱调度参数；k 为成本系数；r 为标准调度适应数值与实际数值差；v 为延迟惩罚系数。

（二）集装箱自适应调度步骤优化

在集装箱智能调度适应算法基础上，进一步优化，为了避免集装箱智能调度过程中出现差异性问题，需要对集装箱调度的初识参数进行计算，并根据计算结果规范调度过程中的代际间种群以及调度过程中的安全距离。集装箱调度过程中可以表示为：集装箱传送位置的选择和确定，并计算位置选定的标准参数，对比集装箱调动的需求量进行数值确定，并对集装箱调度路径进行规划，达到目标配送参数最小的约束目标。根据以上步骤对集卡参数的交叉变异算子的代种群进行计算，具体算法如下：

$$G_{\min} = \sum_{i=1} \sum f(t) + \sum_{i=1}^{j} \mathrm{x}_{ij}(k + s_{ij}) \leqslant F_{\min} \tag{11-3}$$

根据以上计算结果进一步对集装箱智能调度步骤进行优化，具体如下：

（1）有多个集装箱的配送路径选择，针对不同的调度路径进行选择，获取最优调度路径。

（2）由于集装箱配送类型不同，载重量不同，因此调度过程中的调度参数也各有不同，需要进一步进行优计算。

（3）在调度过程中，要保证集装箱配送中心对配送需求和位置的精准选择，保证配送任务聚类距离处于规定范围。

在完成上述步骤后，对船舶供应链运输集装箱进行调度的过程中，需要结合 TPS 系统进行信息支撑，为此需要对 TPS 信息管理系统的运行程序进行优化，具体结构如图 11-1 所示。

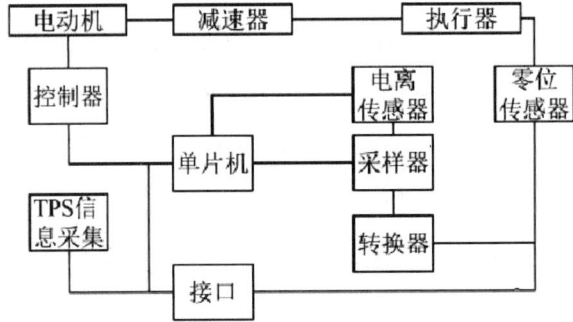

图 11-1　TPS 调度信息管理系统结构优化

根据 TPS 调度信息管理系统结构进行信息的管理和采集，从而根据采集到的信息进行相应的调整，并根据调整后的调度信息激活船舶集装箱的装载管理和计划，并对作业指令进行发布，保证发送指令的数量可以控制在 2000~2500 条之间，以保证最大限度上对大量集装箱数量进行同步调度，从而实现对船舶供应链运输集装箱的智能调度。

1. 运输集装箱智能调度的实现

在对集装箱进行智能调度的过程中，传统的调度方法通常会省去实配环节，仅根据预配参数实现对集装箱的调度处理。该方法易导致调度效果不佳等问题。由于集装箱之间大多不存在种类差距，因此按照预配参数、集装箱调配的稳心高度和强度等参数要求进行集装箱调配管理。在调配过程中，需要对智能调度流程进行优化，具体如图 11-2 所示。

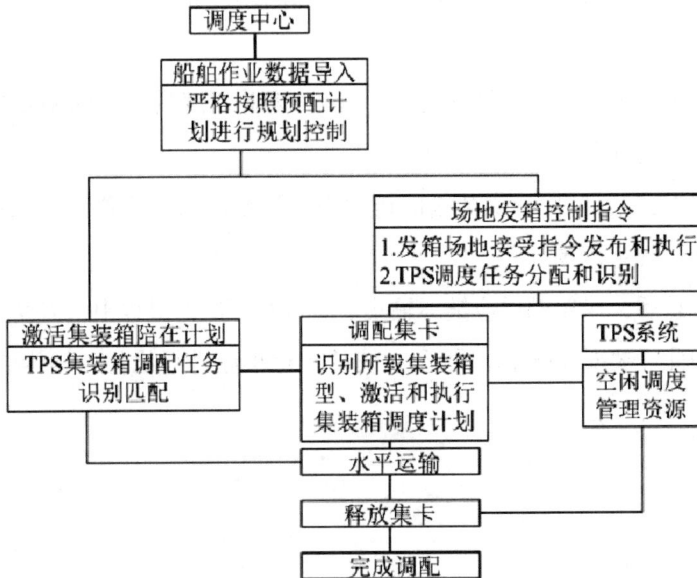

图 11-2　船舶集装箱智能调度流程

根据图 11-2 对船舶供应链运输集装箱的智能调度流程进行制定，针对不同类型的集装箱种类、目标钢位置及箱型等特征进行精准有效的船舶集装箱传输调度处理。并结合 ASP 技术制订科学合理的作业方案及操作环节。由于港口环境较为复杂，因此在对集装箱进行调度的过程中，需要进行多方案设计，以便实现对集装箱的灵活分配。在此环境下对多集装箱同时调度及多信息管理等方法进一步进行优化，具体的优化流程如图 11-3 所示。同时，在进行集装箱调配及方案选择的操作，其关键影响因素在于调度指令的有效发布。从而实现对调配方案的有效选择，并实现对调配方案的分配和实施，达到对调配作业集卡和均匀分配的目标。

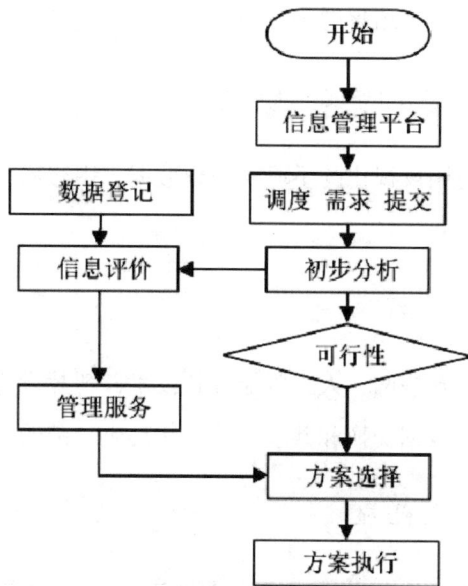

图 11-3　多集装箱智能调度流程

第二节　智慧供应链管理

现代物流需要最大限度地利用现代化的管理技术和网络信息技术，整合供应链上、下游各环节的订单、商务、制造和销售配送的需求信息，同时根据需求整合社会物流资源，把运输、仓储、包装、加工、配送等环节紧密连接起来，高效率地满足供应链上各环节的物流需求，因而实现了商流、资金流、物流和信息流集成一体的高效率、低成本、低能耗、低排放的供应链管理体系。这种理想的供应链管理体系只有通过智慧化的方式才能实现。

一、智慧供应链概念及特点

"智慧供应链"是结合物联网和现代供应链管理的理论、方法和技术，在企业中和企业间构建的，实现供应链的智能化、网络化和自动化的技术与管理综合集成系统。与传统供应链相比，智慧供应链有以下特点：

（一）技术渗透性更强

在智慧供应链环境下，管理和运营者会系统、主动地吸收包括物联网、互联网、人工智能等在内的各种现代技术，主动将管理过程适应引入新技术带来的变化。

（二）可视化、移动化特征更明显

智慧供应链更倾向于使用可视化的手段来表现数据，用移动互联网或物联网的技术手段来收集或访问数据。

（三）协同、配合更高效

由于主动吸取物联网、互联网、人工智能等新技术，智慧供应链更加注重链上各环节的协同和配合，及时地完成数据交换和共享，从而实现供应链的高效率。

（四）供应链链主更凸显

在管理体系上，往往由一个物流服务总包商来向供应链链主（一般是货主）直接负责，利用强大的智慧型信息系统管理整个门对门的物流链的运作，包括由一些物流分包商或不同运输模式的承运人所负责的各个物流环节。

二、构建智慧供应链的意义

传统供应链内部成员之间的信息交流基于存在直接的供应和需求关系的企业之间。在实际的交流过程中，信息流往往会由于不同企业采用的不统一的信息标准系统而导致无法正常流通，使得供应链内部信息无法自由流通和共享。

（一）高度整合供应链内部信息

智慧供应链依托智能化信息技术的集成，能够采用有效方式解决各系统之间的异构性问题，从而实现供应链内部企业之间的信息共享，保证信息流无障碍地流通在供应链的各个动脉和静脉组织，提高信息流的运转效率和共享性。

（二）增强供应链流程的可视性、透明性

传统供应链环境下，上、下游企业之间缺乏有效的信息共享机制和实现方式，整个供应链是不可视的。由于供应链的不可视性，供应链中上、下游企业无法对产品的供、产、销过程实现全面的了解，仅从自身流程和业务，以比较单一的成本因素考虑如何选择供应商和销售商。这样就无法实现供应链内部企业的一致性和协作性，更不能形成良好稳定的合作关系，导致供应链竞争力低下。拥有良好可视化技术的智慧型供应链，能够实现企业之间的信息充分共享，对自身和外部环境增强反应的敏捷性，企业管理者能够依据掌握的全面的产品信息和供应链运作信息，正确做出判断和决策，组织好切合市场需要的生产，实现有序生产管理。

（三）实现供应链全球化管理

全球化运作的供应链一般都是由复杂的、通常是多式联运的众多物流环节构成的。智慧型供应链具有良好的延展性，它能保证供应链实现多种运输模式下的协同，也能防止供应链在全球化扩展情况下效率降低的问题。信息交流和沟通方式在传统供应链下是点对点、一对一的，但随着供应链层级的增加和范围扩展，这种传递方式难以应对更加复杂的信息轰炸。智慧供应链依据自身对信息的整合和有效的可视化特点，可以打破各成员间的信息沟通障碍，不受传统信息交流方式的影响，能够高效处理来自供应链内部横向和纵向的信息，实现全球化管理。

（四）降低企业的运营风险

智慧型供应链所具有的信息整合性、可视性、可延展性等特点，使得供应链内部企业能够实时、准确地通过了解供应链中各环节企业的生产、销售、库存情况，保证和上、下游企业的协作，避免传统供应链由于不合作导致的缺货问题。因此，智慧供应链能够从全局和整体角度将破坏合作的运营风险降到最低。

四、大数据供应链管理

大数据技术的战略意义不在于掌握庞大的数据信息，而在于对这些含有意义的数据进行专业化处理。换言之，如果把大数据比作一种产业，那么这种产业实现盈利的关键，在

于提高对数据的"加工能力",通过"加工"实现数据的"增值",这无疑对大数据时代供应链物流管理信息系统的开发与应用提出了更高的要求。

从行业上看,物流和供应链管理是服务于生产和商务活动的典型的现代服务业,而在大数据时代,电子商务已经成为新的生产和销售活动的商务模式,因此供应链管理首先是服务于电子商务的供应链管理,也有人称之为电子供应链管理。

近年来,中国互联网和电子商务迅猛发展,已经处于世界前列,成为推动中国国民经济转型的重要动力,而服务于电子商务的物流和供应链管理则成为这一新进程中不可缺少的重要一环。

电子商务是利用电子信息技术通过网络进行的商务活动,它不仅改变了商务和交易的方式,而且改变了人们的消费方式、制造业的生产方式、金融业的服务方式,以及政府的管理方式,当然也改变了构成商务活动基本要素之一的物流的服务方式。

供应链是由原材料供应商、零部件供应商、生产商、分销商、零售商、运输商等一系列企业组成的价值增值链。这一价值链是电子商务的灵魂,因为电子商务追求的就是商业活动的高效率,而只有高效率的供应链才能从整体上体现电子商务的价值。

在一个完整的电子商务过程中,从询价、协商、合同、交易、付款都可以通过信息化手段,以虚拟化和平台化的方式高效地完成,但供应链物流的运作无法完全虚拟化,而没有供应链和物流,电子商务活动无法最后完成。传统的落后的运输和仓储模式造成的供应链的不畅,形成了供应链的瓶颈,也成为电子商务活动的瓶颈。

电子商务企业赖以生存的互联网、物联网和先进的信息技术,又成为优化和改造供应链管理体系的利器。信息技术正把全世界连成一个巨大的供应链网络,使信息及时共享变得可能。电子商务面向企业整个供应链管理,使企业降低交易成本、缩短订货周期、改善信息管理和提高决策水平。整合了上、下游企业,构成一个电子商务供应链网络,消除了整个供应链网络上不必要的运作和消耗,促进了供应链向动态的、虚拟的、全球网络化的方向发展。

第三节　物流公共信息服务平台

物流公共信息服务平台是向大范围用户提供物流应用服务的信息技术设施,是集成式的多种物流应用软件、系统架构、基础设施、基础数据、数据交换、协同设施和网络接入服务的集合。

伴随着智慧物流发展理念的出炉，智慧物流公共信息化平台破局而出，将智慧物流从理论层面推进到实际操作层面，将彻底改变传统物流运作方式，带来物流行业发展的新跨越和新势头。智慧物流公共信息化平台基于智慧物流理念，融合云计算、物联网、三网融合等最新技术，提供物流信息、技术、设备等资源的共享服务，通过网络统一管理和调度计算资源，整合供应链各环节物流信息、物流监管、物流技术和设备等资源，面向社会用户提供信息服务、管理服务、技术服务和交易服务。平台设立物流信息数据中心，满足物流活动全过程，构建三张基础网络，通过分层建设，达到平台能力及应用的易成长、可扩充，具有超大规模、虚拟化、开放性好、安全可靠、易扩充等独特功能。

目前中国的公共物流服务平台基本上有两大类：一类是由企业建设，主要以有偿方式为其他企业或个人提供物流领域的信息服务，以盈利为主要目的，如一些公路运输的车、货互配的服务平台；另一类是主要由地方或中央政府牵头建设，以无偿方式为本地区或全国的企业提供物流领域的信息服务，不以盈利为主要目的，如各省级或国家的物流公共服务平台。

智慧物流公共信息化平台的功能主要体现在如下七个方面：

一、物流资源整合功能

平台能整合各物流信息系统的信息资源，完成各系统之间的数据交换和信息传递，实现信息共享。按照物流信息化标准，将异构系统进行整合，实现分散的、不同标准的信息资源的有效整合，有效提高整个供应链的运作效率，降低供应链总成本。

二、社会物流资源整合功能

可加强物流企业与上、下游企业之间的合作，形成并优化供应链，提高社会物流资源的利用率，优化社会供应链、理顺经济链，将产生很好的经济效益和社会效益。

三、物流信息服务功能

主要表现为对各类物流信息提供录入、发布、组织、查询、维护等服务。例如，最新物流动态信息、公共信息、业务交易信息、车辆服务信息、货物跟踪信息、信息咨询服务等。

四、在线交易平台

平台集网上交易、支付、监管、查询、项目招标、产品展示、推广、营销等应用为一体，支持买卖双方完成物流服务的采购和交易，有利于规范市场运作，有效整合物流资源，并可确保 B2B 和 B2C 在互联网上的安全协作，实现网上购物、电视购物与城市配送的有机结合。

五、物流作业管理功能

平台有力的控制技术和安全保障，应对客户的需求快速构建和集成端对端的物流管理功能，可对企业内、外部资源进行计划与管理，并能面向企业供应链的全过程，包括库存控制、国际贸易物流管理、运输工具管理、财务管理等。

六、物流行业信用评价功能

平台利用其积累的全面、有效的数据，依据有关法律法规、制度和科学合理的分类，建立一套完备的物流行业评估指标体系，引进第三方担保组织，对物流企业的经济实力、偿债能力、信用程度、经营效益及发展前景等方面做出综合评价。

七、平台管理功能

平台规定、控制用户访问和使用信息的权限，维护整个系统的正常运行，保证数据安全。

第四节 供应链金融

供应链金融（Supply Chain Finance，SCF）是指商业银行根据供应链企业、用户（供、产、销及终端用户）的金融需求特点，对供应链企业、用户提供全方位金融（融资）服务的一种服务方案。它包括对供应链核心企业及核心企业上、下游企业，以及产品终端使用者的融资及其他金融服务（如结算、理财、信息服务等）。按照深圳发展银行的早期营销模式，供应链金融也可称为 1+N 金融服务模式。显然，供应链金融不是解决某一个企业的融资及金融服务需求问题，而是解决围绕核心企业生产供应链上的 W 个企业的金融需求问题，因此，供应链金融实质上是一个综合金融解决方案。供应链金融既能解决供应链企业中小企业的融资和金融服务问题，也能在一定程度上控制小企业的信用风险和市场风险。

一、供应链金融的四大主体

供应链金融业务的开展是以供应链为依托的。供应链金融业务通常涉及四个主体：

第一个主体是核心企业。核心企业往往是实力强大、资本雄厚，在供应链中对其上、下游企业具有支配地位的企业，是所在供应链的"灵魂"，其自身可以从供应链中收益颇丰，同时也对供应链的稳固、协调做出了贡献，核心企业具有较强的竞争力，自身资信状况通常较好。例如，在以大众汽车公司为核心企业的供应链中，其上、下游企业的生产和销售都是以大众汽车公司为核心进行的。

第二个主体是银行。供应链上的核心企业及其上、下游企业都是银行的目标客户，银行通过提供金融服务将信用和资金注入供应链当中，在得到利润的同时也为供应链资金的顺利流动提供支持。

第三个主体是物流企业。物流发生在产品的生产和销售环节之间，主要包括运输、仓储、装卸搬运、包装、配送、流通加工、保险等环节，这些环节交易费用巨大，但独立性强，生产企业通常为了专注于核心业务而将物流业务外包，物流行业正是在这种趋势下逐渐发展和壮大起来的。随着生产的发展和进步，企业对于第三方物流公司的依赖有增长趋势，不但需求运输、仓储等基础服务，还有了预付款、结算等金融增值服务需求。在供应链金融合作过程中，物流企业管理控制着作为抵质押物的客户有效资产，对客户的生产经营状况和产品销售情况都比商业银行拥有更多信息，可以帮助银行解决信息不对称问题，降低信贷风险。另外，物流企业可以降低银行和企业的信贷交易成本，交易成本主要包括信息成本和交易成本，物流公司实地监管的便利、专业化的技能及对物流的占有性控制有效地降低了交易成本。此外，提供参与供应链金融业务，物流公司可以获得许多稳定的业务来源。

第四个主体是上、下游配套企业，这些企业往往为中小企业。在供应链上，核心企业往往凭借其强势地位，对其上、下游企业在价格、交货条件、账款期限等方面进行严格限制，使得这些配套企业承受巨大的资金压力。在另一方面，这些企业规模较小，资本实力弱，产品可替代性较强，竞争力弱，资信状况不佳，按照传统方式难以获得银行信贷，即使能够获得也要付出高于核心企业几十个甚至上百个百分点的利息。中小企业融资难是中国市场经济中一个老生常谈的问题，作为配套企业的中小企业是供应链上不可或缺的部分，供应链金融的最大受益者便是这些上、下游配套中小企业。

在静态上，供应链金融是对上述四个供应链主体之间的错综复杂的资金关系的整合，是一种供应链资金流管理的解决方案。在动态上，供应链金融是一种财务管理解决服务，使供应链的资金流配合信息流、物流的流动顺利进行，提高供应链的效率并为各方创造价值。

供应链中的物流就是供应商把原材料交给生产商，生产商将其生产加工成半成品，半成品再经过进一步加工成为产成品后进入销售环节，再从分销商通过零售商到达最终消费者手中的这一整个过程。资金流与物流的方向是相反的，流动方向是从最终消费者到零售商、分销商再到原材料供应商。供应链上各个环节的融资需求便来源于此。

信息流与物流和资金流不同，是双向运动的。一方面信息流伴随着物流从供应链的上游流向下游，另一方面还伴随着资金流的流动从供应链的下游往上游流动。

二、供应链金融的产品与特点

供应链金融产品主要包括三类：第一类是存货类产品，包括抵质押授信、标准仓单质押授信、普通仓单抵押授信；第二类是预付款类产品，包括担保提货（保兑仓）授信、进口信用证项下未来货权质押授信、国内信用证、附保贴函的商业承兑汇票等；第三类是应收账款融资，包括保理、保理池融资、票据池融资、出口应收账款池融资、出口信用证项下授信。这些产品基本上均属于货币市场产品，授信期限较短。

供应链金融的特点如下：

（一）供应链金融是与传统融资业务有明显区别的产品

在传统融资模式下，信用评级的对象是授信企业，银行通过考察其资产规模和盈利能力等历史信息，做出是否对其提供授信的决定；在供应链金融模式下，信用评级的内容不仅是授信企业，而是将授信企业置于供应链的大背景下，综合考虑授信企业的交易对手、供应链状况、交易资产等状况。在传统融资模式下信用评级的要点集中在财务报表上，评级方式主要是主体评级；而在供应链金融融资模式下，信用评级的要点不仅是财务报表，更重要的是融资项下的资产，信用评级的方式是主体评级加债项评级。传统融资业务项下，贷款的第一还款来源是企业资金；而在供应链金融模式下，第一还款来源是融资项下的资产。在传统融资业务项下，中小企业往往由于资本实力不雄厚，财务信息透明度较低等原因信用评级往往较低，很难获得银行的贷款；但是在供应链金融业务中，银行通过第三方物流监管等新型风险控制手段管理中小企业信贷风险，中小企业获得融资的难度大大降低。

（二）供应链金融是一个产品组合

供应链金融提供的并非是单一的产品或服务，而是一个产品组合。该服务以供应链上的核心企业为出发点，考察其上、下游企业，针对整条供应链提供一揽子的综合金融服务和金融支持。为供应商提供保理、商业发票贴现、订单融资、应收账款融资、商业承兑汇票贴现等融资解决方案；为核心企业提供项目贷款、财务中心解决方案等金融服务；为下游的销售商提供贸易融资、动产抵质押授信、提货担保等融资解决方案，另外还可以提供现金管理、企业理财等综合金融服务。这一系列的产品组合不但为供应链的发展提供金融支持，保证了生产和销售的顺利完成，同时也促进中小企业与核心企业建立长期稳定的战略合作关系。

（三）供应链金融以核心企业为核心，以贸易背景真实可靠为依托

供应链金融往往以真实的贸易背景为依托，以交易的自偿程度和货物价值为保障，向供应链核心企业及其上、下游企业提供金融服务。

国内供应链金融的产生源自供应链企业融资需求，主要是解决中小企业贸易融资的需求。随着对供应链金融认识的深化，供应链金融发展较快的国内商业银行推出了不同行业供应链金融服务方案、网上供应链金融服务方案及涉及整个供应链的物流、信息流、资金流综合服务方案。

第十二章 供应链物流与云物联

第一节 云物联供应链物流管理平台

供应链是围绕核心企业，通过信息流、物流、资金流将供应商、分销商、零售商直到最终用户联成一个整体的功能网链结构模式，链中的成员称为供应链的节点。更确切地说，供应链是描述商品需—产—供过程中各实体和活动及其相互关系动态变化的网络。供应链管理的核心思想是"系统"思维观和"流"思维观，对供应链中一切活动的优化要以整体最优为目标。

供应链管理是一体化的管理理念，其核心意义在于如何使企业能够与合作伙伴在供应链运作上实现协同性，实现供应链合作伙伴资源共享、协调支持供应链所有企业的协同运作，从而取得整体最优的绩效水平，达到提高供应链整体竞争力的目的。

供应链的信息流动和获取方式不同于单个企业下的情况。连锁企业通过网络从内外两个信息源中收集和传播信息，捕捉最能创造价值的经营方式、技术和方法，创建网络化的企业运作模式。在这种企业运作模式下的信息系统和传统的企业信息系统是不同的，需要新的信息组织模式和规划策略。因此，研究供应链的管理，要从建立面向供应链管理的新的企业信息系统入手，这是实施供应链管理的前提和保证。

一、云物联供应链物流管理平台

"云物联"即物联网和云计算关系描述的简称。现有物联网研究主要集中在物联网领域的共性基础关键技术研究上，如物联网编码技术、RFID 射频识别、传感器、无线网络传输、高性能计算、智能控制等，但如何对海量物品信息进行后期的高效利用，对各类服务进行整合，并且提供给企业或个人更为人性化的服务，目前尚未得到足够的重视。

（一）云物联平台概述

在物联网和云计算技术下的供应链物流管理，不仅能够支持对物流资源及相关物品的全程动态跟踪，实现适时适地的信息智能分类推送服务，而且能够支持平台以 SaaS、Peas 和 IaaS 等方式为供应链上各企业提供各 IT 资源应用服务。

因此，在分析供应链物流管理特征的基础上，深化研究物联网和云计算技术在供应链物流管理中的应用，并建立基于物联网技术的供应链管理平台，以提高物流园区对社会物流资源的整合利用和优化配置效率。随着物流园区逐步成为物流企业大量集聚的空间区域，如何加快供应链物流管理公共平台的建设，支持各类物流企业依托物流园区开展物流供应链服务，已经成为当前国内外学者关注的热点，但是与现有供应链管理平台相比，供应链物流管理平台的构建具有以下优势。

1. 移动工作任务

园区集聚的各类物流企业，其业务活动常常表现为较大空间范围内的频繁移动服务过程，对供应链业务数据采集的时效性和准确性要求更高。

2. 高度专业分工

物流园区具有典型的产业集群特征，相关企业的专业分工程度较高，因此，对于企业之间协同信息传递的可靠性和及时性要求更高。

3. 海量数据服务需求

集聚在物流园区的物流企业数量较多，对 SaaS 和 Peas 服务模式的接受程度也较高。因此园区供应链管理平台的信息种类和数量都成倍增加，要求其具备高效的海量数据处理能力。

4. 智能信息服务需求

随着物流数据海量特征的日趋突出，如何对海量物流数据进行智能挖掘与处理，支持企业在合适的地点和时间，及时准确地获得合适的信息或知识服务，也是当前供应链物流管理平台面临的重大挑战。

物联网技术的快速发展为上述问题的解决提供了新的思路。物联网是指通过射频识别、红外感应器、全球定位系统、激光扫描器等信息传感设备，按约定的协议，把任何物品与互联网连接起来，进行信息交换和通信，以实现智能化识别、定位、跟踪、监控和管理的一种网络，具有全面感知、可靠传递和智能处理等特征。

二、平台技术架构

基于物联网技术的物流园区平台是指通过传感器等终端数据采集设备、无线传感网络等各类物联网技术应用，实现对车辆、货物、集装箱、仓储等物流资源状态的全程监控，建立统一的园区多元数据集成中间件。在此基础上，采用 SOA 平台架构建立园区供应链集成管理平台，支持平台以 SaaS 软件方式为园区内外各类物流服务主体提供应用软件系统服务，以 Peas 平台服务方式为园区内外用户提供各类 Web 服务，进而建立园区供应链"云计算"公共服务中心。通过园区供应链的数据挖掘，实现园区物流资源的优化配置。该平台的概念模型包括物流资源层、数据采集层、网络通信层、供应链数据层、供应链应用层、供应链服务层。

（一）物流资源层

该层刻画了园区供应链管理面向物流资源对象的视图描述，如仓储、集装箱、车辆、物流设备、装卸场地和物品等。

该层应用物联网关键技术实现了对各类物流资源实时状态的监控和跟踪。根据数据采集时间周期，分为三种：基于 RFID 等终端数据设备的实时数据采集；基于专用企业接口系统的定期数据采集；基于特定情况发生的应急数据采集，如发生特大自然灾害时有关道路通行信息的采集。

（二）网络通信层

该层是在集成物流园区有线网络、无线网络和传感器网络的基础上，建立具有自适应自组织特征的物联网网络通信系统，重点实现基于混合汇聚点的无线传感器网络构建。

（三）供应链数据层

该层提供了数据定义、数据集成、数据交换和数据分发等四类数据管理组件，建立了统一描述的多元物流数据视图模型，以及支持园区物流资源及其业务数据自主统一访问的专用集成数据中间件。

（四）供应链应用层

以 SaaS 应用模式为用户提供了包括货物运输管理系统、仓储管理系统、司机手机服务系统、货代管理系统、LCD/LED 信息发布系统等在内的多类软件系统租赁服务。

（五）供应链服务层

该层定义了资源定位服务、信息推送服务、资源调度服务等四类供应链通用服务单元，支持以 Peas 平台服务方式为用户提供上述四类 Web 服务。

（六）供应链决策层

重点建立并依托园区"云计算"公共服务中心，根据用户要求和园区资源优化配置目标，调度相关计算资源，开展分布海量数据挖掘；通过数据分析和挖掘结果，支持园区供应链的业务协同和管理优化。

三、关键技术

物流产业的发展已经到了一个阶段，信息系统已经成为现代物流企业物流管理和操作的一个不可或缺的要件。许多企业在选择第三方物流服务供应商的时候往往把是否有 IT 系统的支持作为重要的前提条件。

（一）支持供应链管理的物联网构建技术

物流工作移动性和业务复杂性等特点，需要在集成有线网络、无线网络和传感器网络的基础上，建立适应多类型障碍、满足园区连通与覆盖面，并支持 RFID、EPC 和移动数据终端等多种数据采集和交换方式的物联网。

其中，物流供应链上各环节之间主要是通过 VPN 等有线网络进行商务数据的采集和交换，如仓储企业和运输企业之间的配送订单数据；物流企业与运输车辆、驾驶员等通过移动宽带等无线网络进行物流资源或物品状态数据的采集和交换，如车辆当前位置和可用状态数据；而对货物及运载货物的集装箱、托盘等储运工具在园区内部的实时状态监控，主要是采用园区传感器网络进行采集和交换，并通过和有线网络、无线网络的集成，以合适的方式推送给园区内外相关业务主体。

园区传感网络设计采用基于 Zigbee 协议和成簇拓扑系统的自适应自组织网络体系，包括汇总数据点、区域路由节点和传感器节点三类节点类型。其中，每个传感器节点都具有自我修复能力，不仅可以实现数据采集功能，而且兼有实现数据转发和自检功能，通过网络配置，所有无线传感器节点可以直接互相通信，且每个传感器节点都有多条路径到达基站节点，每一次网络传输都会选择一条或者多条路由进行多条传输，将所要传输的数据信息传给基站，以增强网络信息传输的可靠性。

其中，资源属性数据模型、物流业务数据模型和空间地理数据模型属于静态源数据。通过中间件中的数据格式定义模块、源数据解释模块、数据迁移管理模块和数据质量控制模块，可以为园区供应链管理平台提供上述不同类型数据的标准接入功能，并将分散存放的上述数据抽象为结构化的分布式数据库。

过程数据模型反映的是通过物联网实时采集的物品动态过程数据特征，通过数据中间件中的数据存取管理模块和数据质量控制模块，可以实现上述海量过程数据流的高效存储和访问，通过数据中间件中的分布异构数据源整合模块，则可以将对来自不同传感器节点的数据进行汇总、清洗和整理，得到完整记录物品运动状态的过程数据流概要模型。

（二）信息智能推送服务技术

物联网技术的应用不仅要为供应链平台提供强大的数据采集和通信服务，更为关键的是要为供应链上不同主体之间的数据交换，尤其是如何根据不同主体面临任务情境的差异，进行业务信息或知识的智能推送，提供强大的技术支撑。任务情境是指园区供应链管理任务面临内外环境因素的特征，通过建立基于任务情境的信息智能推送服务系统，可以根据任务情境感知处理信息，提供适时适地的数据交换和分发服务，强调增强系统对复杂环境下任务需求的敏感性和适应性；其中，数据交换服务提供了兼容对等交换与主从交换的混合业务数据交换模式及机制，能够支持园区供应链管理平台通过物联网数据中心、云计算公共服务中心、企业数据专用接口等多种途径，进行任务情境数据采集和业务数据交换；数据分发或推送服务则提供了任务情境感知和触发组件，能够实现任务情境特征的结构化描述，并通过预先设定的情境触发规则，支持园区供应链管理平台为成员企业提供主动、及时和针对性的信息分类智能推送服务。如基于服务请求者查询触发的定向信息推送服务、基于任务时间情境触发的信息推送服务、基于任务地点情境触发的信息推送服务和基于任务用户偏好情境触发的信息推送服务。

（三）云计算公共平台园区供应链决策优化技术

基于云计算模式的园区供应链决策优化系统核心是在园区"云计算"公共服务模式的总体架构下，建立由园区内外应用系统服务器、GIS 应用服务器、物流企业服务器等软硬件资源构成的计算资源协作群，通过海量分布计算资源的敏捷调度，使每个用户均能享受园区"云计算"平台提供的分布异构海量数据分析和挖掘服务。其中，园区供应链全局控制节点 Agent 负责对用户任务进行结构化分解，确定所采用的数据挖掘模型及其相关数据集，然后为不同的子任务执行找到相应的 Web 服务资源节点，实现挖掘任务与相关计算资源的动态绑定，进而汇总各个局部节点传递的数据和知识，并以可视化方式提交给用户。各分节点 Agent 则根据全局控制节点 Agent 分配的子任务集合，提供局部自治的数据挖掘，并将相关子任务执行结果返回给上层节点。

第一，系统通过在仓储区等地设置传感器节点等数据采集设备，采用"一卡通"系统为园区车辆、储运设备和人员绑定 RFID 射频卡，建立了集成有线网络和无线传感网络的物联网系统，支持电脑、LCD、LED、车载终端和 RFID 等多种网络数据实时采集方式。

第二，建立了由基础数据、业务数据、决策数据和元数据构成的数据中心，支持平台各应用系统进行自主访问。

第三，提供了一站式登录的园区应用软件服务，支持以 SaaS 模式为入园企业提供专线货物运输管理系统、企业仓储管理系统、GPS/GIS 监控应用服务等软件系统服务，支持 Peas 模式为用户提供园区公共资源的 Web 服务，如依托货运配载系统提供货运配载服务，依托网上车库系统提供车库资源查询和调用服务等。最后，平台还提供了非常强大的增值信息服务，支持平台以手机短信服务、专用设备信息接收信息大厅自助查询机等方式，为各类用户提供强大的分类信息推进服务。

物流园区供应链管理平台架构在物联网和云计算技术上，不仅能够支持对物流资源及相关物品的全程动态跟踪，实现适时适地的信息智能分类推送服务，而且能够支持平台以 SaaS、Peas 和 IaaS 等方式为园区供应链上各企业提供各 IT 资源应用服务，对于支持物流企业依托园区供应链管理平台，组建面向不同任务的物流服务供应链，并实现园区供应链协同管理具有重要的意义。

第二节 云物联供应链管理

随着管理理念的不断进步，从物流管理发展到供应链管理，着眼点从独立的企业扩展到整个产品的生态链条，这可以说是管理发展史进程上的一大步，是从整个社会的宏观角度来对各种资源的利用、产品的生产进行调控，达到资源的节约及间接或直接地对整个地球生态进行保护。

一、物联网技术在供应链中的应用

供应链战略实施的成功与否，很大程度上取决于供应链上各企业间信息交流的通畅、透明程度。而"牛鞭效应"是供应链战略实施的一大掣肘，通过讨论物联网在供应链各个环节中的应用，利用电子产品码（EPC）技术、无线射频识别（RFID）技术，达到对整个供应链上每一个零件、每一个配件、每一件产品的数据跟踪的目的，从而可以最大限度实现产品信息及时、完整地在各个供应链环节的传递，将"牛鞭效应"的影响控制在可控状态。

（一）供应链的界定

关于供应链的定义是：供应链是围绕核心企业，通过对信息流、物流、资金流的控制，从采购原材料开始，制成中间产品以及最终产品，最后由销售网络把产品送到消费者手中的，将供应商、制造商、分销商、零售商直到最终用户连成一个整体的功能网链结构模式。我国国家标准的定义是：生产和流通过程中，涉及将产品或服务提供给最终用户的活动的上游与下游企业所形成的网链结构。供应链实际上也是一种业务流程模型，它是指由原材料和零部件供应商、产品的制造商、分销商和零售商到最终用户的价值链组成，完成由顾客需求开始到提供给顾客以所需要的产品与服务的整个过程。

供应链管理理论不断完善，特别是近年来在企业中的应用也越来越广泛，这就对供应链战略的具体实施提出了更多更实际的要求，也面临了一些技术上的瓶颈，比如说"牛鞭效应"的影响就很难去除。不过现代科学技术同样在飞速发展，随着各个学科研究的深入，形成了越来越多的学科交汇区，很多新技术的产生不仅对自身学科有用，而且应用在其他原本不相关的学科，有时候可能会得到更好更充分的利用，比如说物联网技术就可以在供应链战略的实施中发挥很好的作用。

我们主要讨论的就是物联网技术中的 RFID 技术、EPC 技术在供应链各个环节的应用，对整个供应链上每一个零件、每一个配件、每一件产品的数据进行实时跟踪、实时监控，形成供应链系统上下游企业信息的畅通，从而使"牛鞭效应"的影响变为可控。

（二）"牛鞭效应"对供应链的影响

1. 供应链上库存管理的"牛鞭效应"概念形式

传统库存管理模式主要是以单一企业为对象的库存管理，是各节点企业独立管理库存，从企业自身利益最大化的角度通过确定订货点及订货量以寻求降低库存、减少缺货、降低需求不确定的风险。这种模式使供应链上的各企业之间缺乏信息沟通，企业间合作的程度很低。所以产生了供应链上的一种需求变异逐级放大的效应，通常被称之为"牛鞭效应"。

"牛鞭效应"其实是在下游企业向上游企业传导信息的过程中发生了信息失真，而这种失真被逐级放大的结果，从而涉及企业的营销、物流、生产等领域。"牛鞭效应"成因于系统原因和管理原因，它们的共同作用提高了企业经营成本，对产品供应链造成消极影响，导致对市场变化的过激反应。

2."牛鞭效应"的应对措施

应对"牛鞭效应"只有通过创新的技术手段来对其加以改善和控制。它造成各个环节企业对需求预测修正缺乏可靠数据来源、订货批量决策不能做到最优、各企业之间的盲目扩大配给、博弈对价格波动应对不当。所以，针对"牛鞭效应"的主要来源，物联网技术对于解决这一问题有很好作用；利用 EPC/RFID 技术系统可以大大提高产品在供应链各个阶段的信息透明度，这样，只要各个企业之间达成供应链战略联盟，信息共享就能很快速地实现战略联盟，"牛鞭效应"也就可以降到最低。

(三) 物联网供应链工作原理

物联网体系结构可分为三个层次，即泛在化末端感知网络、融合化网络通信基础设施与普适化应用服务支撑体系，它们通常也被称为感知层、网络层和应用层，而其核心是电子产品码（EPC）技术、无线射频识别（RFID）技术。通过对每一产品进行电子编码，结合 RFID 技术，可以对流通中的产品、零部件、原材料在加工、运输、配送和销售环节进行跟踪，提高供应链信息传递的透明度和可控性。

1. EPC 技术

EPC（Electronic Product Code，产品电子代码或电子产品编码）是为了提高物流供应链管理水平、降低成本而新发展起来的一项新技术，是一种编码系统。与传统的条形码所不同的是，它建立在 EAN·UCC（即全球统一标识系统）条形编码的基础之上，在条形码的基础上增加了三段数据，分别是域名管理者、对象分类和序列号，以实现对单品进行标志。产品电子代码是下一代产品标识代码，它可以对供应链中的对象（包括物品、货箱、货盘、位置等）进行全球唯一的标识。EPC 存储在 RFID 标签上，这个标签包含一块硅芯片和一根天线。读取 EPC 标签时，它可以与一些动态数据连接，例如该商品的原产地、生产日期、目前状态等。通过在商品流通环节对这些信息的不断更新，人们可以在全球实现对商品从原料到货架的全程追踪。

2. RFID 技术

一个最基本的 RFID 系统一般包括三个部分，分别为 EPC 标签（Tag）、读写器或阅读器（Reader）和应用系统（包括连接线路）三部分。其中，RFID 标签存储有识别目标的信息或错误校验等附加信息，读写器接收标签信号，应用系统管理收集到的数据。

3. EPC/RFID 技术的优势结合

EPC/RFID 技术的物联网充分结合两种技术优势，在供应链中发挥着越来越重要的作用。EPC 标签中存储着规范而具有互用性的信息，此标签在产品生产完成后一旦形成，此后在产品的整个生命周期，该 EPC 代码成为产品的唯一标识，通过无线数据通信网络把它们自动采集到中央信息系统，实现产品的相关信息的实时查询与识别，进而通过开放性的计算机网络实现信息交换和共享，在供应链的各个流通环节对产品进行定位追踪，实现对产品的透明化管理。

同时，利用 RFID 技术，当电子标签进入发射天线工作区域时会产生感应电流，电子标签获得能量被激活，然后将自身编码等信息通过标签内置发送天线发送出去；系统接收天线接收到从电子标签发送来的载波信号，经天线调节器传送到阅读器，阅读器对接收的信号进行解调和解码然后送到后台主系统进行相关处理；主系统根据逻辑运算判断该标签的合法性，针对不同的设定做出相应的处理和控制，实现电子标签存储信息的识别和数据交换。它对供应链中产品的流通进行合理的优化，对资源进行合理配置，对流通过程进行实时监控，提高了供应链的运行效率和透明度。

二、物联网在供应链各个环节中的作用

物联网在供应链管理中的应用主要体现在采购、生产、储存、配送、销售、售后和回收环节及集装箱、港口、码头、保管保险环节等。它使得整个供应链在瞬息万变的市场环境中能够迅速做出反应，提高了供应链的市场反应力。从整个供应链来看，EPC 技术和 RFID 技术能使供应链的透明度大大提高，产品在供应链的任何地方都被实时追踪。安装在工厂配送中心、仓库及商品货架上的读写器能够自动记录物品在整个供应链的流动，从生产线到最终的消费者全程记录。

EPC/RFID 技术将在供应链的诸多环节上发挥重大的作用，主要体现在以下几个环节：

（一）在采购环节的应用

应用物联网技术，可以分类识别不同原料的生产厂家和生产日期，合理安排采购批次和采购量；同时也可以监控原料采购的质量，保证采购过程的合理和采购效率。通过对大量复杂原料和配件的唯一标识的登记，便于后期管理和问题识别，保证了产品的生产质量和售后服务的即时跟进。利用物联网还可以对供应商的信息进行有效管理，根据供应商在供应环节的表现，对供应商进行分类管理，针对不同等级的供应商采取不同的采购策略，从而提高企业的采购水平，培养供应商的忠诚度。

（二）在生产环节的应用

在生产制造环节应用 EPC 技术可以完成自动化生产线运作，实现在整个生产线上对原材料、零部件、半成品和产成品的识别与跟踪，减少人工识别成本和出错率，提高效率和效益。同时，基于 EPC/RFID 技术的物联网技术还可以帮助企业的生产管理人员合理安排生产进度，通过识别电子标签来快速从品类繁多的库存中准确地找出工位所需的原材料和零部件，即时跟进生产环节，并根据生产进度发出补货信息实现流水线均衡、稳步生产，同时也加强了对产品质量的控制与追踪。

生产线发料过程中，首先系统进行生产任务自动排产，AGV 小车满载按一定规则摆放物料，经过生产线每个工位，安装在每个工位上的 RFID 读写器实时对经过的 AGV 小车进行扫描，即可实现自动识别当前工位需要的何种物料、需要多少、是否已经全部到位等，当前工位员工即可根据配备的显示屏的提示，拿取生产物料。

在生产补料过程中，生产工位上的 RFID 读写器自动识别当前工位物料的剩余情况，实时将物料需求信息传送到发料室，及时做好备料发料工作，保证生产线物料充足、不断料、不堆积等；提供现场物料周转率，使现场整洁。

（三）在储存环节的应用

在仓库里，EPC 技术最广泛的使用是存取货物与库存盘点，它能用来实现自动化的存货和取货等操作。

当贴有 EPC 标签的产品出入仓库时，安装在仓库的 RFID 阅读器自动识别各类物品，自动进行盘点。通过调阅数据库中的资料，RFID 阅读器还可以自动读出产品进出货时间、储存位置和进出仓库的数量，提高仓储中心的空间利用率，并能快速、准确地了解自身的库存水平，从而有效降低库存成本，节省劳动力和库存空间，同时减少整个物流中由于产品误置、送错、偷窃、损害和库存、出货错误等造成的损耗。

（四）在配送环节的应用

在配送环节采用 EPC 技术能大大加快配送的速度，提高拣选与分发过程的效率与准确率，并能减少人工数量、降低配送成本。

通过 EPC 技术，可以对货物的真假进行自动识别，实现配送环节的自动通关；同时可以提高配送环节的安全性和可视性，方便企业追踪货物的配送过程。同时，物联网的应用，提高了货物配送的安全性和可靠性，对货物在配送环节中的分拣、包装、运输和堆码等作业提供了强大的技术支持，提高了这些作业的准确性和效率，降低了配送成本。

在配送过程中，在途运输的货物和车辆贴 EPC 标签，运输线的一些检查点上安装上 RFID 接收转发装置。因此当货物在运输途中，无论是供应商还是经销商都能很好地了解货物目前所处的位置及预计到达时间。特别对于价值高的物品、危险易泄漏的物品、需要封箱运输的物品等，均可采用主动式 RFID 技术，将其封装于箱内；如果出现非正常开箱，中央监控系统即可获得物品状况，及时报警，减少危害和损失。

这样就确保了在整个配送过程中精确的库存控制，甚至可确切了解目前有多少货箱处于转运途中、转运的始发地和目的地，以及预期的到达时间等信息。

（五）在销售环节的应用

物联网可以改进零售商的库存管理，实现适时补货，有效跟踪运输与库存，提高效率，减少出错。当贴有 EPC 标签的商品摆放在货架上，顾客在取走货物时，自动识别系统就可以自动地向系统报告，同时在自动识别系统还可以根据货架上商品的数量即时告知补货。在结算平台，也可以利用 RFID 技术进行自动识别，节约了人工成本，提高了结算的速度，加快了结账流程，同时提高了顾客的满意度，而且通过信用卡系统记录货物的流向，便于企业统计产品的销售细节。另外，EPC 标签包含了极其丰富的产品信息，例如生产日期、保质期、储存方法以及与其不能共存的商品，可以最大限度地减少商品耗损。

（六）在售后和回收环节的应用

消费者在购买商品后，可以利用商品上的识别标签，对商品从原料到生产过程等详细信息进行了解，放心使用。同时在售后服务阶段，企业也可以跟踪消费者的使用情况，针对使用过程中的问题追溯产生问题的缘由，提出改进意见，提高客户服务水平，更好地占领市场。针对较大的产品事故，在产品各阶段数据完备的情况下，供应链上各个企业可以共同协商，讨论出应对方案，因为未来的商业竞争是供应链与供应链的竞争。整个供应链是一体的，共同面对产业危机、共同发展产业机遇，只有形成这种意识，企业才能在新的竞争环境中，通过改善自己的供应链来改善自己的商业模式，通过调整自己的供应链来改进企业价值创造和价值获取行为应有的逻辑关系和价值网络。

而且，针对当前大力提倡绿色经济环境，企业也可以通过标签识别，对那些报废的产品进行有效回收，对其中的有用部件进行合理利用，提高废物利用的效率，对于发展循环经济具有很好的实践意义。

（七）在集装箱、港口、码头、报关检测环节的应用

集装箱上的电子标签可以记录固定信息，包括序列号、箱号、箱型、尺寸等，还可以记录可改写信息，如货品信息、运单号、起运港、目的港、船名航次等。

集装箱 RFID 自动识别系统完成装箱数据输入、集装箱信息实时采集和自动识别，通信系统完成数据无线传输，集装箱信息管理系统完成对集装箱信息的实时处理和管理，能完成数据统计与分析，向客户提供集装箱信息查询服务。而港口集装箱管理系统可以监测。

第三节　可视化供应链管理

物流公司将可视化供应链管理（Visible Supply Chain Managment，VSCM）技术与制造企业实现对接，不仅提高了物流过程效率，而且扫除了物流过程的信息盲点，达到物流全过程的透明化、可视化。

一、物流供应链全程可视化智能管理系统

物流供应链全程可视化智能管理系统以分布式视频监控技术为核心技术，以图像/视频识别和理解技术及智能算法为支撑的可视化管理系统，结合 GIS、计算机网络、多媒体压缩和数据库等技术，架构了具有 3 层体系的仓库综合监控分系统和具有两层体系结构的移动载体综合监控分系统，可实现对仓储仓库内部、仓库车场和围墙等固定场所的实时智能监控，并对运输过程中的车辆以及货物的状态监控，实现车辆车牌、状态识别和车辆的智能调度。

（一）可视化仓储管理

通过在物流公司总部设立一级报警与监控中心，建立主控中心，实现对前端所有仓库的集中监控管理，中心用户按权限通过网络浏览管理前端仓库状态与信息。主控中心（一级监控中心）是报警监控系统的核心部分，是利用视频识别分析技术、计算机网络、地理信息技术、数据库技术开发的整合式集中智能综合监控管理控制应用平台，中心汇接各前端仓库相关信息，将所需的视频、数据等信息通过网络进行传输、存储和共享，并根据授权进行远程调阅、查询，由开放的接口实现互联、互通、互控及其他多种应用，为各级领

导决策、指挥调度、取证提供及时、可靠的第一手信息。

（二）可视化订单管理

物流信息平台的功能，可以实现订单的跟踪功能，通过对物料的 ID（BarCode 或 RFID）进行扫描，来记录物品的使用及现有状况和来源；通过对半成品在生产中所经历过的工序记录和数据统计来跟踪其生产细节，可以在退货或者生产过程中追踪到在生产中的哪道工序、哪些物料、哪个机型、哪些人员等存在问题，并可以采取相应的措施来进行修补，通过对成品的包装、入库、库内调整、出库，还有质检等工序记录、统计来跟踪成品在最后阶段的状况以便需要时进行查询操作；最后实现对整个生产从物品到半成品到成品的单个、类别以及全部的产品追溯、质量控制和流程管理，建立完整的生产追溯管理系统平台。

（三）车辆管理

根据以往经验，货物在运输过程中容易发生损毁、丢失和被盗等问题，如何在移动过程中有效地监控运输过程和货物状态，确保货物能及时、安全地到达目的地，成为物流公司迫切需要解决的问题。设计与实现移动载体综合监控分析系统，利用全球定位、地理信息系统、计算机视觉、模式识别、人工智能等技术，实现对运输过程中车辆和货物的有效管理与监控。该系统由车辆监控与管理、货物运输过程状态监控和无线数据传输部分组成，通过无线网络与主控中心管理系统实时通信。

基于 GPS 的车载定位系统能够及时将货车的位置信息发送回位于公司总部的总控中心，由地理信息系统软件进行实时更新和显示；在货车驾驶室内架设摄像头，可监控行车过程中司机的精神状态，防止出现疲劳驾驶，杜绝事故苗头；通过数据传输部分的无线网络，可将压缩后的监控视频和分析结果传输至总控中心备份保存。

由于物流物资在运输途中可能会发生盗窃、损坏等情况，给客户和公司带来经济和声誉上的损失。因此，对运输过程中的货物状态进行实时监控成为一个必要环节。物流公司所有车辆都在车厢内部安装监控摄像头，在车辆出发时由特定权限的管理人员设置开启后，即开始对货物监控，并实时分析其状态，采用预先设定的相关模式与监控视频进行匹配，对可能的异常现象进行分析判别，将结果通过无线数据传输部分上传至控制中心，需要的观察异常包括运输过程中货物的位置是否发生变化，是否有人打开车厢（厢式），在到达终点前是否有人接触货物等。

（四）管理平台系统

可视化供应链管理平台是一个高度开放和可视化的集成平台，管理企业的采购、销售、仓库和运输等各个环节，并且可以有效地整合各链条中的信息及资源做到协同作业实现高度的可视化。

VSCM 作为一个成熟的供应链管理平台，能够提供针对特定行业的解决方案，它可以适用于服务复杂订单交货流程的第三方物流企业，也适用于高度关注产品生命周期的传统制造企业，同样也应用于在复杂、订单驱动的装配环境中生产的高科技企业。

二、连锁经营供应链管理系统

跨区域、多业态连锁经营的大型百货商场、购物中心、综合超市、便利店、品类专业店等，通过统一的 SCM 将内部供应链（分店）和外部供应链（供应商）联系起来，进一步实现集团化规模化的统一采购，与供应商建立良好关系共建供应链。

（一）系统描述

1. 总部数据控制中心

开户管理、对账管理、供应商登录信息、SCM 报表查询、更改个人信息、网上招商。

2. 商场端系统功能

文档管理、扩展功能管理、信息管理、用户管理、顾客反馈管理、商店管理、开户管理和开户查询、开户审核、欠款供应商查询、开户供应商查询、对账管理、供应商管理、SCM 报表查询、更改个人信息、网上招商等。

3. 供应商端系统功能

供求（订单）管理、库存信息、销售信息、结算对账、商品管理、信息管理、会员管理。

4. 网络量贩系统功能

消费者信息发布、促销管理、精选商品批发、精选商品特卖等。

5. 集团报表合成、上报、公文流转、E-mail 等办公自动化功能

6. 企业集团级信息中心

全面引入 IMP 和数据仓库，提供 BI 商业智能分析。

7. 可视化管理

该系统可采用分布式视频监控技术为核心技术，以图像/视频识别和理解技术及智能

算法为支撑的可视化管理系统，结合 GIS、计算机网络、多媒体压缩和数据库等技术，可以实现可视化综合管理。

（二）系统优势

带给客户的收益如下。

第一，以 POS-ERP（连锁分销管理）为基础，对 POS-ERP 功能进行扩展，完成 POS-ERP 所不能完成的，把供应商、制造工厂、分销网络和客户等纳入了企业的管理资源范围，建立一种跨企业的协同商务系统。

第二，通过将商业企业的上下游合作伙伴，依托 VPN 技术建立起来的企业自有的 Extranet 外联网，向多家供应商等合作伙伴提供统一的库存、销售、结算数据查询，提供基于 Web 的电子订货协作、在线交易、商品管理、采购、结算和分析。其中 EOS 系统可处理从零售终端、物流中心、采购中心、供应商、分销商发出的要货行为，完成网络采购或自动补货，实现门店、物流中心、采购中心、供应商分别监控库存。

第三，帮助企业将所有集团各个分店联网，提供面向下游团购顾客的统一的电子购物及公众服务。为所有集团核心职员提供统一的 Intranet 服务，包括企业内部的信息公告以及各分店的库存、销售、财务、采购等数据的深层分析。

第四节　云物联的发展前景与挑战

物联网（Internet of Things）又称传感网，它是互联网从人向物的延伸。随着时代的发展进步，消费者已经改变了对移动技术和社交媒体的看法，而物联网将极大地影响着企业的未来前景。毫无疑问，在 2015 年物联网行业还将一如既往地保持增长势头，如何将物联网转化为商业价值也成为企业热议的话题。

一、物联网的发展现状与趋势

目前，物联网的发展属于起步阶段，从国内外对物联网的研究来看，物联网没有一个统一的国际标准，物联网时代的浪潮才刚刚开始。物联网的大革命必须依托互联网的高速发展和物的智能化发展，物联网把虚拟的网络和实际物体相结合。而这两者的结合需要很多很强的技术支持。当下，互联网的发展未到饱和状态，物的智能化、网络化控制技术也不能够满足物联网的快速发展，核心技术包括传感器技术、识别技术、数据处理技术、通信网络技术、安全隐私技术等，这些技术需要进一步的发展以实现与互联网的有机结合。物与互联网的结合技术涉及实践中的方方面面，影响整个社会的经济生活，包括军事领域、交通物流、医疗卫生、建筑材料等，需要的技术支撑就可想而知了。

尽管物联网发展受到技术和生产力的制约，但是美国、德国等欧美国家、中国及日本等亚洲国家都十分重视物联网发展，并且在国家层面上进行了发展规划。例如欧盟执行委员会发表的《Internet of things-an action plan fbr Europe》、日本的"I-JaPan"计划、韩国的《互联网基础设施构建基本规划》等。这些国家层面的举措都能够大大地促进物联网相关技术的发展，物联网的发展前景是乐观的。

二、云计算的发展现状与趋势

云计算技术的发展催生了商业模式的创新。越来越多的企业利用云计算技术改善自身的商业模式，目前主要依托云计算技术的业务模式有 Peas 模式、IaaS 模式、SaaSm 模式。云计算是互联网转向物联网时代的先锋，它率先完成物联网核心技术中的数据处理技术，同时能够对大数据进行统计并分析，提高了经济活动中的资源利用率及消费、需求的一致性。但是，当下云计算技术并没有被广大企业广泛使用，云计算的技术成本较高，主要被少数大型企业掌握。云计算在物联网中的重要作用还有待其他技术的发展而升级。

云计算的进一步发展必须依托物联网中传感器技术、识别技术，随着物联网技术的发展和广泛使用，越来越多的数据被收集并且反馈回到互联网上，这时云计算处理大数据便变得十分必要和重要了。

随着技术的日趋成熟，物联网已被视为产业新的增长点。其英文名称是 Internet of Things（IoT）。顾名思义，物联网就是物物相连的互联网。这有两层意思：其一，物联网的核心和基础仍然是互联网，是在互联网基础上的延伸和扩展的网络；其二，其用户端延伸和扩展到了任何物品与物品之间，进行信息交换和通信，也就是物物相息。物联网通过智能感知、识别技术与普适计算等通信感知技术，广泛应用于网络的融合中，也因此被称为继计算机、互联网之后世界信息产业发展的第三次浪潮。麦肯锡将整个物联网定义为"数字化物理世界"（digitizing the physical world）。物联网是新一代信息技术的重要组成部分，也是"信息化"时代的重要发展阶段。

从概念上来说联网包括了人、数字以及物的连接。而物联网（Internet of things）又包括了 M2M（Machine to Machine），M2M 仅指物物之间的简单通信，而物联网是基于物理设备和物联产品之上的数字技术的各种应用。

第十三章 电子商务物流与供应链管理的发展

第一节 互联网+物流

一、"互联网+"概述

(一) "互联网+" 的概念

"互联网+"是创新 2.0 下的互联网发展新形态、新业态,是知识社会创新 2.0 推动下的互联网形态演进及其催生的经济社会发展新形态。"互联网+"代表一种新的经济形态,即充分发挥互联网在社会资源配置中的优化和集成作用,将互联网的创新成果深度融合于经济社会各领域之中,推动技术进步、效率提升和组织变革,提升实体经济的创新力和生产力,形成更广泛的以互联网为基础设施和实现工具的经济发展新形态。

通俗来说,"互联网+"就是"互联网+各个传统行业",但这并不是简单的两者相加,而是利用信息通信技术以及互联网平台,让互联网与传统行业进行深度融合,创造新的发展生态。

"互联网+"的关键就是创新,只有创新才能让这个"+"真正有价值、有意义。"互联网+"不仅仅是无所不在的网络(泛在网络),还有无所不在的计算(普适计算)、无所不在的数据、无所不在的知识,造就了无所不在的创新,推动了知识社会以用户创新、开放创新、大众创新、协同创新为特点的创新 2.0,改变了我们的生产、工作、生活方式,也引领了创新驱动发展的"新常态"。必须指出的是,"互联网+"没有普适的方法和路径。每个行业每个企业在互联网化的过程中,都应该有只适用于自身的路径。

(二) "互联网+" 的特征

"互联网+"作为一种新的经济形态,和传统业态相比,具有跨界融合、创新驱动、重塑结构、尊重人性、开放生态及连接一切六大特征。

1. 跨界融合

"+"就是跨界，就是变革，就是开放，就是重塑融合。敢于跨界，创新的基础就会更坚实；融合协同了，群体的智能才会实现，从研发到产业化的路径才会更垂直。融合本身也指身份的融合，客户消费转化为投资，伙伴参与创新，等等，不一而足。

2. 创新驱动

中国粗放的资源驱动型增长方式早就难以为继，必须转变到创新驱动发展这条正确的道路上来。这正是互联网的特质，用所谓的互联网思维来求变、自我革命，也更能发挥创新的力量。

3. 重塑结构

信息革命、全球化、互联网业已打破了原有的社会结构、经济结构、地缘结构、文化结构。权力、议事规则、话语权的不断发生变化。"互联网+"社会治理、虚拟社会治理会是很大的不同。

4. 尊重人性

人性的光辉是推动科技进步、经济增长、社会进步、文化繁荣的最根本的力量，互联网的力量之强大最根本地也来源于对人性的最大限度的尊重、对人体验的敬畏、对人的创造性发挥的重视。例如，UGC、卷入式营销、分享经济。

5. 开放生态

关于"互联网+"，生态是非常重要的特征，而生态的本身就是开放的。我们推进"互联网+"，其中一个重要方向就是要把过去制约创新的环节化解掉，把孤岛式创新连接起来，让研发由人性决定的市场驱动，让创业并努力者有机会实现价值。

6. 连接一切

连接是有层次的，可连接性是有差异的，连接的价值是相差很大的，但是连接一切是"互联网+"的目标。

（三）"互联网+"的作用

随着互联网与经济社会各领域深度融合和创新发展，"互联网+"对创业创新、制造业、农业、能源、金融、益民服务、物流、电子商务、交通、生态及人工智能等方面都产生了巨大的影响和作用。

1. 创业创新方面

通过充分发挥互联网的创新驱动作用，可以推动各类要素资源聚集、开放和共享，促进众创空间、开放式创新发展，引导和推动全社会形成大众创业、万众创新的浓厚氛围，打造经济发展新引擎。

2. 制造业方面

通过互联网与制造业融合，可以提升制造业数字化、网络化、智能化水平，加强产业链协作，发展基于互联网的协同制造新模式。在重点领域通过推进智能制造、大规模个性化定制、网络化协同制造和服务型制造，打造一批网络化协同制造公共服务平台，可以加快形成制造业网络化产业生态体系。

3. 农业方面

利用互联网提升农业生产、经营、管理和服务水平，培育一批网络化、智能化、精细化的现代"种养加"生态农业新模式，形成示范带动效应，加快完善新型农业生产经营体系，培育多样化农业互联网管理服务模式，逐步建立农副产品、农资质量安全追溯体系，促进农业现代化水平明显提升。

4. 能源方面

通过互联网能够促进能源系统扁平化，推进能源生产与消费模式革命，提高能源利用效率，推动节能减排。加强分布式能源网络建设，提高可再生能源占比，促进能源利用结构优化。

5. 金融方面

通过互联网与银行、证券、保险、基金的融合创新，可以促进互联网金融健康发展，全面提升互联网金融服务能力和普惠水平，为大众提供丰富、安全、便捷的金融产品和服务，更好地满足不同层次实体经济的投融资需求。

6. 益民服务方面

主要作用包括：第一，通过互联网与政府公共服务体系的深度融合，可以构建面向公众的一体化在线公共服务体系，提高公众参与度；第二，通过发展以互联网为载体、在购物、餐饮、娱乐、家政、文化、媒体、旅游和城市服务等领域线上线下结合的新兴服务模式，能够让老百姓足不出户享受到便捷高效的服务；第三，通过发展基于互联网的医疗卫生服务，可实现在线预约诊疗、候诊提醒、划价缴费、诊疗报告查询、药品配送等便捷服务；第四，依托现有互联网资源和社会力量，以社区为基础，通过搭建养老信息服务网络平台，可以提供护理看护、健康管理、康复照料等居家养老服务，促进智慧健康养老产业发展；五是通过互联网实现网络教育服务新模式。

7. 物流方面

通过发挥互联网信息集聚优势，构建跨行业、跨区域的物流信息服务平台，可以提高物流供需信息对接和使用效率。通过二维码、无线射频识别等物联网感知技术和大数据技术的应用，可以构建感知智能仓储系统和智能物流配送调配体系，优化物流运作流程，提升仓储与配送的自动化、智能化水平和运转效率，降低物流成本。

8．电子商务方面

"互联网+"可以促进农村电商、行业电商和跨境电商发展，进一步扩大电子商务发展空间，使电子商务与其他产业的融合不断深化，网络化生产、流通、消费更加普及，标准规范、公共服务等支撑环境更加完善。

9．交通方面

通过互联网与交通运输领域的深度融合，使基础设施、运输工具、运行信息等互联网化，促进基于互联网平台的便捷化交通运输服务发展，能够显著提高交通运输资源利用效率和管理精细化水平，全面提升交通运输行业服务品质和科学治理能力。

10．生态方面

通过互联网与生态文明建设深度融合，完善污染物监测及信息发布系统，形成覆盖主要生态要素的资源环境承载能力动态监测网络，实现生态环境数据互联互通和开放共享，可以充分发挥互联网在逆向物流回收体系中的平台作用，促进再生资源交易利用便捷化、互动化、透明化，促进生产生活方式绿色化。

11．人工智能方面

依托互联网平台提供人工智能公共创新服务，促进人工智能在智能家居、智能终端、智能汽车、机器人等领域的推广应用，可以形成创新活跃、开放合作、协同发展的产业生态。

二、"互联网+物流"的概念

"互联网+物流"是借助移动互联网、物联网、云计算、大数据等先进技术和理念，将互联网的创新成果深度融合于传统物流产业中而形成的具有"线上资源合理分配，线下高效优质运行"的新业态和新模式。

"互联网+物流"改变了物流产业的服务理念、服务内容及管理手段与方法。"互联网+物流"本质是将互联网理念与技术全面融合于传统物流产业后的在线化、数据化，通过技术、设备、商业模式等方面创新促使传统物流业改变运作方式，优化物流运作流程，提升物流仓储的自动化、智能化水平和运转效率，降低物流成本。例如，通过"互联网+"模式，物流公司可以利用互联网的技术与货主进行有效的服务与沟通，改善物流公司的信息告知服务与资金结算服务，以及网下的物流服务，客户可以跨越时间和空间局限，全程、即时地跟踪自己选购货物的信息。

三、"互联网+物流"的运作模式

"互联网+物流"改变了传统物流的运作模式，全面推行信息化，实现智慧物流。具体来讲，"互联网+物流"运作模式主要有物流信息平台模式"滴滴打车"模式、"拼车"模式、"竞标"模式、导航匹配模式、产业链模式、众包模式及立体生态模式等。

（一）物流信息平台模式

该种模式主要为了解决传统物流服务站信息不对称的问题，由互联网物流企业搭建平台，平台一端对接客户，另一端对接司机。物流信息平台的价值更多体现在整合了离散的货源，完成了集货功能。实际运作中，货主将货源信息发布到物流信息平台，物流企业或个体司机在平台上单击货源，能查到货源商家、位置、货物类型、重量、发货时间和车辆需求，根据需求对接发货方，实现了货源信息与车源信息互联互通。

虽然通过物流信息平台，使个体司机更容易找到货源，降低成本、提高收入，但并没有从根本上解决货源不充足、集货困难，中介依然存在、应收账款周期长、成本高、一流货源难寻的问题。这种模式只做到了最基本的表层重构，完成了对信息、货物的聚合与分发，但对信息的鉴别、筛选及对运输过程的控制等都需要商家自行解决，缺乏一站式服务，并没有从根本上改变物流行业供应链链条。

（二）"滴滴打车"模式

随着移动互联网的发展，基于 LBS 定位技术，做出类似于"滴滴打车"的模式。这种模式是司机认证注册，客户在平台发布送货请求，司机在线抢单。从逻辑上来说这样的模式没错，但"拉货"和"拉人"从本质上区别很大，货物配送的需求多来自企业，相比打车其流程复杂，且要求多样，难以标准化。此外，在支付闭环并没有完全打通的情况下，司机不能直接开具发票、运费结算单价高、双方需要签收回单，还有账单期等一系列问题都有待解决。

（三）"拼车"模式

"信息平台模式"、货运版"滴滴打车"模式在发展过程中遇到了瓶颈，于是出现了升级版"拼车"模式。"拼车"模式是以整车为单位，但并不是指整车出租，与海运船舶的分仓理念相似，通过手机端、网络端收集个人货物及企业货物信息，通过数据分析，将货物总体积、吨位、类型分类后直接匹配给就近车主，这样通过系统统一调配，配送车辆可以多点取送，多装多卸，将社会闲散运力有效整合起来，实现成本和效率的最优化。从目前市场来看，拼车存在一定成长空间。但是在市场尚未完全打开之前，拼车的空间利用率会受影响，利润率估计也大打折扣。同时，此种模式对货源数量、来源要求较高，同时也受技术影响，货物取配时间、距离的最佳平衡点也难以定位。

（四）"竞标"模式

这种模式是用户通过平台发布货运需求，司机在平台展开竞价，用户根据报价选择性价比合适的司机进行接洽。以此模式发展起来的互联网物流企业，更加看重的是供应链管理价值，如果平台能在供应链管理上出类拔萃，掌握一手货源，这种模式的潜力将非常巨大。但是，由于互联网的本质是公开透明的，随着互联网的发展，未来物流企业的货运报价会越来越贴近刚性成本，故压缩空间会变得非常有限。当物流交易效率要求高时（如货主需求立刻发货），竞价就会失去意义，而物流企业如果想通过补贴、优惠拉低竞标价格来扩大市场份额，从长远来看这种"烧钱"模式很难持续发展。

（五）导航匹配模式

大型货运车辆在运输过程中会受到道路规定、路况及法律等方面的限制，由此衍生出了货车专用导航，部分货车导航提供商还将"滴滴打车"模式优化后与货运导航相结合。例如，以导航为切入点，甲司机使用导航从上海前往北京，导航会自动为甲司机匹配沿途货源、加油站、物流园等相关资讯信息。这种模式由于前期客户的积累在车主方向拓展难度并不大，主要问题还是运费的结算、账单期等问题需要解决。若该类公司通过对运费进行垫付的方式拓展市场，无疑风险非常大。

（六）产业链模式

此种模式大多数是由物流财务管理软件、物流 ERP、企业 ERP 转型而来，每个物流企业、生产企业均有一套管理软件，软件提供商通过现有客户（包括物流企业及生产企业）大数据，掌握生产企业客户货运需求，同时分析物流企业客户运力、位置、价格等，从而实现物流企业与生产企业之间的信息匹配，实现的效果和拼车模式类似，这种模式的优势在于其平台积累了大量客户数据，同时对供应链管理有一定的基础，在 B2B 的发展比较容易，但是对平台自身的积累要求比较高。

（七）众包模式

众包模式是通过互联网平台利用闲散的运输资源来做专线零担物流服务。此模式另一名称叫"全民快递"，即任何人都是快递员。众包模式之所以能够在"互联网+"时代脱颖而出，是由于众包模式的快递员都是根据自身情况自愿兼职的人，人力成本大大降低，同时众包模式可以有效整合社会上的闲置资源，其物流企业分布全国各地，能够提供附近人员进行上门取货和送货到家的门到门服务，从而提高了效率，缩短了配送时间。但是，众包模式和"滴滴打车"模式类似，同样存在支付环节上运费结算、账单期等问题有待解决，同时存在货物安全的大隐患。

（八）立体生态模式

商业模式的设计围绕着供应链展开，其最大的赢家是链主企业。供应链从单独一条链向多条链衍生形成商业生态圈，而由生态圈形成平台模式。如果多个模式、业务范围平台的建设和整合，那就成为立体生态模式。互联网物流企业将基层的末端配送运营、干线整合、全国仓储圈地、信息平台建设、大数据战略、金融服务、延伸到制造代工等一系列工作组合成物流的立体生态经济模式。立体生态模式最终将掌控整个商业生态，成为最大的供应链主平台。但由于布局大、涉及面广，而目前空运、铁路的主体运力在国有企业，公路物流运力散乱，因此立体生态模式的整合难度非常大，尤其立体生态模式物流骨干网的"骨干"整合将成为其短板。

四、"互联网+"背景下电子商务物流发展趋势

随着国民经济全面转型升级和·"互联网+"行动计划的实施，电商物流需求将保持快速增长，电商物流更趋于智慧化，其价值空间也将加大，此外，跨境电商物流也将进入快速发展的轨道。

（一）电商物流需求将保持快速增长

随着我国工业化、信息化、城镇化、农业现代化的不断深入和居民消费水平的提升，特别是技术和商业模式的不断创新，电子商务在经济社会和人民生活各领域的渗透率不断提高，对人们的生产、生活产生了巨大影响，越来越多的人享受到电子商务带来的方便和快捷。作为电子商务实施的重要环节和发展推动力的电子商务物流其需求也会随之保持快速增长，物流配套设施将更加完善，物流覆盖面也将进一步增大。同时，电子商务交易的

主体和产品类别会更加丰富，移动购物、社交网络营销等将会成为新的增长点。

（二）电子商务物流智慧化

随着大数据、云计算、物联网、移动互联、二维码、RFID、智能分拣系统、物流优化和导航集成系统等新兴信息技术和装备在电子商务物流领域的应用，极大地推进了电子商务物流智慧化发展进程。通过提升物流设施设备智能化水平、物流作业单元化水平、物流流程标准化水平、物流交易服务数据化水平及物流过程可视化水平，并发展智慧化物流园区（基地），构建先进的智能仓储管理系统和物流配送调配体系及互联互通的物流信息服务平台，从而提高电子商务物流的自动化、智能化水平和运转效率，加快了物流反应速度，降低了物流运营成本。

（三）传统产业与互联网的深度融合使电子商务物流的价值空间加大

随着"互联网+"行动计划的执行，传统产业与互联网的融合越来越深入，很多传统行业开始涉足于电子商务，各类专业市场纷纷建设网上市场，面向能源、化工、钢铁、林业、医药等行业的垂直电子商务平台通过线上线下融合快速发展起来，使得物流的服务方式和价值体现也将发生根本变化，电子商务物流将融入价值链中承担更为重要的角色。

第二节　电子商务逆向物流

随着人们对环境保护意识的增强、环保法律法规约束力度的加大及逆向物流经济价值的显现，逆向物流越来越被人们所认识和重视。如何有效进行逆向物流管理，提高电商企业的竞争优势、顾客的满意度及供应链的整体绩效水平是目前电商企业管理者和相关学术领域研究者所关注的重要课题。

一、逆向物流概述

（一）逆向物流的概念

学术界对逆向物流的定义有多种表述。可以概括为四个方面：

第一，逆向物流的目的是重新获得废弃产品或有缺陷产品的使用价值，或是对最终的废弃物进行正确的处理。

第二，逆向物流的流动对象是产品、用于产品运输的容器、包装材料及相关信息，将它们从供应链终点沿着供应链的渠道反向流动到相应的各个节点。

第三，逆向物流的活动包括对上述流动对象的回收、检测、分类、再制造和报废处理等活动。

第四，尽管逆向物流是物品的实体流动，但同正向物流一样，逆向物流中也伴随了资金流、信息流以及商流的流动。

目前，较专业、准确地概括逆向物流特点的逆向物流定义是：与传统供应链反向，为价值恢复或处置合理而对原材料、中间库存、最终产品及相关信息从消费地到起始点的有效实际流动所进行的计划、管理和控制过程。

逆向物流与正向物流的流向相反，逆向物流更多的是针对"返回"供应链渠道中的产品或者材料，主要处理损坏、不符合顾客要求的退回商品、季节性库存、残值处理、产品召回等，还包括废物回收、危险材料的处理、过期设备的处理和资产的回收。

逆向物流主要包括回收、检验与处理决策、分拆与再加工、报废处理等环节。

1. 回收

回收是将顾客所持有的产品通过有偿或无偿的方式返回销售方。这里的销售方可能是供应链上任何一个节点，如来自顾客的产品可能返回到上游的供应商、制造商，也可能是下游的配送中心、零售商。

2. 检验与处理决策

供应链上的各节点对于接收到的回收品要进行检验。第一，为了控制不合理的回收，如零售商通过检验退货，控制买家的无理由退货。第二，对回收品的功能进行测试分析，并根据产品结构特点以及产品和各零部件的性能确定可行的处理方案，包括直接再销售、再加工后销售、分拆后零部件再利用和产品或零部件报废处理等。然后，对各方案进行成本效益分析，确定最优处理方案。

3. 分拆与再加工

按照产品结构的特点，将产品分拆成零部件，对回收产品或分拆后的零部件进行加工，恢复其价值。

4. 报废处理

对那些没有经济价值或严重危害环境的回收品或零部件，通过机械处理、地下掩埋或焚烧等方式进行销毁。现在人们对环保要求越来越高，而地下掩埋或焚烧等方式会对环境造成不利影响，如占用土地、污染空气等，因此，目前西方国家主要采取机械处理方式。

（二）逆向物流的特点

逆向物流作为企业价值链中特殊的一环，与正向物流既有共同点，即都具有运输、储存、装卸、包装、加工等物流功能，同时，逆向物流与正向物流相比又具有它自身的特点。

1. 分散性

逆向物流产生的地点、时间、质量和数量是难以预见的，没有一定的规律可循。废旧物资流可能产生于生产领域、流通领域或生活消费领域，涉及任何领域、任何部门、任何个人，在社会的每个角落都在日夜不停地发生。正是这种多元性使其具有分散性。而正向物流则不然，按量、准时和指定发货点是其基本要求。这是由于逆向物流发生的原因通常与产品的质量或数量的异常有关。

2. 缓慢性

人们不难发现，开始的时候逆向物流数量少，种类多，只有在不断汇集的情况下才能形成较大的流动规模。废旧物资的产生也往往不能立即满足人们的某些需要，它需要经过加工、改制等环节，甚至只能作为原料回收使用，这一系列过程的时间是较长的。同时，废旧物资的收集和整理也是一个较复杂的过程。这一切都决定了废旧物流缓慢性这一特点。

3. 混杂性

回收的产品在进入逆向物流系统时往往难以划分为产品，因为不同种类、不同状况的废旧物资常常混杂在一起。当回收产品经过检查、分类后，逆向物流的混杂性随着废旧物资的产生而逐渐衰退。

4. 多变性

由于逆向物流的分散性及消费者对退货、产品召回等回收政策的滥用，使得企业很难控制产品的回收时间与空间，这就导致了多变性。主要表现在以下四个方面：第一，逆向物流具有极大的不确定性；第二，逆向物流的处理系统与方式复杂多样；第三，逆向物流技术具有一定的特殊性；第四，相对高昂的成本。

（三）逆向物流的分类

为了对逆向物流进行细致而有效的分析，非常有必要将逆向物流进行分类分析，而不同的分析角度也会出现不同的分类方法，目前主要从逆向物流形成原因、回收物品特征、回收物品渠道、材料的物理属性等角度将逆向物流进行分类。

1. 按逆向物流的形成原因分类

按照逆向物流的形成原因、途径和处置方式的不同，逆向物流可以被区分为投诉退货、终端退回、商业退回、维修退回、生产报废与副品，以及包装品回收等六大类别。

（1）投诉退货

此类逆向物流形成可能是由于运输差错、质量问题等，它一般在产品出售短期内发生。通常情况下，客户服务部门会首先进行受理，确认退回原因，做出检查，最终处理的方法包括退换货、补货等。电子消费品如手机、家用电器等通常会由于这种原因进入回流渠道。

（2）终端退回

这主要是经完全使用后须处理的产品，通常发生在产品出售之后较长时间。终端退回可以是出自经济的考虑，最大限度地进行资产恢复，例如，地毯循环，轮胎修复等这些可以再生产、再循环的产品，也可能是受制于法规条例的限制，对诸如超过产品生命周期的一些白色和黑色家电等产品仍具有法律责任。

（3）商业退回

商业退回是指未使用商品退回还款，例如，零售商的积压库存，包括时装、化妆品等，这些商品通过再使用、再生产、再循环或者处理，尽可能进行价值的回收。

（4）维修退回

维修退回是指有缺陷或损坏产品在销售出去后，根据售后服务承诺条款的要求，退回制造商，它通常发生在产品生命周期的中期。典型的例子包括有缺陷的家用电器、零部件和手机。一般是由制造商进行维修处理，再通过原来的销售渠道返还用户。

（5）生产报废与副品

生产过程的废品和副品，一般来说是出于经济和法规条例的原因，发生的周期较短，而且并不涉及其他组织。通过再循环、再生产，生产过程中的废品和副品可以重新进入制造环节，得到再利用。生产报废和副品在药品行业和钢铁业中普遍存在。

（6）包装品回收

包装品的回收在实践中已经存在很久了，逆向物流的对象主要是托盘、包装袋、条板箱、器皿，它考虑经济的原因，将可以重复使用的包装材料和产品载体通过检验和清洗、修复等流程进行循环利用，降低制造商的制造费用。

2. 按回收物品特征分类

按照逆向物流回流的物品特征和回流流程，可以将逆向物流分成低价值产品的物料、高价值产品的零部件、可以直接再利用的产品三类。

（1）低价值产品的物料

例如金属边角料或者副品、原材料回收等。这种逆向物流的显著特征是它的回收市场和再使用市场通常是分离的，也就是说，这种物料回收并不一定进入原来的生产环节，而是可以作为另外一种产品的原材料投入到另一供应链环节中。从整个逆向物流过程来看，它是一个开环的结构。在此类逆向物流管理中，物料供应商通常扮演着重要的角色，他们将负责对物料进行回收、采用特殊设备再加工，而除了管理上的要求外，特殊设备要求的一次性投资也比较庞大。这些要求决定了物料回收环节一般是集中在一个组织中。高的固定资产投入一般都会强调规模经济的重要性，在这里也不例外，此类逆向物流对供应源数量的敏感性非常强。另外，所供应物料的质量（如纯度等）对成本的影响比较大，因此保证供应源的数量和质量将是物流管理的重心。

（2）高价值产品的零部件

例如电子电路板、手机等。出于降低成本和获取利润等经济因素的考虑，这些价值增加空间较大的物品回收通常由制造商发起。此类逆向物流与传统的正向物流结合得最为紧密，它可以利用原有的物流网络进行物品回收，并通过再加工过程，再次进入原来的产品制造环节，在严格意义上，这才是真正的逆向物流，但是，如果回收市场的进入壁垒较低，第三方物流组织也可以介入其中。

（3）可以直接再利用的产品

最明显的例子便是包装材料的回收，包括玻璃瓶、塑料包装、托盘等，它们通过检测和清洗处理环节便可以被重新利用。此类逆向物流由于包装材料的专用性属于闭环结构，供应时间是造成供应源质量不确定性的重要因素，因而管理的重点将会放在供应物品的时点控制上，例如制定合理的激励措施进行控制，通过标准化产品识别标志简化物品检测流程。不仅如此，还可以看到，由于在此类逆向物流的物品回收阶段对管理水平和设备的要求不高，因此可以形成多个回收商分散管理的格局，由原产品制造商对这些回收商统一管理，这种情况下，也可以应用供应链伙伴关系理论对他们之间的合作机制进行研究。

3．按回收物品的渠道分类

按照回收物品的渠道可分为退货逆向物流和回收逆向物流两部分。退货逆向物流是指下游顾客将不符合订单要求的产品退回给上游供应商，其流程与常规产品流向正好相反。回收逆向物流是指将最终顾客所持有的废旧物品回收到供应链上各节点企业。

4．按逆向物流材料的物理属性分类

按照逆向物流材料的物理属性可分为钢铁和有色金属制品逆向物流、橡胶制品逆向物流、木制品逆向物流、玻璃制品逆向物流等。

(四) 逆向物流的作用

1. 提高潜在事故的透明度

逆向物流在促使企业不断改善品质管理体系上，具有重要的地位。ISO 9001: 2000 版将企业的品质管理活动概括为一个闭环式活动计划、实施、检查和改进，逆向物流恰好处于检查和改进两个环节上，承上启下，作用于两端。企业在退货中暴露出的品质问题，将通过逆向物流资讯系统不断传递到管理阶层，提高潜在事故的透明度，管理者可以在事前不断改进品质管理，以根除产品的不良隐患。

2. 降低物料成本，增加企业效益

减少物料耗费，提高物料利用率是企业成本管理的重点，也是企业增效的重要手段。然而，传统管理模式的物料管理仅仅局限于企业内部物料，不重视企业外部废旧产品及其物料的有效利用，造成大量可再用性资源的闲置和浪费，由于废旧产品的回购价格低、来源充足，对这些产品回购加工可以大幅度降低企业的物料成本。特别是随着经济的发展，资源短缺日益加重，资源的供求矛盾更加突出，逆向物流将越来越显示其优越性。

3. 提高顾客价值，增加竞争优势

在当今顾客驱动的经济环境下，顾客价值是决定企业生存和发展的关键因素。众多企业通过逆向物流提高顾客对产品或服务的满意度，赢得顾客的信任，从而增加其竞争优势。对于最终顾客来说，逆向物流能够确保不符合订单要求的产品及时退货，有利于消除顾客的后顾之忧，增加其对企业的信任感及回头率，扩大企业的市场份额。如果一个公司要赢得顾客，它必须保证顾客在整个交易过程中心情舒畅，而逆向物流战略是达到这一目标的有效手段。另外，对于供应链上的企业客户来说，上游企业采取宽松的退货策略，能够减少下游客户的经营风险，改善供需关系，促进企业间战略合作，强化整个供应链的竞争优势。特别对于过时性风险比较大的产品，退货策略所带来的竞争优势更加明显。

4. 保护环境，塑造良好的企业形象

随着人们生活水平和文化素质的提高，环保意识日益增强，消费观念发生了巨大变化，顾客对环境的期望越来越高。另外，由于不可再生资源的稀缺以及对环境污染日益加重，各国都制定了许多环境保护法规，为企业的环境行为规定了一个约束性标准。企业的环境业绩已成为评价企业运营绩效的重要指标。为了改善企业的环境行为，提高企业在公众中的形象，许多企业纷纷采取逆向物流战略，以减少产品对环境的污染及资源的消耗。例如，耐克公司利用回收旧跑鞋获得的收益修建公众篮球场和田径场来支持公益事业，虽然在运作上付出了一些成本，但是提升了自身品牌的价值，赢得了消费者的认可。

二、电子商务逆向物流管理

随着电子商务和物流快递业的飞速发展，电子商务中的逆向物流正越来越受到社会关注。合理高效的逆向物流管理是电子商务的重要保障，不仅有助于维护消费者合法权益、方便消费者，而且可以有效地降低电商企业逆向物流成本，提高企业效益，并可提高资源利用率，对环境保护及促进经济社会可持续发展发挥积极作用。

（一）电子商务逆向物流的概念

电子商务的逆向物流主要指退货逆向物流，在线电子商务的退货逆向物流集中表现从网络上根据订单产生的配送寄售的商品，由于质量或其他用户不满意因素而造成的商品从消费者重返回零售商或供应商的流动过程，其流程刚好与正向物流的流程相反。

（二）电子商务逆向物流的成因

由于电子商务特殊的在线经营方式，引起退货的原因和传统经营中退货的原因有所不同，电子商务逆向物流产生的原因主要是法律法规、信息不对称、消费者冲动心理、竞争驱动、商品本身原因等。

1. 法律法规

出于促进资源的循环利用和保护环境的目的，同时为了规范网站行为以及保护消费者的利益，现在许多国家已经立法明确规定电子商务网站必须在售后服务环节采取退货政策。我国颁布的《网络交易管理办法》，其中就明确规定了网络交易的退货条件。此外，某些相关行业协会或者社会团体也制定了相应的规范来约束电商的行为。

2. 信息不对称

消费者在网络购物时，一般只能看到商品的电子图片或者电子说明书，缺乏对商品的直接体验，不能全面了解所购商品的特性。而且，有些电商故意隐瞒商品部分真实信息甚至制造虚假信息也给消费者带来一定的误导作用。因此，当消费者收到商品时经常会发现实物与商家描述的不一致，和期望相差太大，从而产生不满，导致退货情况的发生。

3. 消费者冲动心理

有许多消费者购物时表现得不够理性而是冲动消费，特别是商家促销活动多且促销力度大时，消费者禁受不住促销活动的诱惑，一时冲动就购买了自己不满意或根本不需要的商品。等收到商品后，消费者过了冲动期，发现所购买的商品并不是自己真正需要的，从而提出退货的要求。

4. 竞争驱动

随着电子商务的快速发展，电商企业之间的竞争越来越激烈，很多电商为了吸引更多的消费者，提高其自身的竞争力，往往会竞相推出各种优惠的退货条件，如"无条件退货""不满意就退货"等。虽然这些优惠措施减少了消费者购物的后顾之忧，但也造成大量返品的产生。

5. 商品本身原因

由于商品本身存在瑕疵或者质量问题，商品接近或超过了保质期，以及商品在物流配送过程中产生损坏或错配商品等都会导致商品退货的发生。

（三）电子商务逆向物流的特点

在当今电子商务环境条件下，逆向物流呈现出三大特点，即全球化、网络化、个性化。

1. 分布范围全球化

电子商务平台的出现和大力发展，打破了传统逆向物流中时间和空间的限制，使得逆向物流不再局限于一个有限的领域，而延伸到世界的四面八方，逆向物流的活动、服务范围呈现出全球化的特点。借助电子商务，逆向物流可以在全球范围内为世界各个角落的消费者提供服务，满足人们多样化的需求。电子商务在全球范围内运作之后，逆向物流在很短的时间内由原来的小范围、小距离、薄弱零星状态向全球范围迅速发展起来。

2. 运作方式网络化

电子商务全球范围内运作下的逆向物流供应链不再是单纯的点区和线性的作业，而是纵横交错的网状作业关系。在过去的几年中，网络购物、网络电子跟踪服务在世界范围内取得了令人瞩目的发展。例如戴尔公司作为电子商务先驱者之一，以其开创性的直销商业模式，利用网络平台直接销售计算机和售后服务，节省了相当可观的运营成本，产品价格较同行更具有竞争力，进而夺得全球直销计算机第一品牌的宝座，并以此进入世界五百强。

3. 自身表现个性化

逆向物流是伴随着正向物流一起发生的商务流通中的产物。在电子商务正向物流下，消费者的需求和偏好具有个性化特点，使得正向物流的实现方式具有个性化特征，也导致其对应的逆向物流具有明显的自身表现个性化特征。另外，随着电子商务的全球分布，电子商务逆向物流面对的是世界各国消费习惯、文化背景各异的消费者，这进一步加深了电子商务逆向物流自身表现的个性化。

（四）电子商务逆向物流的运作模式

目前，电子商务逆向物流运作模式主要有四种：自营模式、第三方逆向物流模式、战略联盟模式及自开放模式。

1. 自营模式

自营模式是指电子商务企业自行组建逆向物流体系，并建立集中式的回收处理中心，完成商品的回收和处理。这种模式的优点是企业可以严格有效地控制逆向物流的各个环节，避免企业商业机密外泄；自营逆向物流往往手续比较简单，能迅速响应消费者的退换货需求，而且通过与消费者直接接触，有利于企业更好地了解消费者喜好，获取准确可靠的市场信息；此外，通过物流网络的合理规划，使正向物流与逆向物流实现有机结合，可以使企业成本大大降低。但是这种模式有缺点，即企业资金需求较大，企业内部管理难度也较大且比较复杂，同时企业间的重复建设比较严重，这从社会资源分配角度不利于资源的优化配置。一般来讲，资金雄厚、规模较大的企业可以尝试这种模式。

2. 第三方逆向物流模式

第三方逆向物流模式是指电子商务企业与第三方物流公司签订合同，由第三方物流公司负责电子商务企业的逆向物流业务。这种模式的优点是可以充分利用第三方的专业优势和成本优势，极大地减轻电子商务企业对物品回收的压力，有利于电子商务企业实现资源的优化配置，使其集中精力和资源于核心业务。这种模式的缺点是电子商务企业对逆向物流的控制力降低，且由于第三方物流公司诚信问题存在企业商业机密外泄的可能；此外，由于供需双方不能直接交流信息，会导致信息传递速度慢、信息偏差大、对客户反馈时间长等缺点；还有就是如果第三方逆向物流企业的能力跟不上电子商务企业的需求，也将会严重制约逆向物流的进行。这种模式对于规模较小、运营资金较少的电子商务企业是一个比较好的选择。

3. 战略联盟模式

战略联盟模式是指电子商务企业与第三方逆向物流企业以及其他企业结成战略联盟，共同完成逆向物流。这种逆向物流的优势在于实现了企业资源共享，优化了资源配置，使各企业的技术、人才、信息等各方面的优势在联盟中充分发挥，从而降低企业逆向物流运作成本，实现规模经济效益。但是，这种模式技术投入和网络建设费用高，联盟的伙伴往往也很难寻找，而且由于企业文化、体制和运作模式的冲突及信任危机风险的存在，影响了联盟的稳定性和长久性。如果能寻找到合适的合作伙伴，既有共同需要、能够共同进退或能力互补的合作伙伴，并能有效控制物流成本，可以选择战略联盟模式。

4. 自开放模式

自开放模式是指整合众多消费者、销售商及供应商，促使从供应源头开始到最终消费者的物流一体化运作而形成的一个超级自营逆向物流模式。这种逆向物流的特点将分散在各地的无数自营逆向物流整合在一起，因此此模式具有自营逆向物流模式的所有优点，也因为自建的回收处理中心可以租用给其他企业，降低了自建成本和增强了资源的合理配置；同时也具有第三方逆向物流的特性，每个企业的回收处理中心相对于其他企业都属于第三方物流，因此在企业专注于核心业务发展或是资金紧张等情况时，都可灵活地选择其他企业的回收处理中心；此模式也具有战略联盟模式的特性，由于企业间处于半联盟状态，因此也可以减少企业在逆向物流上的成本，增强企业间知识的流动性，增强知识创新，但由于企业关系为合作，且企业众多，因此相对于战略联盟模式更为稳定。这种模式通过供应链中不同环节的有机整合形成一个超强产业链，可以提高供应链集成度，加强企业之间的协同，减少不必要的流程，降低物流成本，是现在乃至未来电子商务逆向物流发展的重要方向。

（五）电子商务逆向物流的运作管理

电子商务逆向物流管理主要包括预防逆向物流及逆向物流发生后的处理两个方面，前者关注的是如何避免和减少电子商务中的逆向物流，后者则是针对电子商务中产生的逆向物流，考虑如何采用合适的方式进行及时处理。而要真正做好电子商务逆向物流管理，需要政府和企业的积极共同参与。具体来讲，主要做好以下方面：

1. 政府方面

（1）健全相关的法律法规

我国逆向物流尚处于初步发展阶段，迫切需要政府部门建立和完善适应我国现代逆向物流发展的法律法规，并由行业内（如行业协会等）业内机构组织制定相应的实施细则进行具体化，使得逆向物流运作有法可依，使企业明确实施逆向物流的目的及责任。同时，国家有关部门应加强日常监督与管理，对于违规者严肃处理，提高退换货公平度和网购效率，促进社会资源流动合理、实现社会经济的可持续发展。

（2）建立必要的激励措施

政府政策引导对电子商务逆向物流产业发展具有非常重要的作用。通过财政补贴、贷款融资、税收优惠政策等激励措施积极有意识地引导，以强化民众、商家、厂家等各主体的节约意识，吸引电子商务企业在正确的引导下完成逆向物流运作，从而促进我国电子商务逆向物流的科学发展。

2. 企业方面

（1）提高管理层对逆向物流的认识

企业管理层应该对逆向物流工作有全面的认识和足够的重视，在进行经营决策时，不但要考虑产品的销售，也要重视其可能产生的退货逆向物流，要把退货逆向物流纳入管理层制定企业发展方向影响因素之一。同时，企业必须成立独立的逆向物流管理部门，由专业的人员进行管理和协调，对逆向物流的处理流程合理规划，以减少操作时间，提高逆向物流运作效率。

（2）完善网站信息，从源头预防和避免退货逆向物流的发生

因为退货一旦发生，对买卖双方都会带来负面影响。为提高网站商品信息真实性和全面性，电子商务企业必须根据电子商务的特点，把重点定位在网站设计上，力求向消费者提供翔实的商品信息，保证客户在线购买过程中接触到的所有关于商品的信息都是真实可信、详细可靠的，也可以提供同类商品的对比功能，让客户在货比三家的情况下选择。通过网站所展示出来的信息，帮助客户做出正确的购买决策，在源头上减少退货的发生。

（3）制定合理的退货政策

电子商务企业在尽量避免和减少逆向物流发生的同时，也应制定科学合理的退货政策。退货政策宽松程度、退货价格合理性、退货程序难易程度以及退货回款快慢都直接影响商家的竞争力，因此企业必须针对退货问题制定科学合理的应对政策，让客户在需要退货的时候，清楚自己该采取什么方式维护自己的利益。对于已经发货的商品，在制定退货策略时应考虑商品种类与退货率高低，如退货率较高的服装、电子产品等商品，为了方便客户在决策前充分了解所购商品特性，可在网页中详细介绍公司的退货或换货政策、方法和途径，让客户心中有数；也可以将退货政策或方式在商品包装上注明，缩短客户退货的时间。对于尚未发货但已网上下订单的商品，在合理的时间范围内，企业可为客户提供方便的取消订单的渠道，避免商品无效流通增加物流成本。

（4）构建逆向物流信息系统，完善逆向物流管理系统

现代物流最大的特点就是高度信息化，逆向物流也不例外。要使逆向物流高效顺畅地运作，必须有完善的信息系统作为支撑。以条码、EDI、POS、GPS 等信息技术为支持的逆向物流管理信息系统可以对商品进行合理的编码管理，建立有用的基本资料库，做好逆向物流记录工作，快速有效地处理商品的退货申请、退货产品审核、商品退回、退款支付等问题，实现生产厂商和各节点之间，乃至企业内部各部门之间共享退货信息，从而提高信息化服务水平，使退货逆向物流运行更高效顺畅。

（5）建立集中式退货中心

集中退货中心管理是退货逆向物流高品质运作的基础和前提。所有退回的商品先集中到退货中心，经过分类、处理后，再送到其最终的归属地。集中退货中心的运用不仅通过规模化运作形成规模效益，而且加快了退货处理速度，缩短了退换货的时间，提高了客户满意度。

第三节　电子商务物流与供应链金融

一、物流金融概述

（一）物流金融的概念及理念

物流金融（Logistics Finance）是指在面向物流业的运营过程，通过应用和开发各种金融工具产品，有效地组织和调剂物流领域中货币资金的运动。这些资金运动包括发生在物流过程中的各种存款、贷款、投资、信托、租赁、抵押、贴现、保险、有价证券发行与交易，以及金融机构所办理的各类设计物流业的中间业务等。

物流金融是物流和金融相结合的概念，属于一种金融衍生工具。和传统的抵押贷款或质押融资不同，已经改变了传统金融贷款过程中银行、申请或贷款方的责权关系，也完全不同于担保贷款中担保双方承担连带赔偿责任的三方关系。传统银行贷款业务就是通过让借款贷款抵押不动产实施融资服务，物流金融业务是让贷款企业将流动资产（原材料、半成品或产成品）进行质押获得融通资金。物流金融业务中涉及金融机构（商业银行）、物流企业和贷款企业三方，金融机构和物流企业联合起来为资金需求企业提供融资业务，第三方物流企业代理银行从事质押物品的监管和物流服务，形成了银行、物流企业和贷款企业的三方密切合作关系。

物流金融的理念具体表现在以下方面：

第一，盘活企业流动资产，加速商品流通和资金流转周期。中小企业的流动资产占据其总资产的比例非常高，60%的中小企业总资产是应收账款和存货等流动资产，物流金融可以通过动产质押解决中小企业的融资瓶颈，增加了中小企业融资的途径。

第二，沟通商业信用和银行信用，使信用在商品市场和金融市场间进行流动。商业信用是企业与企业之间在商品交易活动中产生的信贷关系，表现为赊销、预付款和商业票据，属于直接信用。银行信用是在商业信用发展到一定程度以后产生的，属于间接信用，对商品经济的发展起着巨大的推动作用，标志着信用制度更加完善。商业信用和银行信用相结合，有助于降低银行的放贷风险。

第三，将银行网络和供应链网络结合起来。银行网络缺少的是物流和信息流，而供应链网络缺少的是资金流，物流金融业务可以将物流、信息流、资金流结合起来，银行请物流公司做监管，是看重其物流通道和对贸易物品信息的把握。

第四，促进传统物流企业向现代物流企业转变。当物流企业能够为供应链提供效率更高、成本更低的物流服务和供应链管理时，标志着传统物流企业在向现代物流企业转变。物流企业在物流金融活动中具有不可替代的优势，掌握着大量的历史和实时物流信息和供应链网络，物流企业通过分析自己在物流金融活动中的角色和地位，开展现代物流业的增值服务。

（二）物流金融的发展动因

1. 中小企业融资需求促进物流金融的产生

我国中小企业的数量庞大，占我国企业总数的99%以上，融资难一直是中小企业亟待解决的问题。融资难的主要原因之一，是中小企业的有效担保和抵押物匮乏导致的。中小企业主要融资方式是通过银行抵押贷款，中小企业的固定资产只占企业资产的很少一部分，大量的资金在体外循环，被原材料、产成品和半成品所占用，产生了资金沉淀。银行认为流动资产不容易控制，监管难度比较大，为了降低放贷风险，只能让中小企业通过固定资产做抵押获得贷款，但因其可抵押的资产少使得中小企业贷款难度很大。中小企业的财务制度不健全也是融资难的主要原因之一，银行为了控制贷款风险，几乎不对中小企业做信用贷款。随着物流业的兴起发展，第三方物流企业作为银行的代理人可以帮助银行监管流动资产，从而降低银行通过质押流动资产放贷的风险，促进了物流金融的产生。

（三）银行开展新业务的需要促进物流金融的发展

银行作为一个盈利企业，也在不断地寻求新的利润来源。专业的第三方物流企业对于货物的规格、型号、质量、原价和净值、销售区域、承销商等非常了解，物流企业介入其中，能够给客户提供金融担保业务，帮助银行控制风险，银行和物流企业通过委托代理关系来帮助中小企业实施通过流动资产抵押进行贷款的业务，物流金融成为银行新的利润增长点。

（四）物流金融业务是物流企业的增值服务

运输和仓储是物流企业的基本功能要素，但对于运输、货物代理等一般物流服务而言，激烈的竞争使利润率下降到平均只有 2% 左右，已没有进一步提高的可能性，物流金融的产生提高了物流企业的利润获得能力。

三、物流金融的业务模式

在实际操作过程中，物流金融出现了多种模式，包括代收货款模式、仓单质押模式及其衍生模式。

（一）代收货款模式

代收货款模式是物流企业为委托企业（大多是邮购公司、电子商务公司、商贸公司、金融机构等）提供传递实物的同时，帮助供货方向买方收取货款，然后将货款转交给委托企业并从中收取一定比例的服务费用。代收货款是物流金融的初级模式，直接为物流企业带来了利润，也方便了供货企业和消费者。

（二）仓单质押模式

仓单质押贷款是第三方物流企业代表银行将贷款企业的存货作为抵押物实施监管，银行为贷款企业发放贷款的一种业务形式，是一种新型的物流增值业务。仓单质押作为一种方便易行的融资业务模式在欧美等发达国家已经有了多年的历史，在美国金融市场，该业务已经占到了市场业务总额的 1/3。仓单质押业务在我国从 20 世纪末刚刚开展，虽然尚处于起步阶段，但国内很多物流企业（如中储、中远和中外运等）都纷纷开展该项业务，发展势头迅猛。

随着仓单质押模式的不断发展，出现三种业务流程：流程一，仓单质押模式的最初业务流程，在融资企业、金融机构（商业银行）和第三方物流公司签订仓单质押贷款协议以后，融资企业将商品存储到物流企业的自有仓库，第三方物流企业开具商品仓储凭证——仓单给金融机构，金融机构根据商品的价值向客户提供一定比例的贷款，物流企业代理金融机构监管，待融资企业将贷款归还给金融机构以后，金融机构通知第三方物流企业发货给贷款的融资企业；流程二，在流程三的基础上对仓库所在地理位置的一种拓展，第三方物流企业根据客户的不同情况，整合社会仓库资源甚至是客户自身的仓库进行质押监管业务，大大降低了客户的质押成本；流程三简化了仓单质押流程，金融机构根据物流企业的规模、经营业绩、运营现状、资产负债比例以及信用程度，授予物流企业一定的信贷额度，物流企业直接利用信贷额度向相关企业提供灵活的质押贷款业务，直接监控质押贷款业务的全过程。

（三）其他衍生模式

1. 垫付货款模式

发货人将货权转移给银行，银行根据货物情况按一定比例提供融资，此后改为仓单质押模式，第三方物流企业代替银行对货物进行监管，当提货人将贷款归还给银行以后，银行向第三方物流企业下达放货指示。

2. 买方信贷模式

由出口商国家的银行直接贷款给进口商国家的银行，进口商国家的银行再将贷款贷给进口商，当货物到达进口商国家后，进口货物由进口商国家第三方物流企业进行监控，转为仓单质押模式，当进口商一次或者多次将贷款归还后，银行指示第三方物流企业放贷。买方信贷模式是出口贸易中的物流金融模式，涉及进出商所在两个国家的银行、进口商国家第三方物流公司和进口商。

3. 信用证担保模式

信用证是国际贸易的一种结算方式，是进口商国家银行为进口商开立信用证向出口商国家生产商购买货物，进口商缴纳一定比例的保证金，其余部分货物通过仓单质押的模式进行质押贷款，当进口商一次或多次还账以后，第三方物流公司放货。

以上是一些仓单质押模式的衍生模式，由于贷款企业不同，仓单质押货物不同，仓单质押模式出现了很多种变形，这也是银行针对不同企业、不同货物采取的量身定制的仓单质押模式，以后还会有更多衍生模式出现，进一步促进中小企业融资便利性。

（四）物流金融的焦点问题

1. 企业的融资问题

中小企业融资难一直是个难题。中小企业规模小，资金实力不强，固定资产较少，普遍存在着经营的不确定性，有较高的倒闭率和歇业率，再加上中小企业的会计制度不健全，财务管理水平比较低，信息不对称，对于经营状况的评估和审核难度很大，金融机构因为害怕放贷风险而不愿对中小企业提供贷款，中小企业直接融资难度大，多方面原因导致中小企业融资难。

物流金融的出现可以有效地帮助中小企业解决融资难问题。中小企业大量的流动资金都被原材料、半成品和产成品等流动资产所占用，在物流金融运行中，中小企业通过质押流动资产获得贷款大大缓解了中小企业流动资金不足的问题。第三方物流企业的出现很大程度上解决了银行想贷不敢贷的难题，帮助金融机构对质押的流动资产进行监管质押，解决了金融机构对于流动资产不了解和评估不足的问题，大大降低了金融机构的放贷风险。

2. 风险规避问题

物流金融涉及银行、贷款企业和物流企业等多方主体，在实际操作过程中会面临很多方向的风险，认识和控制这些风险是物流金融顺利开展的关键。面临的风险有质押物风险、物流企业的风险、贷款企业的信用风险和商业银行风险。

质押物风险包括质押物所有权的法律风险、产品市场风险和变现风险等。质押物的所有权在多方主体之间流动，可能会产生一些所有权纠纷，我国的相关法律法规尚不完善，需要尽可能地通过完善相关法律来规避风险。质押物的市场风险是市场经济不确定因素下出现的不可规避的风险，需要银行在选择质押物时考虑产品的质量、销售趋势、市场占有率等问题，按照质押物价值的一定比例来开展贷款业务，以规避风险。贷款企业一旦归还不了贷款，银行有权将质押物进行变现来偿还贷款，如果质押物变现价值低于银行授信额度或根本无法变现，银行将蒙受放贷损失。

物流企业风险包括物流企业责任缺失风险和物流企业的管理体制风险。物流企业作为银行的代理方，向银行提供质押物的详细数据，数据的准确性和可靠性就会带来风险，贷款企业、物流企业和银行之间的信息不对称，可能导致物流企业监管不力。物流企业的管理不健全、组织机构松散、工作人员素质不高等问题的出现导致运营风险的产生。贷款企业的信用风险也导致银行放贷失败。对于物流企业风险和贷款企业的信用风险就需要对相应的企业进行评估和考察，在进行物流金融运营过程中，对贷款企业和物流企业的资信、经营能力等方面进行考察，尽量与信用好的企业进行合作。

商业银行采用借款人经营及资信情况、借款人财务状况、项目进展情况及项目能力、保障还款的法律等量化指标对贷款质量进行评估。物流金融作为一种新的业务模式，涉及的对象多元化，导致这些量化指标有可能失灵，从而导致风险产生。商业银行应该对融资企业和质押物进行全面细致的了解和监控，降低信息不对称产生的风险，并通过建立信息处理系统，对风险进行及时的防范和控制。

3. 管理模式创新问题

对于物流企业和金融机构而言，物流金融是一个新的业务模式，需要两个企业在管理模式上进行创新。第三方物流企业突破了原有的仓储、配送等职能，参与到企业的融资流程中，提供包括出质货物监管、信用评级、货物信息供应、还款担保等多种服务，需要在运营过程中对供应链进行全局把握，加强信息系统建设，引入专业人才，当贷款企业无力偿还贷款时，帮助银行进行抵押货物的变现，提高物流服务能力的同时不断进行创新。金融机构在物流金融业务中也需要对通过质押贷款企业的管理模式进行改进，改善对于贷款企业的评价机制，通过信息技术的完善加强与物流企业之间的联系，针对不同企业开展差异化的融资模式，对管理模式进行创新。

二、供应链金融概述

（一）供应链金融的概念及其特点

供应链金融（Supply Chain Finance，SCF）是指银行向客户（核心企业）提供融资和其他结算、理财服务，同时向这些客户的供应商提供贷款及时收达的便利，或者向其分销商提供预付款代付及存货融资服务，即银行将核心企业和上下游企业联系在一起提供灵活运用的金融产品和服务的一种融资模式。

供应链金融改变了金融机构对单一企业放贷的模式，而是针对一条供应链，围绕某供应链上的核心企业，将供应商、制造商、分销商、零售商及顾客连成一个整体，通过对供应链的稳定性和核心企业的信用进行评价，借助于大型核心企业对中小供应商深入了解，选择资质良好的上、下游企业作为商业银行的融资对象，从而为供应链上的中小企业提供融资服务。

供应链金融具有与其他金融业务不同的特点：

1. 参与主体多元化

相较于物流金融，供应链金融增加了核心企业，形成了金融机构、物流企业、核心企业和供应链上多方贷款企业，参与主体多元化。物流金融的开展是针对某个中小企业开展的，金融机构针对企业信用和产品特点进行放贷，供应链金融则是利用核心企业自身的信用为融资提供信用支持，其运营状况直接决定了整条供应链的运行情况，可以解决上、下游中小企业融资问题，促进供应链的稳固发展。物流企业在供应链金融中扮演着"中介者""信息汇集中心""监管者"的作用。

2. 具有自偿性、封闭性和连续性的特点

供应链金融的还款来源于贸易自身产生的现金流，银行通过设置封闭性贷款操作流程来保证专款专用，避免借款人将资金挪为他用，供应链运营过程中，同类贸易行为在上、下游企业之间持续发生，在此基础上支持的授信行为就可以反复进行，因此供应链金融具有自偿性、封闭性和连续性的特点，金融机构一旦选定好稳定的供应链，就可以长期对于该供应链上的节点企业提供长期的融资服务。

3. 突破了传统的授信视角

供应链金融的授信是针对供应链整体，实现的是"1+N"的授信模式，改变了供应链融资的营销模式，不再孤立寻找客户，而是围绕核心企业寻找供应链上、下游企业的资金需求，降低了供应链客户开发成本并增加了企业对银行的依存度。供应链金融改变了对中小企业的授信方式，主要考察供应链金融的交易背景，降低了中小企业融资门槛。

（二）供应链金融产生的原因

1. 四流合一的需要

供应链中的四流——物流、商流、信息流和资金流相互作用、相互影响，脱离了单个的概念，形成一个相辅相成的整体。特别是供应链中的信息流和资金流，基本上贯穿于供应链中所有行为，研究供应链中的资金流问题和财务问题，解决供应链中资金流的问题，为供应链正常运转提供了资金支持，真正使供应链管理达到四流合一。

2. 中小企业作为供应链中不可或缺的环节，需要解决其融资问题

21世纪，不再是企业和企业之间的竞争，而是供应链与供应链之间的竞争。对于经济和金融欠发达地区或资金不够雄厚的中小企业来说，成本成为制约供应链发展的瓶颈，进而影响到供应链的稳定性和财务成本。在竞争激烈的环境中，充足的流动资金对于中小企业的意义越来越重要，它们没有大型企业的金融资源，但却是供应链中不可或缺的环节，一旦中小企业资金出现断裂，会导致整个供应链的不稳定，进而影响供应链上其他企业的发展，资金流问题已经成为制约供应链发展完善的瓶颈。

3. 供应链管理中出现的问题催生供应链金融

在供应链管理中，核心企业常常通过推迟对供应商的付款或加快向分销商转移库存来实现自己的财务经济性，形成了对上、下游中小企业的资金挤压，导致整个供应链融资成本高涨。核心企业对于供应商延迟付款，会迫使缺乏流动资金的供应商延迟原材料的购买、缩减在产品存货，进而推迟对核心企业的交货。核心企业对于分销商的转移库存，迫使分销商延迟结算和高成本借款，从而给整个供应链的持续运营带来很大的风险。

（三）供应链金融的业务模式

1. 应收账款融资模式

应收账款是指企业因销售商品、提供劳务等业务，应向购货或接收劳务单位收取的款项，是企业因销售商品、提供劳务等经营活动所形成的债权，主要包括企业出售产品、商

品、材料、提供劳务等应向有关债务人收取的价款及代购货方垫付的运杂费等。应收账款融资的主要形式有应收账款担保融资和保理业务。

（1）应收账款担保融资

应收账款担保融资（Receivables Backed Financing），即融资的风险控制措施是在企业销售合同设定将销售款项汇入指定银行账户，并以应收账款作为担保方式，还款来源为购买方直接将货款汇给借款银行。该种融资方式中银行监控的重点为购买方的付款信誉，购买方通常具有金融机构认定的可靠的付款能力。

应收账款担保融资模式延长了核心企业的付款时间，解决了中小企业供应商的资金问题，保证中小企业供应商正常运营，提高了供应链的稳定性。该模式适合于核心企业上游的中小供应商融资。

（2）保理业务

保理（Factoring）主要涉及保理商（资金提供方）、卖方、买方三个主体。一般操作流程是保理商首先与客户（即卖方）签订一个保理协议。卖方需要将所有通过赊销（期限一般在 90 天以内，最长可达 180 天）而产生的合格的应收账款受让给保理商。卖方将赊销模式下的相关凭证及文件提供给保理公司，作为受让应收账款的依据。签订协议后，保理商对卖方和买方资信及其他相关信息进行调查，确定信用额度。下游买方对保理商做出付款承诺，在此基础上，保理商向卖方提供流动性支持。应收账款到期日，买方负责偿还应收账款债权。

2. 基于预付款的保兑仓融资模式

保兑仓是指以银行信用为载体，以银行承兑汇票为结算工具，由银行控制货权，卖方（或仓储方）受托保管货物并对承兑汇票保证金以外金融部分由卖方以货物回购作为担保措施，由银行向卖方及其买方提供的以银行承兑汇票的一种金融服务。保兑仓可以促进企业批量销售产品，减少银行融资额度，降低资金成本，解决了经销商全额购货可能引发的资金困境，采用批量采购降低了经销商的交易成本。

保兑仓融资模式的基本融资程序如下：①买方向银行缴存一定比例的承兑保证金；②银行签发以卖方为收款人的银行承兑汇票；③买方将银行承兑汇票交付卖方，要求提货；④银行根据一定比例买方缴纳的保证金签发提货单；⑤卖方根据提货单向买方发货；⑥买方实现销售后再缴纳保证金，重复以上流程。

（四）物流金融与供应链金融应用存在的问题及解决方案

1. 物流金融与供应链金融应用存在的问题

在融资业务之初，由于存在对两种融资方式的认识偏差，运作主体选择融资方式时易产生混淆。

中小商业银行因存在规模小、资金少等先天问题，在为中小企业提供物流金融和供应链金融服务时，其未能设计出符合自身特点的融资产品，无法充分满足中小企业多样化的融资需求。

贷款企业的融资方案均由金融机构和物流企业为其量身定做，由于物流金融、供应链金融在我国尚处于起步阶段，融资流程设计往往不完善；如金融机构在设计存货融资流程时，货物出、入库的物权控制在物流企业与贷款企业之间易出现混乱。

目前，供应链金融只面向国内企业进行服务，对于上、下游企业是国外公司的跨国供应链还未提出合适的融资方案；同时，供应链金融对供应链的种类及核心企业的要求较高，其业务大多只集中在钢铁、汽车、能源和电子等稳定的大型供应链中，对于临时组建或中小型供应链的融资涉足较少，并未实现真正意义上的面向中小企业的融资服务。

实际操作中，不同的融资对象产生不同的风险，运作主体对于各类风险的分析、规避和及时处置等工作并未到位；加上信息不对称、运作主体各方沟通不及时，易造成信息流、资金流、物流、仓单流阻塞；同时，两种融资方式的外部环境发展滞后，造成融资生态系统不稳定。

2. 问题解决方案

第一，在运作过程中若发现融资方式混淆，应采取相应的补救措施：对于误纳入供应链金融的贷款企业，金融机构应适当提高企业的风险敞口（Risk Exposure），增加抵押品或仓单数量，同时加强物流企业对贷款企业及其抵押物的监管；对于误纳入物流金融的贷款企业，若为供应链的上、下游企业，金融机构可及时引入核心企业对贷款企业进行信用担保，并相应增加融资金额；若为核心企业，可增加放贷金额，同时，引入上、下游企业，扩大客户群。

第二，中小商业银行应根据自身特点开发与大型金融机构差异化的融资产品，以此适应中小企业融资多样性的需求，开拓广阔的市场空间。

第三，设计融资流程和方案时，金融机构可将管理方法（如六西格玛管理方法）应用到物流金融及供应链金融的流程优化设计中，并建立顾客市场细分模型，以期提高运作主体的综合竞争能力及盈利水平。

第四，金融机构应提高核心企业的准入条件，加强与物流包合作，在与大型供应链合作的同时重点扶持中小型供应链，关注其经营状态和发展趋势，并开发相应的融资产品；同时，针对跨国供应链的特点，与大型物流企业及境外金融机构合作，提出相应的融资和质押品监管方案。

第五，为扩大信息的采集半径，提高信息的准确性，运作主体应加强信息平台的建设，建立市场的前馈、反馈体系；对于可能产生的风险，设立风险等级，加强风险预警工作，如物流企业在质押品监管和交接过程中的风险，各运作主体应提出防范和规避策略；同时，运作主体应加强与保险公司、担保机构、法律机构、统计部门等相关机构的合作，保障融资活动的顺利进行，形成符合物流金融、供应链金融发展的稳定生态系统。

三、电子商务供应链金融

（一）电子商务供应链金融的产生

中国的供应链金融经历了三个发展阶段：线下"1+N"模式、线上"1+N"模式和"N+1+N"模式。"1+N"模式是商业银行围绕核心企业，以核心企业的信用为支持，为核心企业的上下游企业提供融资服务，"1"代表核心企业，"N"代表产业链上下游中小企业。"N+1+N"模式是供应链金融的"将来式"，不仅仅是产业供应链和金融的结合，更是"互联网+产业链+金融"三个要素的高度融合，"1"代表服务于供应链的综合服务平台，两端的"N"分别代表上下游中小企业，不需要供应链中的核心企业来为上、下游中小企业提供信用支持，突破了单个供应链的限制，通过平台构建的大数据和征信系统的综合运用，实现供应链金融对产业的全面渗透，真正达到中小企业和不同风险偏好资金的无缝连接，实现资金的高效周转，提升供应链的运营效率。

互联网与供应链金融结合的优势主要表现在网络化、精准化和数据化三个方面。以在线互联、风险控制、产融结合的形式，基于大数据、云平台、移动互联网、互联网金融的供应链金融将打造一个更富有市场力的实体产业链生态环境，供应链金融要实现物流、商流、资金流和信息流的"四流合一"，互联网则是实现这一目标的最佳方式。

电子商务供应链金融就是供应链金融的"N+1+N"模式。电子商务与供应链金融的结合是针对电子商务相关的产业链与金融的融合，通过分析电子商务中供应商、电商以及客户构成的供应链条，以电商平台为依托，通过平台提供的大数据分析电子商务供应链上的风险，以交易环节为重点、以资金调配为主线、以风险管理为保证、实现共赢为目标，实现电子商务供应链商流、物流、信息流和资金流的四流合一。

电子商务供应链金融的参与主体有别于传统的供应链金融，主要有六大类参与主体：核心企业、物流企业、供应链协作企业、电商平台、商业银行和 P2P 平台。六大参与主体各有优势，但也都存在一定的局限性，互相竞争又互相借力，在电子商务供应链金融运作过程中发挥着各自的作用。

（二）电子商务领域供应链金融运作模式

1. 电商平台发展模式

电商平台发展模式是指电商平台通过获取买卖双方在其交易平台上的大量交易信息，根据客户的需求为上游供应商和客户提供金融产品与融资服务，即电商平台凭借在商流、信息流、物流等方面的优势，扮演担保角色，资金来源主要是商业银行或者通过自有资金帮助供应商解决资金融通问题，并从中获得收益。电商模式包括综合电商模式和垂直电商模式两类，我国综合电商模式包括京东、阿里巴巴、苏宁等，垂直电商模式主要有上海钢联、生意宝等。

电商平台能够方便快捷地获取并整合供应链内部交易和资金流等核心信息，积累大量真实交易数据，电商平台通过不断积累和挖掘交易行为数据，分析、归纳借款人的经营和信用特征，通过云计算和大数据技术，电商平台可以进行合理风险定价和控制，相关成本较低。与商业银行相比较，电商平台切入供应链金融领域处于明显劣势，缺乏相应的风控人才和经验沉淀，新兴的电商平台缺乏足够的流量，无法产生大量的核心交易数据，从而无法完成风险评价。

2. P2P 网络平台发展模式

P2P 平台开展供应链金融主要有以下几种模式：

（1）短期应收账款模式

围绕一个或者几个核心企业对供应链上下游中小企业进行的融资模式，P2P 首先选择在某一供应链上拥有较大控制权的核心企业（因核心企业与其供应商之间具有赊销债务且核心企业具有很强的偿还贷款能力），以签订真实贸易合同项下的应收账款作为第一还款来源，由 P2P 平台撮合投资人与供应商达成借贷关系，核心企业承担对供应商的信息核实、风险监督责任，以及对 P2P 投资人本息保障等兜底责任。

（2）债权转让模式

上游供应商在获得对核心企业的应收账款后，将债权转让给商业保理公司，由保理公司向其提供融资服务，保理公司获得这笔资产后，再通过 P2P 平台将债权打包成投资标的让线上投资人进行投资。应收账款到期收回后，保理公司收回本息后再支付给 P2P 投资人，在这一过程中，保理公司被要求通过资产回购或购买保险等方式对投资者进行本息保障。

（3）由物流企业作为核心企业模式

P2P 平台首先与供应链上的核心企业（即物流公司）达成战略合作关系，上、下游企业之间交易的达成要借助于物流企业提供的相关服务才能实现，包括租用仓储场地或者货物运输服务。物流企业通过提供物流服务有效掌握上游供应商和下游经销商之间的第一手交易信息，并将该贸易信息传到 P2P 平台，经平台审核后为供应链上下游企业提供各类融资业务，物流企业需要协助对货物进行评估和库存监管，同时为 P2P 平台的投资人提供一定的增信措施。

第十四章 物流与供应链管理的未来发展

第一节 第三方物流

随着全球化竞争的加剧、信息技术的飞速发展，物流科学成为最有影响力的新学科之一。随着对物流的认识在理论上不断加深，企业物流管理在实践上也开始从低级阶段向高级阶段发展。其中比较明显的变化是物流功能的整合、采用第三方物流、建立物流信息系统、物流组织能力的提升等。采用第三方物流服务或把物流外包给第三方物流企业成了企业物流实践的一个重要方面。

一、第三方物流的基本概念

"第三方物流"一词是从国外引进的，其英文表达为 the Third Party Logistics（TPL，或 3PL，或 3rdPL），是 20 世纪 80 年代中后期才在欧美发达国家出现的概念，源自业务外包。将业务外包引入物流管理领域，就产生了第三方物流的概念。作为一种新型的物流形态，第三方物流使物流从一般制造业和商业等活动中脱离出来，形成能开辟新的利润源泉的新兴商务活动，受到了产业界和理论界的广泛关注。经过多年的迅速发展，第三方物流已具有多种多样的形式，"第三方物流"这一术语也更广泛地被使用，但至今还没有一个明确的、权威的、被普遍接受和认可的定义。

要学习第三方物流的概念，我们先对第一方物流和第二方物流的相关内容做一个了解。

（一）第一方物流的概念

第一方物流（the First Party Logistics，1PL）是指由物资提供者自己承担向物资需求者送货，以实现物资的空间转移的过程。传统上，多数制造企业自己都配备了规模较大的运输工具（如车辆、船等）和储存自己产品所需的仓库等物流设施，来实现自己产品的空间位移。特别是在产品输送量较大的情况下，企业都比较愿意由自己来承担物流的任务。

但是，随着市场竞争的日趋激烈，企业越来越注重从物流过程中追求"第三利润"，由此企业感到，由制造商自己从事物流确实存在一系列问题。例如，以下一些问题显得越来越突出：

首先，由于产品的市场需求在时间上是不平衡的，企业配置物流设施的能力是根据需求旺季确定还是根据需求淡季确定，这往往成为企业头疼的事；无论怎样配置，都可能造成物流能力的浪费或不足。

其次，制造企业的核心竞争力在于它所制造的产品，而从事物流业却并非其核心能力的业务，因此，从事物流业务的成本比一般专业的物流企业高。

再次，企业自己从事物流很难构造一个有效的物流网络，因此几乎难以达到及时供货的要求，特别是在供需双方的地理位置相距较远的情况下，企业无法自行实现有效的物流。

最后，随着第三方物流的兴起，并提供日趋完善的物流服务，使得第一方物流原有的一些优势黯然失色。

（二）第二方物流的概念

第二方物流（the Second Party Logistics，2PL）是指由物资的需求者自己解决所需物资的物流问题，以实现物资的空间位移。传统上的一些较大规模的商业部门都备有自己的运输工具和储存商品的仓库，以解决从供应站到商场的物流问题。但是，传统的由第二方承担的物流同样存在着以下一些问题：

首先，自备运输工具和仓库已经使物资需求者（主要是商业部门）的经营成本提高，在微利的商品经营时代，这种成本的支出是商业企业难以承受的。

其次，由于商品市场需求在时间上的不平衡，商业企业难以合理配置物流设施能力，无论怎样配置，都可能造成物流能力的浪费或不足。

再次，商业企业的核心竞争能力在于商品的销售能力，而从事物流并非其核心竞争能力的业务，因此，从事物流业务的成本一般比专业的物流企业高。

再者，商业企业自己从事物流很难构造一个有效的物流网络，因此几乎难以达到及时供货的要求。

最后，随着第三方物流的兴起，并能提供日趋完善的物流服务，使得第二方物流原有的一些优势也逐渐失去。

（三）第三方物流的概念

中华人民共和国国家标准《物流术语》（GB/T 18354—2006）中对第三方物流给出的定义是：独立于供需双方为客户提供专项或全面的物流系统设计或系统运营的物流服务模式。这主要是指在物流渠道中，由中间商以合同的形式在一定期限内向供需企业提供所需要的全部或部分物流服务。第三方物流企业在货物的实际供应链中并不是一个独立的参与者，而是代表发货人或收货人，通过提供一整套物流活动来服务于供应链。第三方物流企业本身不拥有货物，而是为其外部客户的物流作业提供管理、控制和专业化服务的企业。

从现代物流的整体状况和发展趋势来看，第三方物流提供的服务正在从简单的仓储、运输等单项活动转为更广泛、更全面的物流服务，如物流活动的组织、协调和管理、设计、建立最优物流方案、物流全程的信息收集、管理等，这种服务的特点更趋个性化、系列化、管理化，需要物流提供商和工商企业双方高级管理层的紧密协调。

因此，在实际应用中第三方物流包含了如下几层含义：

第一，第三方物流是合同导向的。第三方物流有别于传统的一单对一单的物流服务。如运输公司提供运输服务、仓储公司提供仓储服务，第三方物流是根据合同条款规定的要求，而不是临时需求，提供多功能的物流服务。由于存在确定的合同关系，物流服务变得更加稳定、更加正规。

第二，第三方物流是一种联盟关系。物流服务提供商作为甲、乙双方之间的第三方，并不是一个独立的参与者，而是代表甲方或乙方来执行物流职能，它们之间充分共享信息，协作解决一些具体问题，通过合同确定共担风险、共享收益的关系。因此，这种关系也可以说是一种物流联盟关系。

第三，第三方物流是个性化的物流服务。工商企业之所以将物流业务外包是为了集中精力增强核心竞争力，这就要求第三方所提供的服务必须能够确保客户达到这一目的，因而第三方物流服务应该根据客户特定的业务流程和需求来设计定制，同时这种服务也应该更加广泛，更加注重客户业务的系统性。

二、第三方物流的特征

（一）第三方物流是独立于供方与需方的物流运作形式

第三方物流实际上是相对于第一方和第二方物流而言的。

第一方物流是由卖方、生产者或供应方组织的物流，这些组织的核心业务是生产和供应商品，为了自身生产和销售业务需要而进行自身物流网络及设施设备的投资、经营与管理。

第二方物流是由买方、销售者组织的物流，这些组织的核心业务是采购并销售商品，为了销售业务需要而投资建设物流网络、物流设施和设备，并进行具体的物流业务运作组织和管理。

第三方物流则是专业的物流组织进行的物流，其中的"第三方"是指提供物流交易双方的部分或全部物流功能的服务提供者，即物流企业，是独立于第一方、第二方之外的组织，具有比这二者更明显的资源优势，是承担物流业务、组织物流运作的主体。

（二）第三方物流是一种社会化、专业化的物流

学术界往往将物流划分为社会物流和企业物流。发生在企业外部的物流活动总称为社会物流，它是超越一家一户的、以一个社会为范畴、以面向社会为目的的物流，这种社会性很强的物流往往是由专业的物流组织来承担的。企业物流则是发生在企业内部的物流活动的总称，是具体的、微观的物流活动的典型领域，又可细分为企业生产物流、企业供应物流、企业销售物流、企业回收物流以及企业废弃物物流。第三方物流是企业生产和销售之外的专业化物流组织提供的物流，第三方物流服务不是某一企业内部专享的服务，第三方物流供应商是面向社会众多企业来提供专业服务，因此具有社会化的性质，可以说是物流专业化的一种形式。

（三）第三方物流是综合系列化的服务

国外一般将第三方物流看作类似于外包或契约物流的业务形式。对第三方物流有多种表述，如"外协所有或部分公司的物流功能，相对于基本服务，契约物流服务以提供复杂、多功能物流服务长期互益的关系为特征""是在物流渠道中由中间商提供的服务，是中间商以合同的形式在一定期限内提供企业所需的全部或部分物流服务"等等。不管如何表述，须明确传统的物流作业对外委托的形态与第三方物流的区别。企业传统的外包主要是将物流作业活动如货物运输、存储等交由外部的物流公司去做，相应地产生了仓储、运输公司等专门从事某一物流功能的企业。它们通过利用自有的物流设施来被动地接受企业的临时委托，以费用加利润的方式定价，收取服务费。而像库存管理、物流系统设计之类的物流管理活动仍保留在本企业。第三方物流则根据合同条款规定的要求，而不是临时需要，提供多功能甚至全方位的物流服务。一般来说，第三方物流公司能提供物流方案设计、仓库管理、运输管理、订单处理、产品回收、装卸搬运、物流信息系统、产品安装装

配、运送、报关、运输谈判等近 30 种物流服务。依照国际惯例，服务提供者在合同期内按提供的物流成本加上需求方毛利润的 20% 收费。可见，第三方物流是以合同为导向的系列化服务。

（四）第三方物流是客户的战略同盟者，而非一般的买卖对象

第三方物流企业不是货代公司，也不是单纯的速递公司，在物流领域扮演的是客户的战略同盟者的角色。在服务内容上，它为客户提供的不仅仅是一次性的运输或配送服务，而是一种具有长期契约性质的综合物流服务。与传统运输企业相比，第三方物流远远超越了与客户一般意义上的买卖关系，而是紧密地结合成一体，形成了一种战略合作伙伴关系。

利益一体化是第三方物流企业的利润基础。第三方物流企业与客户的利益是一致的，最终达到"双赢"。并不是一方多赚钱，另一方就少赚钱的"零和博弈"。

第三方物流是客户的战略投资人，也是风险承担者。第三方物流公司追求的不是短期的经济效益，更确切地说，它是以一种投资人的身份为客户服务的，这是它身为战略同盟者的一个典型特点。所以，第三方物流服务本身就是一种长期投资。

三、第三方物流的利益来源

第三方物流的推动力，已成为物流研究人员非常感兴趣的领域。为此，一些研究人员认为有必要对第三方物流使用者可能获益的方方面面进行研究。第三方物流服务供应商必须以有吸引力的服务来满足客户，而且服务必须符合客户对于第三方物流的期望。这些期望就是要使客户在作业利益、经济利益、管理利益和战略利益等方面都能获益。

（一）作业利益

第二方物流能为客户提供的第一类利益是"作业改进"的利益，这类利益包括两种因作业改进而产生的利益。

第一种，通过第三方物流服务，客户可以获得自己组织物流活动所不能提供的服务或物流服务所需要的生产要素，这就是产生外协物流服务并获得发展的重要原因。在企业自行组织物流活动的情况下，或者限于组织物流活动所需要的特别的专业知识，或者限于技术条件，企业内部的物流系统可能并不能满足完成物流活动的需要，而要求企业自行解决所有的问题显然是不经济的。更何况技术，尤其是信息技术，虽然正以极快的步伐飞速发展，但终究不是每一个企业而且也没有必要要求每一个企业都掌握，这也就是要第三方物

流为顾客提供的利益。

第二种，改善前述企业内部管理的运作表现。这种作业改进的表现形式可能是增加作业的灵活性，提高质量、速度和服务的一致性及效率。

（二）经济利益

经济利益可以定义为与经济或财务相关的利益。一般低成本是由于低要素成本和规模经营、范围的经济性，其中包括劳动力要素成本。因此，通过外协，既能将不变成本转变成可变成本，又能避免盲目投资，可以将资金用于其他方面而降低成本。

稳定的和可见的成本也是影响外协的积极因素。稳定的成本使得规划和预算手续更为简便。一个环节的成本一般来讲难以清晰地与其他环节区分开来，但是外协后，因为供应商要申明成本或费用，成本的明晰性就增加了。

（三）管理利益

管理利益是与管理相关的利益。外协可以被用作为获得本公司还未曾具有的管理技能，也可以用于旨在要求内部管理资源用于其他更有利可图的用途中去，并与战略核心概念相一致。外协可以使得公司的人力资源集中于公司核心活动，而同时获益于其他公司的核心经营能力。此外，如单一资源和减少供应商的数目所带来的利益也是外协的潜在原因，单一资源减少了转移费用（公关费用）并减轻了公司在几个物流服务供应商间协调的压力。

（四）战略利益

物流外协还能产生战略利益，即灵活性，包括地理范围跨度的灵活性（设点及撤销）及根据环境变化进行其他调整的灵活性。

四、第三方物流的价值分析

第三方物流是一种专业化的物流组织，具有很强的经济效益和社会效益，第三方物流的发展给社会和企业带来了巨大的价值。随着第三方物流的发展，它的价值会发挥得更加充分。

（一）第三方物流的成本价值

在竞争激烈的市场上，降低成本、提高利润率是企业追求的首选目标。物流成本通常被认为是企业经营中较高的成本之一，控制了物流成本，就控制了企业总成本。

企业以支付服务费用的形式获得第 M 方物流服务，专业的第三方物流利用规模生产的专业优势和成本优势，提高各环节的利用率，节省费用，使企业能从分离费用结构中获益；第三方物流精心策划物流计划，提高运送手段，最大限度地盘活库存，改善企业现金流量，减少企业资本积压和库存。第三方物流是企业挖掘的第三利润源，随着信息化的发展及电子商务的应用，最终的结果是企业在降低物流成本中实现根本性的突破。

例如，第三方物流企业利用专业物流设施和先进的信息系统，发挥专业化物流运作的管理经验，取得整体最优效果，使企业减少投资和运营物流的成本；削减直接从事物流的人员工资支出；加强库存管理，降低存货水平，削减存货成本，减少库存，实现成本优势。在第三方物流中，资本的作用主要表现在物流的商业信用基础、支付工具以及构建产生供应链的推动作用上。

第三方物流企业的利润是从工商企业降低物流成本、提高利润率中得到的，或是物流增值服务中产生的，这样既可以在不增加资本投入的情况下，提高物流业的效益，又可以为协作企业创造"第三利润源"。

（二）第三方物流企业的服务价值

在专业化分工越来越细的时代，企业自身资源有限，只有利用第三方物流，扬长避短，专注于提高核心竞争力，才有助于企业的长远发展。企业采用第三方物流后，将更多精力投入到生产经营中。第三方物流企业，站在比单一企业更高的角度上处理物流问题，通过物流系统开发设计和信息技术能力，将供应链上下游的各相关企业的物流活动有机衔接起来，增加了企业的竞争优势。

此外，企业利用第三方物流信息网络和节点网络，能够加快对顾客订货的反应能力，加快订单处理，缩短订货到交货的时间，实现货物的快速交付，提高顾客满意度。第三方物流通过其先进的信息和通信技术，加强在途货物监控，及时发现、处理配送过程中的意外事故，尽可能实现对顾客的承诺，保证企业为顾客提供稳定、可靠的高水平服务，提高了顾客价值，提升了企业形象。

因此，第三方物流本身具有强大的市场需求和合理的产出机制，对其他相关产业具有明显的带动作用，第三方物流将成为新的经济增长点。

（三）第三方物流的风险分散价值

企业自己运作物流面临两大风险：第一，投资的风险；第二，存货的风险。一方面，企业自营物流需要物流设施、设备及运作等的巨大投资，企业物流管理能力相对较弱，易造成企业内部物流资源的闲置浪费，致使物流效率低下，这部分在物流固定资产上的投资将面临无法收回的风险；另一方面，企业由于自身配送、管理能力有限，为了能对顾客订货及时做出反应，防止缺货，快速交货，往往采取高水平库存的策略。在市场需求高度变化的情况下，安全库存量占到企业平均库存的一半以上，对于企业来说就存在着很大的资金风险。而且存货要占用大量资金，随着时间的推移，变现能力会减弱，将造成巨大的资金风险。

如果企业利用第三方物流的运输、配送网络，通过其管理控制能力，可以提高顾客响应速度，加快存货的流动周转，从而减少内部的安全库存量，降低企业的资金风险，或者把这种风险分散一部分给第三方物流企业来共同承担。

（四）第三方物流的竞争力提升价值

企业通过将物流外包给第三方物流公司，可以专注于核心业务，提高自身核心竞争力，采用第三方物流以后，由原来的直接面对多个客户的一对多关系变成了直接面对第三方物流的一对一关系，便于将更多精力投入自身的生产经营中。作为第三方物流企业，通过其具有的物流系统再设计能力、信息技术能力，将原材料供应商、制造商、批发商、零售商等处于供应链上下游的相关企业的物流活动有机地协调起来，使企业能够形成一种更为强大的供应链竞争优势，这是个别企业无法实现的工作。

（五）第三方物流的社会价值

在经济发展速度日益加快的今天，第三方物流除了其独特的经济效益外，其社会价值越来越引起社会的重视。

第一，第三方物流将社会上众多的闲散物流资源有效整合、利用起来。第三方物流专业的管理控制能力和强大的信息系统，对企业原有物流资源进行统一管理运营，组织共同存储、共同配送，将企业物流系统社会化，实现信息资源共享，促进社会物流资源的整合和综合利用，提高整体物流效率。

第二，第三方物流有助于缓解城市交通压力。通过第三方物流的专业技能，加强运输控制，通过制定合理的运输路线，采用合理的运输方式，组织共同配送、货物配载，减少城市车辆运行数量，减少车辆空驶迂回运输等现象，解决由于货车运输的无序化造成的城市交通混乱堵塞问题，缓解城市交通压力。城市车辆运输效率的提高，能够减少能源消耗，减少废气排放量和噪声污染等，有利于环境的保护与改善，促进经济的可持续发展。

第二节　第四方物流

随着物流业的发展，在第三方物流运作的过程中，客户需要提供的服务越来越多，除传统的运输、仓储服务外，还希望从物流服务商那里得到包括电子采购、订单处理、充分的供应链可见性、虚拟库存管理等服务。某些第三方物流企业通过与咨询公司、技术提供商联盟来提高服务水平。随着联盟与团队关系不断发展壮大，一种新的外包选择开始出现。第三方物流企业正向单一的组织外包其整个供应链流程，由这些组织评估、设计、制定及运作全面的供应链集成化方案。这种管理第三方物流服务的新模式正初显端倪，出现了第四方物流。

按照广义的第三方物流的定义，第四方物流仍然属于由供方和需方以外的第三方运作的形态，所不同的是功能范围更集中于信息技术与管理咨询，它在第三方物流将企业的物流业务外包的基础上进一步将企业的物流规划能力外包。

一、第四方物流的概念

第四方物流是一个供应链集成商，调集和管理组织自己的，以及具有互补性的服务提供商所拥有的不同资源、能力和技术，进行整合管理，提供一整套综合的供应链解决方案。

第四方物流具有代表性的定义还有两种：一种定义是第四方物流指集成商利用分包商来控制与管理客户公司的点到点式的供应链运作；另一种定义是第四方物流是一个集中管理自身资源、能力和技术并提供互补服务的供应链综合解决办法的供应者。总之，第四方物流能够为客户提供综合的供应链解决方案，并为顾客带来更大的价值。它是有领导力量的物流提供商，可谓"总承包商"。

所以，第四方物流就是供应链的集成者、整合者和管理者。它主要通过对物流资源、物流设施和物流技术的整合，提出物流全过程的方案设计、实施办法和解决途径，形成一体化的供应链物流方案。根据集成方案将所有的物流运作，以及管理业务全部外包给第三方物流公司。第三方物流公司参与设计、咨询，提供集成管理方案，参与供应链采购、产品开发、制造、销售策略制定等活动，形成双方一定范围、程度的信息共享制度。

因此，第四方物流是负责处理多重供应链的流程，其范围超过传统的第三方物流的运输与仓储管理，包括生产、采购、行政、需求预测、网络管理、配销、运输、供应链信息科技、客户支持，以及存货管理等事项。

二、第三方物流与第四方物流的区别

（一）从服务范围看

第四方物流与第三方物流相比，其服务的内容更多，覆盖的地区更广，对从事货运物流服务的公司要求更高，要求其必须开拓新的服务领域，提供更多的增值服务。第四方物流最大的优越性在于它能够保证产品更快、更好、更廉地送到需求者手中。因此，第四方物流不只是在操作层面上借助外力，而且在战略层面上也需要借助外界的力量，以提供更快、更好、更廉的物流服务。

第四方物流公司可以提供简单的服务，既帮助客户安排一批货物运输，也可以提供复杂服务，即为一个公司设计、实施和运作整个分销和物流系统。第四方物流可以看成物流业进一步分工的结果，即进一步将企业的物流规划能力外包。

（二）从服务职能看

第四方物流侧重于在宏观上对企业供应链进行优化管理，第三方物流则侧重于实际的物流运作。第三方物流在物流实际运作能力、信息技术应用、多客户管理方面具有优势，第四方物流在管理理念创新、供应链管理方案设计、组织变革管理指导、供应链信息系统开发、信息技术解决方案等方面具有较大的优势。

（三）从服务目标看

第四方物流面对的是整个社会物流系统的要求，通过电子商务技术将整个物流过程一体化，最大限度地整合社会资源，将一定区域内甚至全球范围内的物流资源根据客户的要求进行优化配置，选出最优方案。第三方物流面对的是客户需求的一系列信息化服务，将供应链中的每一环节的信息进行比较整合，力争达到满足客户需求的目的。

（四）从服务的技术支撑看

实际上，网络经济的发展使第四方物流成为可能。首先，通过国际互联网网络平台可以达到信息充分共享。网络平台在信息传递方面具有及时性、高效性、广泛性等特点，通过互联网很容易达成信息共享的目的。其次，通过国际互联网网络平台减少了交易成本，实现了物流资源的最大整合。网络平台信息共享的优势减少了信息不对称，使中小物流企业也能够获益。另外，网络平台是一个虚拟的空间，不受物理空间的限制，也没有企业自身的利益面，容易组成第三方物流企业和其他物流企业都认可的形式，如联盟形式，最终实现物流产业整合。

第三节　绿色物流

一、绿色物流产生的原因

绿色物流是通过采用先进的技术对物流的运输、储存、包装、装卸、流通加工等环节进行有效管理和控制，从而达到降低环境污染、减少资源消耗的目的。这就要求从事物流活动的单位，在物流系统设计和实施过程中，融入环境可持续发展理念。

绿色物流从诞生到发展，只有短短几十年的历史，对于企业或者政府来说，还是一个比较新的研究课题。回顾绿色物流的发展史可以发现，绿色物流发展主要有以下三个原因：

（一）环境问题受到各方面的广泛关注

从20世纪70年代开始，环境问题受到越来越多的关注。20世纪90年代初，人们开始关注运输引起环境退化的问题，如不同运输方式的场站重复建设、汽车等交通工具燃油消耗和尾气排放成为城市空气的主要污染源之一。此后，绿色物流从运输逐渐扩展到包装、仓储、废弃物回收等物流活动中，逐渐形成一个比较完整的概念和体系。一些专家学者建议把环境问题作为物流规划的一个影响因素。随着经济全球化的发展，一些传统的关税和非关税壁垒逐渐淡化，绿色壁垒逐渐兴起。尤其是进入WTO后，我国的物流行业在经过合理过渡期后，将取消大部分外国股权限制，外国物流企业将进入我国市场，势必给国内物流企业带来巨大冲击。企业迫切需要树立绿色理念，参与到国际市场的竞争中去。

（二）物流领域的可持续发展势在必行

我国是目前全球最富经济活力的地区之一，也是最大的消费市场，许多跨国公司有意将制造中心或采购中心转移到我国，我国国内也有越来越多的企业开始面向全球生产和经营，中国也正在逐渐成为世界制造中心，国内物流市场在不断地扩张和发展。但是机遇和风险并存，物流活动贯穿企业的生产、销售和回收利用环节，绿色化是改变我国传统粗放型经济增长模式的契机。

（三）物流的技术和要求的不断提高

现代技术的发展，也使得物资流动的方式和内容发生巨大变化，如新式的车船和保鲜储藏技术的出现，以及各种废物的实时处理技术。通信和网络技术的发展，也使世界变成一个更加广泛和巨大的国际分工体系。可以说，新技术的发展极大地促进了绿色物流的发展。国内的一批大、中城市的中心区域在对物流运输需求旺盛的同时，对汽车尾气环保的要求也与日俱增，排放标准更加严格，这对绿色物流提供了极其有利的发展环境。

二、绿色物流的概念及内涵

我国对绿色物流（Environmental Logistics）的定义是："在物流过程中抑制物流对环境造成危害的同时，实现对物流环境的净化，使物流资源得到充分利用。"绿色物流用其英文单词直译过来就是"环境友好的物流"，包括物流作业环节和物流管理全过程的绿色化。从物流作业环节来看，包括绿色运输、绿色包装、绿色流通加工等；从物流管理过程来看，主要是从环境保护和节约资源的目标出发，改进物流体系，既要考虑正向物流环节的绿色化，又要考虑供应链上的逆向物流体系的绿色化。

（一）绿色物流的最终目标是可持续性发展

一般的物流活动主要是为了实现企业的盈利、满足顾客需求、扩大市场占有率等，这些目标最终均是为了实现某一主体的经济利益。而绿色物流在上述经济利益的目标之外，还追求节约资源、保护环境这一既具有经济属性，又具有社会属性的目标。在某一特定时期，某一特定的经济主体经济目标和环境目标可能是矛盾的。例如城市垃圾及固体废弃物填埋与综合利用问题，对不同行业制定不同的标准和实施监管。

（二）绿色物流的行为主体多元化

绿色物流的行为主体不仅包括物流企业，还包括制造企业和分销企业，同时包括不同级别的政府和物流行政主管部门等。物流企业对运输、包装、仓储等物流作业活动的绿色化负有责任和义务。制造企业，要考虑设计绿色产品，又应该与供应链上其他企业协同起来，制定绿色物流战略和策略，从而使供应链上各企业获得持续的竞争优势。另外，各级政府和物流行政主管部门在推广和实施绿色物流战略中具有不可替代的作用。

由于物流的跨地区和跨行业特性，绿色物流的实施还需要政府的法规约束和政策支持。例如，制定统一的物流器具标准，限制运输工具的环境污染指标，规定产品报废后的回收处理责任等。

（三）绿色物流包括物流作业环节和物流管理全过程的绿色化物流作业活动

绿色物流包括绿色运输、绿色包装、绿色流通加工等。在运输环节，通过合理选择运输工具和运输路线，克服迂回运输和重复运输，以实现节能减排的目标；改进内燃机技术和使用清洁燃料，以提高能效；防止运输过程中的泄漏，以免对局部地区造成严重的环境危害；仓库布局合理，规划好货物摆放方式，充分利用现有的空间。仓库建设还应进行相应的环境影响评价，充分考虑对所在地的环境影响。

在包装环节，物品包装在考虑促进销售、方便运输功能之外，还应考虑豪华包装材料是否有利于再次回收利用的目的。

从物流管理的角度，在物流系统和物流活动的规划与决策时，尽量采用对环境污染小的方案，如治理车辆的废气排放、限制城区货车行驶路线、收取车辆排污费、促进低公害车的普及等。这是因为在企业的物流实践活动中，各种库存策略和各种运输工具的使用对环境的影响是有区别的。集中库存可以降低仓库管理成本，却增加了运输量，但对企业来说，当仅仅考虑其内部库存费用时，集中库存就表现出明显的优势。因此在物流中存在的库存与运输如何平衡的问题，对商业决策是合理的，而对社会和环境的影响却是不利的。另外，货物运输的时间安排，对企业绿色物流的实施具有明显影响。货物运输是物流过程中的主要活动，企业为了提高运输车辆的工作效率，实行货车24小时运营的方式。一项相关的研究表明，与白天运营相比，车辆的夜间运输可节约相当于4%～6%订货额的费用；另外，车辆的夜间运行，避免了白天的道路拥挤，减少了车辆的等待时间，由此可以提高燃料效率。但是，尽管如此，由于劳动力费用和客户的严格要求，企业开展车辆24小时运营的方式受到了限制。

三、绿色物流的构成

（一）绿色供应物流

原材料供应是整条绿色供应链的源头，必须严格控制源头的污染。从大自然提取的原材料，经过各种手段加工形成零件，同时产生废角料和各种污染，这些副产品一部分被回收处理，一部分回到大自然中。零件装配后成为产品，进入流通领域，被销售给消费者，消费者在使用过程中，要经过多次维修再使用，直至其生命周期终止而将其报废。产品报废后经过拆卸，一部分零件被回收直接用于产品的装配，一部分零件经过加工形成新的零件，剩下部分废物经过处理，一部分形成原材料，一部分返回到大自然，经过大自然的降解、再生，形成新的资源，通过开采形成原材料。从材料的循环生命周期可以看出，整个循环过程需要大量的能量，同时产生许多环境污染，这就要求生产者在原材料的开采、生产、产品制造、使用、回收再用以及废料处理等环节中，充分利用能源和节约资源，减少环境污染。

（二）绿色生产物流

生产过程是为了获得所要求的零件形状而施加于原材料上的机械、物理、化学等作用的过程。这一过程通常包括毛坯制造、表面成形加工、测试等环节。绿色生产物流包括绿色设计、绿色制造工艺流程规划、绿色生产资源的选择、生产设备的利用等。

（三）绿色分销物流

绿色销售是指企业对销售环节进行生态管理，它包含分销渠道、中间商的选择、网上交易和促销方式的评价等。企业要根据产品和自身特点，尽量缩短分销渠道。减少分销过程中的污染和社会资源的损失；选用中间商时，应注意考察其绿色形象；开展网上销售，作为新的商务方式，电子商务是很符合环保原则的，发展前景广阔；在促销方式上，企业一方面要选择最有经济效益和环保效益的方式，另一方面更要大力宣传企业和产品的绿色特征。

1. 采用绿色包装

消费者购买产品后，其包装一般来说是没有用的，如果任意丢弃，既对环境产生污染，又浪费包装材料。绿色包装主要从这样几个方面进行考虑：实施绿色包装设计，优化包装结构，减少包装材料，考虑包装材料的回收、处理和循环使用。

2. 进行绿色运输

绿色运输主要评价集中配送、资源消耗和合理的运输路径的规划。集中配送是指在更宽的范围内考虑物流合理化问题，减少运输次数。资源消耗是指在货物运输中控制运输工具的能量消耗。合理规划运输路径，就是以最短的路径完成运输过程。

（四）绿色回收物流及绿色废弃物物流

工业技术的改进使得产品的功能越来越全面，同时产品的生命周期也越来越短，造成了越来越多的废弃物消费品。这不仅造成严重的资源、能源浪费，而且成为固体废弃物和环境污染的主要来源。产品废弃阶段的绿色性主要是回收利用、循环再用和报废处理。

参考文献

[1] 柳荣. 新物流与供应链运营管理 [M]. 北京：人民邮电出版社，2020.

[2] 魏颖. 大数据时代下智慧物流与管理研究 [M]. 西安：西北工业大学出版社，2020.

[3] 周农. 区块链技术助推社会信用体系建设 [M]. 中国市场出版社有限公司. 2020.

[4] 柳荣. 智能仓储物流、配送精细化管理实务 [M]. 北京：人民邮电出版社，2020.

[5] 王先庆. 新物流新零售时代的供应链变革与机遇 [M]. 北京：中国经济出版社，2019.

[6] 卞文良. 电能计量器具智能物流与供应链管理 [M]. 北京：北京交通大学出版社，2019.

[7] 周任重，姜洪，赵艳俐. 高职高专物流类专业规划教材供应链管理 [M]. 北京：机械工业出版社，2019.

[8] 文丹枫，周鹏辉. 智慧供应链智能化时代的供应链管理与变革 [M]. 北京：电子工业出版社，2019.

[9] 赵先德，王良，阮丽旸. 高效协同供应链与商业模式创新 [M]. 上海：复旦大学出版社，2019.

[10] 潘永刚，余少雯，张婷. 重新定义物流产品、平台、科技和资本驱动的物流变革 [M]. 北京：中国经济出版社，2019.

[11] 高见，高明. 新时代物流管理与发展研究 [M]. 中国原子能出版社，2019.

[12] 陈栋. 新零售驱动下流通供应链商业模式转型升级 [J]. 商业经济研究，2019（13）：29-32.

[13] 杨敬增. 循环产业链理念·模式·设计·案例 [M]. 北京：化学工业出版社，2019.

[14] 彭俊松. 智慧企业工业互联网平台开发与创新 [M]. 北京：机械工业出版社，2019.

[15] 崔忠付. 中国物流与采购信息化优秀案例集 [M]. 中国财富出版社，2019.

[16] 陈栋. 物联网下舰船供应链运输集装箱的智能调度研究 [J]. 舰船科学技术，2019，41（20）：181-183.

[17] 张箭林. 新零售：模式+运营全攻略 [M]. 北京：人民邮电出版社，2019.

[18] 胡小建；赵菊，杨爱峰副主编. 物流与供应链管理 [M]. 北京：高等教育出版社，2018.

[19] 朱传波. 物流与供应链管理新商业新链接新物流 [M]. 北京：机械工业出版社，2018.

[20] 王之泰. 新编现代物流学第4版 [M]. 北京：首都经济贸易大学出版社，2018.

[21] 王仲君，王臣昊. 物流学导论概念、技术与应用第2版 [M]. 镇江：江苏大学出版社，2018.

[22] 陈栋. "新常态"下我国农村电子商务发展战略研究 [J]. 商业经济研究，2018（03）：140-142.

[23] 王先庆，彭雷清，曹富生. 新零售时代丛书全渠道零售新零售时代的渠道跨界与融合 [M]. 北京：中国经济出版社，2018.

[24] 丁耀飞，马英. 无界零售第四次零售革命的战略与执行 [M]. 北京：新华出版社，2018.

[25] 王晓锋. 重构零售新零售时代企业生存法则与经营实践 [M]. 杭州：浙江大学出版社，2018.

[26] 何继红. 中国食品行业追溯体系发展报告2017—2018 [M]. 中国财富出版社，2018.

[27] 陈能杰. 新商业图景万物互联时代的商业重构与新范式 [M]. 北京联合出版公司. 2018.

[28] 陈联刚. 地理标志农产品电子商务发展模式创新研究 [M]. 武汉：华中科技大学出版社，2018.

[29] 王克. 重构建新时代转型升级实践论 [M]. 北京：企业管理出版社，2018.

[30] 周苏，孙曙迎，王文. 大数据时代供应链物流管理 [M]. 北京：中国铁道出版社，2017.